臺灣歷史與文化 研究輯刊

初 編

第 26 冊

17世紀臺灣的外來陶瓷
——透過陶瓷探討臺灣歷史（上）

盧 泰 康 著

花木蘭文化出版社

國家圖書館出版品預行編目資料

17 世紀臺灣的外來陶瓷——透過陶瓷探討臺灣歷史（上）／
盧泰康 著—初版—新北市：花木蘭文化出版社，2013〔民
102〕
目 4+192 面；19×26 公分
（臺灣歷史與文化研究輯刊 初編；第 26 冊）
ISBN：978-986-322-279-8（精裝）
1. 陶瓷　2. 臺灣史
733.08　　　　　　　　　　　　　　　　102002956

臺灣歷史與文化研究輯刊
初　編　第二六冊　　　　　　ISBN：978-986-322-279-8

17 世紀臺灣的外來陶瓷
——透過陶瓷探討臺灣歷史（上）

作　　者　盧泰康
總 編 輯　杜潔祥
出　　版　花木蘭文化出版社
發 行 所　花木蘭文化出版社
發 行 人　高小娟
聯絡地址　235 新北市中和區中安街七二號十三樓
　　　　　電話：02-2923-1455／傳真：02-2923-1452
網　　址　http://www.huamulan.tw 信箱 sut81518@gmail.com
印　　刷　普羅文化出版廣告事業
初　　版　2013 年 3 月
定　　價　初編　30 冊（精裝）新臺幣 60,000 元

17世紀臺灣的外來陶瓷
——透過陶瓷探討臺灣歷史（上）

盧泰康　著

作者簡介

盧泰康，男，1971 年生，國立成功大學歷史學研究所博士，從事中國、臺灣與東亞陶瓷史研究、歷史考古學、文化資產與古物研究，現為國立臺南藝術大學藝術史學系副教授。E-mail：tk.lu@msa.hinet.net

提　　要

　　本論文共分六章，第一章「緒論」，第一節為研究方法與目的，針對本研究課題，闡述歷史學、考古學與陶瓷史三種學科的綜合應用，認為可以顯微與重建的歷史、體現十七世紀臺灣在東亞交通史之地位、論述十七世紀臺灣進口陶瓷的貿易與消費模式、建立明末清初臺灣出土貿易瓷編年史。第二節說明十七世紀臺灣外來陶瓷的相關研究，以及在臺灣考古新資料日益增多的情況下，遂使十七世紀臺灣貿易陶瓷研究逐漸成為重要研究課題。

　　第二章「陶瓷貿易的邊緣－十六世紀末 -A.D. 1622」；第一節回顧宋、元時期澎湖地區出土五代、宋元貿易陶瓷的研究成果，並分析宋元至明代前期（十七世紀以前）臺灣本島所見外來陶瓷的特徵及其歷史意義。第二節首先討論明代晚期臺灣、福建之間「小東洋」航線的出現，以及兩地初期陶瓷貿易（A.D. 1567-1621）的狀況。繼而探討臺灣在十六世紀末至 1624 年荷蘭人佔領臺灣以前，臺灣在東亞海上貿易中所扮演的角色，及其成為非法中、日轉口貿易點之緣由。第三節，透過陶瓷風格分析，較為明確地指出臺灣各地近年出土相關陶瓷實物，並試析其所彰顯之意涵。

　　第三章為「荷蘭佔據澎湖時期的陶瓷貿易（A.D. 1622-1624）」；荷蘭聯合東印度公司（V.O.C.）進入東亞貿易圈後，急欲尋求鄰近中國之貿易地點，而鄰近中國沿海的澎湖列島，遂成為其強佔奪取之目標。荷蘭人在澎湖的陶瓷貿易，史料所未載，但風櫃尾荷蘭城堡出土陶瓷遺物極為豐富，並有多種首度發現之陶瓷類型。第二節討論澎湖風櫃尾出土陶瓷與荷蘭城堡之關係、風櫃尾晚明陶瓷所揭示之荷人早期貿易狀況，及其在荷蘭時期陶瓷轉口貿易中所具有之樞紐性地位。

　　第四章為「歐洲人經營下的臺灣陶瓷貿易（A.D. 1624-1661）」；首先透過文獻整理與統計分析，全面討論荷蘭人在臺進行陶瓷轉口貿易的狀況，繼而探討考古出土實物，指出其所貿易之陶瓷類型。第二節討論荷蘭時期臺灣本島內部居民之進口陶瓷消費狀況，藉由文獻與出土陶瓷實物，深入解析如青花瓷器、加彩瓷器、白瓷、高溫硬陶、低溫釉陶、安平壺，以及非中國陶瓷器等各種陶瓷類型。第三節討論西班牙佔領臺灣北部時期及其相關陶瓷貿易狀況；運用十七世紀東亞陸上與水下考古資料，解讀西班牙史料中有關陶瓷補給之類型，並討論該時期臺灣北部陶瓷轉口貿易、本地瓷器消費網絡與貿易者等諸多發展狀況。

　　第五章為「明鄭與清初的臺灣陶瓷貿易（A.D. 1662-1700）」；首先討論明鄭時期的陶瓷轉口貿易。明鄭時期延續荷蘭以來的轉口貿易政策，但透過考古出土實物之解讀，可知其所貿易之陶瓷類型與貿易途徑已有極大轉變。第二節分析明鄭時期本地進口陶瓷消費；由於相關史料記載幾近於無，故解析考古出土該時期貿易陶瓷遺物，將成為反映當時島內各類進口陶瓷消費

的重要資料。第三節討論清領初期的臺灣陶瓷貿易與消費（A.D. 1683-1700）；由於政治環境與貿易重心的改變，十七世紀晚期的臺灣陶瓷貿易，再度出現明顯變化。中國沿海口岸的全面開放，遂使臺灣褪去中介貿易港的轉口功能；另一方面，隨著福建、廣東地區漢人移民移入臺灣的數量持續增加，臺灣輸入貿易瓷大幅改以供應島內消費為主。

　　第六章結論，包含以下各議題：「顯示臺灣與中國閩贛、日本、東南亞、荷蘭之間的貿易交通」、「臺灣呈現貿易轉口港的生命力」、「臺灣交通海外活力的巔峰在荷、鄭時期」、「島內居民進口陶瓷消費的變遷」，以及「強權爭奪與民族性格塑造臺灣的角色」共六項，申述十七世紀臺灣外來陶瓷所揭示之歷史意義及其重要性。

　　本論文所討論分析之陶瓷實物，僅止於 2006 年 7 月以前臺灣各地公佈之相關考古出土考古遺物與傳世文物。

　　關鍵字：貿易陶瓷、十七世紀、臺灣史、陶瓷史、臺灣考古、東亞貿易史

A Study on the Imported Ceramics in Taiwan in the 17th Century -Exploring the History of Taiwan from Late Ming to Early Qing Dynasties through the Ceramics -

Lu, Tai Kang

Abstract

This thesis is comprised of six chapters. In chapter one "Introduction", the first section includes research methods and purposes. In accordance with the topic, the author adopts and integrates the comprehensive research approach combing three kinds of disciplines: history, archaeology and ceramic history. The author enumerates four following main points and attempts to explore them in the thesis. The historical function offers micro-observation and re-establishment. It reflects the position of Taiwan in East Asia maritime trade in the 17th century, and the trade and consumption patterns for the imported ceramics in Taiwan in the meantime. The second section attempts to explain the relevant research regarding the imported ceramics (外來陶瓷) of the 17th century in Taiwan, and presents that because of the increasing new archaeological materials in Taiwan, the study of the trade ceramics of the 17th century have gradually become the important academic subject. The last is to establish the chronicle of trade ceramics excavated in Taiwan from the late Ming to early Qing Dynasties.

Chapter two "the edge of ceramic trade - the end of the 16th century- A.D. 1622", in order to explain the coherent relationship of trade ceramics among the 17th century and the previous periods, the first section reviews the research of trade ceramics in Penghu archipelago during Song and Yuan Dynasties, and further analyzes the characteristics and the historical significance of the imported ceramics in Taiwan from Song, Yuan to early Penghu Ming Dynasties (before the 17th century). In the second section, the author focuses on the appearance of the ship route "Small Eastern Ocean" (小東洋) between Taiwan and Fujian in the late Ming Dynasty and the state of ceramic trade (A. D. 1567-1621) of the initial stage in two places. In the same section, it also attempts to explore, from the end of the 16th century until Dutch occupation of Taiwan, the role of Taiwan in the maritime trade in East Asia, and the reason of being the illegal transit point for China and Japan. In the third section, through the stylistic analysis of ceramics, it comparatively clarifies the relevant ceramic material objects excavated in recent years in Taiwan, and tries to reveal their meanings.

Chapter three is "The ceramics trade (A.D. 1622-1624) during the Dutch's occupation of Penghu archipelago". After United Dutch East India Company (V.O.C.) entered the trade circle of East Asia, she was urgent to seek the trade port near China. The Penghu archipelago (Pescadores) thus became the most striking target by the invaders. Regarding Dutch ceramics trade in Penghu islands, there are not any historical documentation found; however, there are extremely abundant ceramic relics excavated in the specific area (the Dutch fort in Feng-guei-wei region). Thus, the first section in this chapter presents their discoveries and categories. The second section focuses on the relation of the excavated ceramics between Feng-guei-wei site and the Dutch fort. Feng-guei-wei late Ming ceramics reveals the Dutch early trade condition and its pivotal position in ceramic transit trade during Dutch colonial period.

In chapter four "Taiwan ceramics trade under the European management (A.D. 1624-1661)", through the documents collection and statistical analysis, the first section discusses the entire circumstances while Dutch carried on the state of ceramic transit trade in Taiwan. Then it probes into the archaeological excavation and indicates its type as trading ceramics. The second section discusses the residents' imported ceramics consumption condition in Taiwan during Dutch colonial period. Through the documentation and excavated ceramics objects, it analyzes the following in depth such as blue and white porcelain, polychrome porcelain, white porcelain, high temperature stoneware, low-temperature glazed ware, An-ping pot (pale green glazed jar), and other non-Chinese ceramics. The third section discusses Spain occupation of northern Taiwan and its relevant ceramics trade circumstance. It applies the archaeological materials of the 17th century under water and on land in East Asia, tries to interpret the type or ceramics supplies in Spanish historical materials, and discusses the development of ceramic transit trade of the northern Taiwan and consuming network and trader in this period.

Chapter five "Taiwan ceramics trade in Ming-Cheng and early Qing (A.D. 1662-1700)" is divided into three parts. The first section mainly discusses ceramic transit trade in Ming-Cheng period. The transit trade policy was continued since Dutch colonial period by Ming-Cheng regime but through examining the excavated objects, it can be found that the trading ceramic types and trading route had been greatly changed. The next section analyzes the imported ceramics consumption in Ming-Cheng period. Due to the lacks of the relevant historical documents, the analyses of the excavated relics from this period become the valuable background to reflect all kinds of imported ceramic consumption condition at its time. The third section focuses on Taiwanese ceramic trade and consumption (A.D. 1683-1700) in early Qing period. The ceramic trade of Taiwan in the end of the17th century appeared an obvious change once again because of the shifts in the political environment and trade center. The coastal areas of China entirely opened so Taiwan lost its transit function as the trade port. On the other hand, along the continuously increasing number of the Chinese immigrants from Fujian and Guangdong areas, the need for imported ceramics in Taiwan switched to the local consumers instead.

Chapter six "Conclusion" includes altogether the following topics: "showing the interaction among Taiwan, Jiangxi and Fujian in China, Japan, Southeast Asia, Dutch", "the vitality of Taiwan as the transit trade port", "the summit of the traffic overseas activity of Taiwan in Dutch and Ming-Cheng periods", "the development of consuming imported ceramics for the local residences", "the characteristics of Taiwan built by the force and nationality", etc.... It attempts to investigate the historical significance and importance revealed by the imported ceramics found in Taiwan in the 17th century.

Keyword: Trade ceramics, the 17th century, history of Taiwan, ceramic history, archaeological studies of Taiwan, history of East Asia trade

誌　謝

能夠在國立成功大學歷史所完成學業，首先要感謝業師陳信雄教授多年來在學業與做人處事上的諄諄教誨，以及歷史系諸位老師的教導。

感謝父、母親大人、業師黃翠梅教授，以及內人江閔霏女士未曾間斷地支持與鼓勵。

這本博士論文的完成，要再次感謝業師陳信雄教授的悉心指導，並提供大量實物標本以做為本論文的研究題材。感謝中央研究院歷史語言研究所李匡悌教授，在考古學領域所給予的諸多教導，並慨允提供台南社內遺址出土陶瓷標本，以供本論文進行研究。

感謝論文口試委員鄭瑞明教授、陳國棟教授、陳光祖教授、徐文琴教授在論文內容上所提供的諸多寶貴意見。

另外還要感謝國立臺東史前博物館南科考古隊臧振華教授、朱正宜隊長，以及劉鵠雄先生、許清保先生、鄭文彰先生，提供考古出土或調查採集標本，供本論文進行研究。

最後要感謝碩士研究生陳美伶同學、范子嵐同學、徐心慧同學協助論文圖版製作、編排、翻譯等工作。

目
次

第一章　緒　論

出土古陶瓷是一種歷史研究的材料，同時也是一種認識歷史的方法。[註1]

第一節　研究方法與目的

一、研究方法

本論文針對臺灣地區（含離島）所見十七世紀貿易陶瓷實物與相關史料
進行研究。其年代範圍為明代後期（十五世紀後半～A.D.1644）、荷蘭時期
（A.D.1622～1661）、西班牙佔據臺灣北部時期（A.D.1626～1642）、明鄭時期
（A.D.1662～1683），以及清領初期（A.D.1683～1700）。本研究將以歷史文獻
考證、考古學與田野調查、陶瓷史研究分析，進行整合與交叉運用。各種研
究方法之應用要點分述如下：

（一）歷史文獻考證

就本課題所要關注的範圍來說，各類中國明代後期、清初、荷蘭東印度
公司、西班牙、日本所遺留下的相關歷史文獻記錄，皆為本課題進行詮釋與
引證的重要依據。至於在十七世紀亞洲陶瓷貿易體系中，荷蘭、中國（以鄭
氏海商集團為首之中國華商）、日本、暹邏、廣南、西班牙、英國等貿易國，
皆對當時的臺灣陶瓷貿易產生影響。本論文將在各章節中，以不同篇幅分別
審視臺灣與其貿易狀況之互動。

〔註1〕陳信雄，〈臺澎出土中國陶瓷的歷史學應用〉，《田野考古》，九卷一、二期，
2004年，頁86。

以荷蘭東印度公司爲例，該公司所留下的商業日誌，紀錄了十七世紀有關臺灣各類活動的相關資訊，包括各種交易活動的細節，而中國貿易瓷正是其中重要商品。由於《熱蘭遮城日誌》原始檔案並非全部存留下來，某些年代的日誌已全部或部份遺失，所以本篇報告所整理之資料及相關統計數據，僅能呈現當時陶瓷貿易的大體趨勢，以及部份年代的貿易狀況。此外，就資料紀錄內容而言，《熱蘭遮城日誌》特別重視各種中國物資，從大陸沿海地區輸入大員的詳細紀載。以陶瓷商品爲例，大員商館人員每日大多會逐一記下到港貨物的發航地點、船隻數量以及所載陶瓷貨物品項。至於數量上，由於瓷貨皆爲成批經過包裝的大宗物資，所以無法馬上詳細盤點件數，僅能用「桶」、「籃」、「捆」，以顯示瓷貨數量。而轉口輸出的陶瓷貨品，由於業經點收庫存程序，故出貨時都有明確數量統計，可供商館人員了解輸出瓷貨的實際件數。至於《巴達維亞城日記》與《東印度事務報告》，爲東印度公司亞洲總部對於各地貿易情況的全面紀錄。其中有關臺灣事務的部份，僅爲選擇性摘錄。由於報告性質不同，故無法從中掌握大員商館的詳細瓷器進口狀況，但《巴達維亞城日記》與《東印度事務報告》的撰寫者，頗爲重視各地貿易物資流動的狀況，所以對大員轉口輸出陶瓷的金額與件數，留下詳細紀錄。因此，只要比對該年度發航與到港船隻的名稱，並推算船隻航行所需時間，大致仍能以上述兩份史料補充《熱蘭遮城日記》之部份不足。

以下列舉主要研究史料：

荷蘭紀錄：熱蘭遮城日記、T. Volker, *Porcelain and The Dutch East India Company*、巴達維亞城日記、東印度一般事務報告、Christiaan J. A. Jorg, China *Trade and the Dutch Porcelain*。

西班牙紀錄：西班牙海關紀錄、Blair, E. H., & J. A. Robertson ed., *The Philippine Islands 1493~1898*、Borao Mateo, Jose E. ed., *Spaniard in Taiwan*。

英國紀錄：Chang Hsiu-Jung ed., The English Factory in Taiwan。

中國文獻：《東西洋考》、《東番記》、《皇明經世文編》、《台灣外記》、明實錄、清實錄、閩粵方志、文人筆記雜文等。

（二）考古學與田野調查

考古出土文物絕對年代和「相對年代」（relative chronology）的建立，以及遺物「類型學」的討論，是考古方法學中相當重要的理論依據。同時鎖定

特地點進行田野調查工作（以澎湖風櫃尾出土陶瓷研究爲例），〔註2〕以尋找前人所未發現之相關陶瓷資料。本論文之考古學運用，將針對以下各項要點分別進行資料收集與遺物比對。

（1）逐一針對臺灣地區業經考古發掘、田野調查之鐵器時代或歷史時期遺址，檢索出相關之陶瓷標本，進行類型區分、產地判別，以及年代分期。具體遺址或地點如下（見地圖1）：

A. 南部地區：臺南縣市——新市鄉社內遺址、安平熱蘭遮城遺址、柳營鄉明蔣鳳墓、台南市皇明夫人洪氏墓、台南市明陳忠欽墓、麻豆鎮水堀頭遺址、關廟鄉與歸仁鄉歷史時期遺址、其它地點調查探集。高雄縣市——高雄市左營鳳山舊城遺址、高雄縣湖內鄉寧靖王墓。傳世陶瓷——臺南市萬福庵、臺南市開元寺、臺南市文化局等處收藏。

B. 中、北部地區：雲林縣麥寮鄉雷厝遺址、臺中縣清水社口遺址、基隆社寮島、淡水紅毛城、台北縣淡水鎮埤島橋遺址與下規柔 II 遺址、宜蘭縣礁溪鄉淇武蘭遺址、花蓮秀林鄉崇德遺址。

C. 離島地區：澎湖風櫃尾遺址、金門明魯王監國墓、金門調查探集。

（2）收集海外地區發現之沉船資料，以及日本、東南亞港市遺址出土之考古資料，以做爲建構十七世紀台灣陶瓷史編年架構之重要比對資料。

（3）收集福建、廣東、江西、臺灣等地區出土之十七世紀窯址、紀年墓葬資料，並檢索相關陶瓷遺物，以做爲本研究之重要依據。

（三）陶瓷史研究分析

陶瓷史研究方法中的風格分析，是歷史學與考古學無法觸及的領域。歷史學的文獻研究，需配合特定實物進行解讀。至於考古類型學中的分型分式，著重於遺物紋飾母題內容的描述和辨識，以及外觀特徵的造形分類。而藝術史的風格分析，則是將關注的焦點放在陶瓷遺物之表現形式（form）與其呈現方式的不同。本論文嘗試以陶瓷史研究分析，建立臺灣出土之晚明、荷據時期、明鄭時期以及清代早期，各階段貿易瓷的編年架構，以及各期的類型範圍與消長關係。除此之外，各類陶瓷遺物的製作工藝技術特徵，亦被用來做爲觀察並判定出土陶瓷實物，用以區分臺灣所出現的各類貿易瓷，在生產窯

〔註2〕　盧泰康，〈澎湖風櫃尾荷據時期陶瓷遺物之考證〉，《故宮文物月刊》，第 221
　　　　期，2001，頁 120～123；同氏著，〈澎湖風櫃尾出土的貿易陶瓷〉，《田野考古》，
　　　　九卷一、二期，2004 年，頁 89～97。

口和品質上的各項差異。例如西元十七世紀到西元十九世紀，臺灣所見的各種貿易瓷，包含了中國（福建、廣東、江西）、日本、東南亞（越南、泰國）等地眾多窯口的產品。這些都要透過針對其胎土、製坯、修足、燒成、釉色等各項檢視要點，再配合中國、日本、東南亞各地窯址出土資料，方能對陶瓷遺物的燒造地點，做出較爲明確的判定。

二、研究目的

本研究所希冀達成之研究目的，可以區分爲五個方向，以下分述之：

（一）提供顯微與重建的歷史學功能

學者陳信雄教授曾於 2004 年明確指出了有關臺灣出土陶瓷應用於歷史研究的幾個功能，其方向大體可分爲以下數點：第一，突破文獻的拘限。史料欠明或無中生有之記載，可由出土陶瓷進一步考察之。第二，出土陶瓷可印證、補充、修正、質疑、重建歷史。第三，出土陶瓷顯示漢人來到臺灣的起始年代，進一步發展的年代與地區，乃至於全面發展的時期。第四，出土陶瓷顯示了中國人海外發展的不同階段。〔註3〕本論文大體即以上述觀點，針對十七世紀陶瓷實物，配合相關文獻史料，探討明代後期至清初，臺灣與其周邊東亞海上貿易體系之互動。而此一針對十七世紀貿易陶瓷實物的研究，不僅可與當時歷史文獻互證，更可補充文獻史料所未載之史事，進而洞悉當時歷史發展的一些特殊現象。

（二）體現十七世紀臺灣在東亞交通史之地位

臺澎地區出土的十七世紀貿易陶瓷，直接反映當時東亞國際貿易狀況的變遷。以江西、福建、廣東爲首的中國南方窯業，在明末清初複雜的政治、經濟環境轉變下，一度將主導權讓位給日本、東南亞等次要週邊窯業產區。而針對臺灣出土相關陶瓷遺物的研究，將可深入探討十七世紀臺灣貿易的轉變過程及其影響。

（三）十七世紀臺灣進口陶瓷的貿易與消費模式

臺灣出土的十七世紀陶瓷遺物，體現了當時臺灣進口陶瓷的貿易與島內消費模式的發展與變遷歷程，可以與歷史記載與文獻資料互爲映證，甚至是反映出特定的歷史事件（如清初海禁）所造成的影響。藉由對這些物質歷史

〔註3〕 陳信雄，〈臺澎出土中國陶瓷的歷史學應用〉，頁 86～87。

資料的探索，可為十七世紀東亞陶瓷貿易與消費提供一些新的研究角度，同時也可進一步理解十七世紀臺灣島內原住民、漢人、歐洲人，在日用陶瓷消費以及其它陶瓷特殊用途的運用狀況。

（四）建構明末清初臺灣出土貿易陶瓷編年史

針對臺灣及離島地區出土十七世紀貿易陶瓷，在不同時期所見之類型、數量、年代的排比，以及整體編年架構的建立，將為東亞與臺灣地區在物質文化交流和貿易模式上，提供較為準確的年代依據，以及地緣產銷關係上的聯繫。同時，台灣及離島地區出土的中國貿易陶瓷編年架構的建立，亦將為日後新出土的歷史時期中國貿易陶瓷遺物，提供一個年代較為精確的參考標準，而非目前一般考古報告上所見「明清」或「近代」這樣籠統的判定方式，使遺物的歷史價值，更能清楚地被彰顯出來。

第二節 十七世紀臺灣外來陶瓷研究的出現

陶瓷的製作與使用，是人類文明發展的重要成就。黏土經過燒烤後所製成的陶瓷器，歷經長久時間而不易腐朽風化，使其成為了研究人類過去歷史及其物質文化的重要線索。陶瓷不僅是人類日常生活的重要用具，同時也被視為商品，透過人類的貿易與交換行為，流通於不同的族群與地區之間。已故日本陶瓷史學者三上次男就曾經指出，世界各地所遺留的陶瓷遺物，反映了古代海上貿易航路與東、西交流的實況。而針對陶瓷貿易的具體實物資料的研究，也可類推其他一般貿易之大要。〔註4〕但是他認為，在古代和中世的東西關係與貿易研究中，這樣的基本認知並不太受到重視。大體上，傳統歷史學方法多「僅以貿易路線貿易品目、或貿易方法之檢討為研究對象」。雖然「有關貿易路線和貿易品目的探索，乃從事該研究之必要手段，但僅僅靠它仍不能完全了解貿易問題的歷史意義」。〔註5〕傳統臺灣歷史學向來以文獻為主要研究材料，而考古學則承擔了歷史研究的部份責任，但主要是應用於臺灣史前史的研究。直至1980年代以後，才有學者開啟先河，在臺灣離島的澎湖地區，展開了考古學與歷史學的整合性研究。考古學者臧振華先生透過完整的考古發掘與調查，將澎湖群島的人類活動變遷，劃分為四個時期。前三期為史前新石器時代，第四時期為歷史時代，時間上限可能在唐末或唐宋之

〔註4〕 三上次男，《陶瓷貿易史研究上》，東京：中央公論美術出版，昭和62年，頁12。
〔註5〕 三上次男著，宋念慈譯，《陶磁路》，臺北：藝術家出版社，1980年，頁151。

間,來自大陸東南沿海的漁民,將澎湖當作臨時性的漁業基地或休憩地。而透過考古出土的建築遺構,可證明澎湖在宋元時代已有定居的聚落,同時發展出某種形式的商販貿易,與歷史文獻記載不謀而合。〔註6〕約略同一時間,歷史學者陳信雄先生則針對澎湖地區出土宋元時期貿易瓷,展開深入研究,指出了澎湖在宋元時期中國海外貿易上的樞紐地位。澎湖位處福建泉州至南洋航線(東洋針路)之上,而澎湖出土的大量宋元貿易瓷,則顯示出該地可能為當時對外航路上的貿易轉口站。〔註7〕對於這種整合歷史與考古的研究方向,陳信雄先生認為,「透過外銷陶瓷的研究,可以窺視中國歷史的一些現象,同時也可以重建海外一些被遺忘的史事。」〔註8〕

　　相對於澎湖宋元時期的豐碩研究成果,臺灣的歷史學、考古學與藝術史學門中,對於臺灣地區(含澎湖、金門離島)出土之明清貿易瓷較不重視,且此一研究涉及多項學科整合,以至於相關陶瓷遺物完全無法成為學術研究課題。以考古學為例,學者陳光祖先生就表示:「過去考古學家主觀認定瓷片屬於漢人或歷史時期文物,其存在時間很晚,不在考古學一貫的研究範圍內,若在遺址中發現中國陶瓷片或錢幣與史前陶共存,則被當作是地層遭到擾亂的證據。」〔註9〕直至 1980 年代後期,臺灣考古學界開始日益重視歷史時期考古工作,學者臧振華先生曾於 1997 年撰文全面審視考古學與臺灣史之間的整合與聯繫,指出了考古學研究的目標,「除了消極的補文獻的不足,正史書的謬誤之外,更應以其獨特的研究資料、方法和理論,結合歷史學者對於文獻史料的研究,對古代人類歷史的了解做出更積極的貢獻。」〔註10〕學者劉益昌先生則於 2003 年討論台灣的歷史考古學發展時,明確提出:「臺灣的歷史除了豐富的文獻史料以外,地層中無疑埋藏著豐富的地下史料,以找尋埋藏於地下的人類活動資料為主的考古學,無疑將是未來臺灣歷史研究的重要途徑之一。」〔註11〕在上述學術整合概念已成為學界共識的情況下,臺灣考

〔註6〕 Tsang Cheng-hwa, *Archaeology of the P'eng-Hu Islands*(Taipei; Institude of History and Phiology Academia Sinica, 1992).

〔註7〕 陳信雄,《澎湖宋元陶瓷初探》,中國文化大學史學研究所博士論文,1985 年。

〔註8〕 陳信雄,《宋元海外發展史研究》,臺南:甲乙出版社,1992,頁 242。

〔註9〕 陳光祖,〈從歷史文獻看台灣早期的「考古」發現〉,《田野考古》,第 6 卷,1998 年,頁 13～66。

〔註10〕 臧振華,〈考古學與臺灣史〉,《中國考古學與歷史學之整合研究　下冊》,臺北:中央研究院歷史語言研究所,1997 年,頁 721～742。

〔註11〕 劉益昌,〈臺灣歷史考古概論〉,《熱蘭城考古試掘計畫通訊月刊》,第 1 期,2003 年 7 月號,頁 18。

古學界已逐漸將埋藏於地下的歷史時期貿易陶瓷遺物，視爲探尋臺灣早期歷史的重要線索。

　　另就十七世紀貿易陶瓷的研究成果而言，1950 年代西方學者 T. Volker 曾以荷蘭聯合東印度公司史料爲基礎，全面檢視了十七世紀荷蘭在亞洲陶瓷貿易的狀況。〔註12〕雖然 Volker 氏亦援引頗多陶瓷實物資料進行考證，且內容多少涉及臺灣陶瓷轉口貿易，但由於當時相關考古資料不多，故無法明確釐清文獻所載各種瓷貨類型之特徵與差異。1960 年代，陶瓷史學者陳萬里先生首度以將 T. Volker 的研究，引介給中文的讀者，並強調該書「爲中國瓷器在十七世紀上半季對外輸出，提供了極爲寶貴的史料」。〔註13〕到了 1990 年代，學者全漢昇先生，曾運用 T. Volker 與 C. J. A. Jörg 兩位學者的研究成果，討論十七、八世紀中、荷之間的陶瓷貿易，但僅止於貿易金額與件數的統計與羅列。〔註14〕至於國外近年整合性的研究成果，則可見於日本學者坂井隆先生對於東南亞港市國家 Banten（萬丹）的研究。〔註15〕坂井先生結合當地考古出土貿易陶瓷與相關史料的研究方式，可供吾人參考借鏡。

　　進入二十一世紀以後，由於臺灣各地出土明清陶瓷遺物日多，重要考古遺址如臺南安平熱蘭遮城遺址、臺南新市鄉社內遺址、宜蘭淇武蘭遺址等，陸續公佈大量貿易陶瓷遺物，遂使相關陶瓷研究逐漸受到矚目。〔註16〕至目前爲止，已陸續有陶瓷史學者開始針對十七世紀特定貿易陶瓷類型進行討論，並撰寫相關綜論性文章。〔註17〕考古學者亦著手整理臺灣地區考古出土瓷器與釉陶之文獻資料、編纂相關研究書目，並計畫日後建立出土陶瓷檢測分析資料庫。〔註18〕

〔註12〕 T. Volker, *Porcelain and The Dutch East India Company*（Leiden, Holland: E. J. Brill, 1971）.

〔註13〕 陳萬里，〈宋末——清初中國對外貿易中的瓷器〉，收於《陳萬里陶瓷考古文集》，北京：紫禁城出版社、兩木出版社，1990 年，頁 189～192。

〔註14〕 全漢昇，〈再論十七八世紀的中荷貿易〉，《中央研究院歷史語言研究所集刊》，第六十三本第一分，1993 年，頁 33～66。

〔註15〕 坂井隆，《港市國家バンテンと陶磁貿易》，東京：同成社，2002 年。

〔註16〕 見 2003 年 11 月，中央研究院考古學研究專題中心、「田野考古」雜誌主辦，「臺灣地區出土瓷器資料研究論文發表會」。

〔註17〕 見本文各章內容敘述，於此不加詳列。

〔註18〕 陳光祖，〈從歷史文獻看台灣早期的「考古」發現〉，頁 13～66；同氏著，〈臺灣地區出土瓷器現況——臺灣出土瓷器研究的幾個面向——〉，《田野考古》，

　　就整體而言，臺灣地區相關陶瓷貿易史料與出土十七世紀陶瓷實物，目前尚未有全面的整合性討論與整理，但可以確定的是，此一方向的研究工作，將會對十七世紀臺灣史、東亞物質文化史、明末清初貿易陶瓷史整體架構的建立，提供重要的基礎資料，而本論文實爲首次針對臺灣十七世紀陶瓷貿易，進行全面整合性歷史研究。至於本論文之研究對象，除了相關歷史文獻資料的整理、歸納與分析，尚針對各地考古與田野調查資料，整理分析明確屬於明末清初的貿易陶瓷，進行年代、類型特徵與產地歸屬之判定，並與同時期海外各地出土品進行比較聯繫。同時，透過出土陶瓷實物與文獻資料的解讀，使過去在東亞史、中國史與臺灣史研究上，僅見於歷史文獻的描述和推測，成爲清晰而可以被觀察的實證，進而能對歷史提出些許新的詮釋角度與看法。

第三節　十七世紀臺灣外來陶瓷的五個階段

　　十七世紀臺灣局勢變化甚鉅，百年之間經歷了多次重大轉變。本論文擬分成五個不同發展階段，討論當時外來陶瓷貿易狀況。

　　第一個階段爲十六世紀晚期至十七世紀初期，荷蘭佔據臺灣以前的中國陶瓷貿易（見本文第二章「陶瓷貿易的邊緣──十六世紀末至 A.D.1622」）；由於中國閩南月港的開放貿易，使得閩、臺之間出現了一條稱爲「小東洋」航線的海貿路線；明代晚期被稱之爲「東番」的臺灣，開始與福建產生了較爲密切的交流，而中國福建生產的貿易陶瓷，也逐漸流入臺灣原住民的番社中。儘管如此，當時的臺灣在東亞陶瓷貿易網絡中，尚不具有重要地位，中國商人對其貿易的方式，停留在以物易物的階段，貿易數量不多。

　　第二階段爲一轉折期，是十七世紀初期荷蘭東印度公司首度在中國沿海活動的短暫試探（見本論文第三章「荷蘭佔據澎湖時期的陶瓷貿易（A.D.1622～1624）」）；荷蘭介入東亞海域貿易圈後，急欲尋求鄰近中國之貿易點，而臺灣海峽中的澎湖列島，遂成爲其強佔奪取之目標。荷蘭人在澎湖的陶瓷貿易，史料所未載，但風櫃尾荷蘭舊城出土陶瓷遺物極爲豐富，透過深入研究與剖析，可知荷蘭人在澎湖短暫兩年的陶瓷貿易活動，預示了荷蘭人日後在臺灣所進行的大規模陶瓷轉口貿易。

　　第三階段爲荷蘭東印度公司與西班牙佔領臺灣期間的陶瓷貿易（見本論

九卷一、二期，2004 年，頁 137～165。

文第四章「歐洲人經營下的臺灣陶瓷貿易（A.D.1624～1661）」）；荷蘭人佔領臺灣南部之後，開始了大規模中國陶瓷轉口貿易，而臺灣在明末清初時期，做爲中國物資轉運站的角色也正式得到確立。至於西班牙佔領臺灣北部的時間雖短，陶瓷貿易量亦不大，但其已將臺灣北部納入了「大帆船貿易」的國際商業網絡中。

　　第四階段爲明鄭時期的陶瓷貿易（見本論文第五章「明鄭與清初的臺灣陶瓷貿易（A.D.1662～1700）」第一、二節）；明鄭時期延續荷蘭以來的轉口貿易政策，但由於政治與戰亂的影響，其所經營之陶瓷貿易類型與途徑，已經有了極大的轉變。十七世紀後半，由於沿海戰爭與清廷封鎖海疆，導致中國貿易瓷輸出困難，日本肥前地區所燒製的瓷器代之而起，成爲亞洲陶瓷出口的重要地區。臺灣明鄭集團則在肥前陶瓷的輸出上，扮演了極爲重要的角色。

　　第五階段爲清朝領臺以後，臺灣所見外來陶瓷的貿易狀況（見本論文第五章「明鄭與清初的臺灣陶瓷貿易（A.D.1662～1700）」第三節）；1683 年，臺灣鄭氏投降清朝，沿海封鎖已無必要，臺灣陶瓷貿易再度出現明顯變化。由於清朝在中國沿海採取口岸開放的政策，使得臺灣褪去了中介貿易港的轉口功能；另一方面，隨著閩、粵地區漢人移民移入台灣的數量持續增加，臺灣輸入貿易瓷大幅改以供應島內消費爲主。清領以後的臺灣，已成爲閩南陶瓷產品的主要消費區。

地圖 1　臺灣各地十七世紀相關考古遺址位置圖

台灣各地十七世紀相關考古遺址位置圖

1：澎湖縣風櫃尾荷蘭城堡　　　　　2：臺南市安平古堡（荷蘭熱蘭遮城）
3：臺南縣臺南科學園區　　　　　　4：臺南縣新市鄉社內遺址
5：臺南縣麻豆鎮水堀頭遺址　　　　6：臺南縣下營鄉茅港尾遺址
7：臺南縣柳營鄉明蔣鳳墓　　　　　8：臺南縣關廟鄉
9：台南市市區　　　　　　　　　　10：高雄市左營區鳳山舊城遺址
11：高雄縣湖內鄉寧靖王墓　　　　　12：雲林縣麥寮鄉雷厝遺址
13：臺中縣清水社口遺址　　　　　　14：臺北縣淡水鎮紅毛城
15：臺北縣淡水鎮埤島橋與下圭柔遺址　16：臺北縣八里鄉大坌坑遺址
17：基隆市社寮島（和平島）　　　　18：宜蘭縣礁溪鄉淇武蘭遺址
19：花蓮縣秀林鄉崇德遺址

第二章　陶瓷貿易的邊緣
（十六世紀末至 A.D.1622）

第一節　十七世紀以前的外來陶瓷

一、五代——宋元時期的臺灣

宋元時期臺澎地區開發的文獻紀錄，以澎湖地區爲主，而該地區出土的陶瓷實物資料，已證明中國與澎湖的接觸，可具體上溯至西元十世紀的晚期。根據研究，這批五代十國晚期的中國陶瓷，爲浙江越窯所燒造的精美青瓷，應當是行銷海外途經澎湖，或是遭逢船難漂流至此。〔註1〕

到了宋元時期，中國海外貿易達到前所未有的高潮，而目前在澎湖群島五十多處地點，發現了大量宋元陶瓷，數量高達一萬餘件。經研究顯示，這些陶瓷多爲福建產品，少數則是浙江所燒製，種類包含青瓷、青白瓷、白瓷、黑釉器、曾竹山陶瓶、陶罐等。據推測，上述中國貿易瓷應是從泉州出口，航經澎湖做爲貿易中途站，再向南銷往海外各地。〔註2〕

宋元時期的澎湖，已被納入中國對外的海上航路之中，而同時期的臺灣島，尙處於文獻紀錄晦暗不明的階段。宋代趙汝适《諸番志》所載「琉求國」、「毗舍耶」位置何在，爭議頗多。其中「毗舍耶」條稱澎湖「與其國密爾，

〔註1〕 陳信雄，《越窯在澎湖》，臺南：文山書局，1994 年。
〔註2〕 陳信雄，《澎湖宋元陶瓷初探》，中國文化大學史學研究所博士論文，1985 年，頁 193。

煙火相望」，顯示兩地距離相近，但言及中國與其關係時則又稱「言語不通，商販不及」。〔註3〕元代汪大淵《島夷志略》「琉球」條，言其位置「其峙山及高峻、自澎湖望之甚近」，而中國人與之貿易，售以「粗碗、處州瓷器之屬」且「海外諸國蓋由此始」。〔註4〕就地緣關係來看，「琉球」有可能為臺灣；但就陶瓷商品貿易特徵而言，則應屬今日之琉球群島，因為中國貿易瓷大量出土於今日之琉球（沖繩），而臺灣僅見零星出土。故汪大淵所言之「琉球」，並非特定單一地點，而應該包含了今日的琉球與臺灣二地。〔註5〕

就上述兩份宋元文獻所言，實顯示出宋元時期中國人對臺灣的陌生。至於宋元以後，中國與琉球之間逐漸密切的交流，則反映於今日琉球群島所出土的大量中國陶瓷。該地所見中國陶瓷，年代肇始於十二世紀（南宋），在十四世紀後半數量急增，之後琉球對中國朝貢貿易開始，而出土陶瓷亦在十五世紀初期達到高峰。〔註6〕琉球在當時已成為東亞國際貿易的重要中介國，他們藉由密集朝貢獲得中國產品，再轉賣至其他國家，並將各地特產以朝貢方式回銷中國，成為亞洲東海上的重要轉口中心。根據《琉球歷代寶案》紀錄的互市對象，包含暹邏、舊港、爪哇、滿刺加、三佛齊等地；通常琉球以中國陶瓷做為轉口大宗貨物，以收買南洋胡椒、蘇木等貨物；同時，在每次出使南洋海船的外交備禮，通常都要致贈「大青盤貳拾箇、小青盤貳百箇、小青碗貳阡箇」，〔註7〕足證琉球與南海諸國往來密切。

反觀臺灣地區出土宋元時期之中國陶瓷，數量相對稀少，以臺北縣八里鄉大坌坑遺址為例，僅見數件宋元瓷器，一例為元代景德鎮窯影青釉飛鳳紋執壺（圖 2-1），另一為宋元青釉長頸圓肩壺，〔註8〕尚有數件福建窯系刻花青

〔註3〕 趙汝适，馮承鈞校注，《諸蕃志校注》，臺北：臺灣商務印書館，1986 年，頁 86～87。

〔註4〕 汪大淵著，蘇繼廎校釋，《島夷志略校釋》，北京：中華書局，1981 年。

〔註5〕 陳信雄，《宋元海外發展史研究》，臺南：甲乙出版社，1992 年，頁 120。

〔註6〕 鈴木重治，〈沖繩出土の中國產輸入陶磁器〉，《貿易陶磁研究》，No. 11981 年，頁 9～16；沖繩縣立博物館，《沖繩出土の中國陶磁──ジョージ・H・ケア氏調查收集資料──》，沖繩：沖繩縣立博物館，1983；金武正紀，〈沖繩の中國陶磁器〉，《考古學ジャーナル》，No.320，1990 年，頁 2～6；金武正紀，〈沖繩出土の貿易陶磁器〉，《考古學ジャーナル》，No.427，1998 年，頁 5～8。

〔註7〕 《歷代寶案》，卷之三十九至四十一，轉引自鎌倉芳太郎，〈琉球南海諸國交涉史料〉，《セ沖繩 セレベス發掘古陶磁》，東京：國書刊行會，1976 年，頁 1～25。

〔註8〕 劉益昌、陳光祖，《第一級古蹟大坌坑遺址調查研究報告》，執行單位：中央

瓷碗盤殘片（圖 2-2）。〔註9〕此外，臺北縣淡水鎮埤島橋遺址亦採集到數件宋元陶瓷，其中一件執壺流嘴殘件（圖 2-3），〔註10〕形制與大坌坑遺址所見者相似。

臺灣所見零星宋元陶瓷，多出土於北部河口與沿岸地區，實與台灣北部鄰近當時中、琉航路有關，可能是間接自琉球流入，〔註11〕也可能是途經該航路之華船臨時泊岸貿易之物。

二、明代前期的臺灣

明代初期，中琉朝貢貿易形成，貢使來往極爲頻繁，甚至有貢船年年航行於中國與琉球之間，使得福建與沖繩之間的航路受到重視，臺灣北部亦成爲航線所經之重要地標。〔註12〕根據成書於十六世紀的航海針經《順風相送》所載，「福建往琉球」針路爲：

> 太武放洋，用甲寅針七更船取烏坵。用甲寅並甲卯針正南東墻開洋。用以辰針取小琉球頭。……南風東湧開洋，用乙辰針取小琉球頭。……正南風梅花開洋，用乙辰取小琉球。……用甲卯針取琉球國爲妙。〔註13〕

「福建往琉球」針路所言「東墻」（東墻島）、「東湧」（東引島）、「梅花」三條針法，起點皆於福州沿海，而所謂「小琉球頭」、「小琉球」即指臺灣北部，顯示了臺灣北部海域，已成爲閩東至琉球多條航線必經之地。

儘管如此，臺灣島仍未見頻繁貿易之跡象。臺灣所見明代前期中國進口陶瓷，僅出土於臺灣北部沿岸，數量比宋元時期更爲稀少，目前所見僅寥寥數件。典型器物爲「回紋帶蓮瓣紋青瓷碗」與「細線蓮瓣紋青瓷碗」。臺北縣淡水鎮埤島橋遺址出土的回紋帶蓮瓣紋青瓷碗殘片（圖 2-4 上），口緣外壁刻

　　研究院歷史語言研究所，執行單位：臺北縣政府文化局，2001 年，頁 124、圖版 10、11。

〔註 9〕 Chang Kwang-chih, *Fengpitou, Tapenkeng, and the Prehistory of Taiwan*（New Haven: Department of Anthropology Yale University, 1969, pp.149-151；盧泰康，〈宋元陶瓷篦紋裝飾研究——兼論臺澎地區發現的篦紋陶瓷〉《陳昌蔚紀念論文集》，財團法人陳昌蔚文教基金會，2001 年，頁 153～154。

〔註10〕 感謝劉鵠雄先生提供標本，並敎示筆者該遺址相關調查狀況。

〔註11〕 陳信雄，《陶瓷臺灣》，臺中：晨星出版社，2003，頁 60。

〔註12〕 陳宗仁，《雞籠山與淡水洋——東亞海域與臺灣早期研究 1400～1700》，臺北：聯經出版社，2005，頁 62。

〔註13〕 向達校注，《兩種海道針經》，北京：中華書局，2000，頁 95～96。

劃回紋帶，〔註 14〕根據日本出土同類型中國青瓷編年研究成果，可知此類青瓷碗年代約爲十四世紀末到十五世紀初。〔註 15〕至於其產地來源，則以浙江龍泉窯爲代表。

另一類「細線蓮瓣紋青瓷碗」殘片，則出土於臺北縣淡水鎮埤島橋遺址（圖 2-4 下）、〔註 16〕淡水鎮下規柔 II 遺址（圖 2-5），〔註 17〕根據前述日本學者之青瓷編年研究，可知其年代約爲十五世紀中期至十六世紀前半（圖 2-6）。〔註 18〕至於本類青瓷碗的生產窯口，目前可見於廣東省東部地區的惠州、惠陽、大埔、澄海等多處窯場。〔註 19〕臺北縣淡水鎮埤島橋遺址上層文化與下規柔山 II 遺址，皆屬臺灣鐵器時代十三行文化中期埤島橋類型，年代距今約 800～450 年左右，其族群歸屬對應於文獻史料，應爲活動於大屯火山群北側台地之凱達格蘭族 Chinaer/Senar（圭柔社）人。〔註 20〕

此外，台北市圓山遺址亦見兩件素面青瓷碗殘片（圖 2-7），出土於圓山文化層上部（可能亦屬十三行文化），〔註 21〕依照該青瓷碗器身弧度與口緣外撇特徵，可能爲明代前期浙江龍泉窯，〔註 22〕或者是福建安溪窯仿燒之青瓷。〔註 23〕

由於臺灣北部海域靠近中國與琉球之間的官方海上航路，故臺灣北部地

〔註 14〕劉益昌，《臺北縣北海岸地區考古遺址調查報告》，臺北：臺北縣立文化中心，1997 年，頁 33～36、圖 34-9。

〔註 15〕上田秀夫，〈14～16 世紀の青磁椀の分類〉，《貿易陶磁研究》，No. 2，1982 年，頁 55～70。

〔註 16〕劉益昌，《臺北縣北海岸地區考古遺址調查報告》，頁 33～36、圖 34-10。

〔註 17〕國立歷史博物館歷史考古小組，《十七世紀荷西時期北台灣歷史考古研究成果報告》，臺北：國立歷史博物館，2005 年，圖 102-104。

〔註 18〕上田秀夫，〈14～16 世紀の青磁椀の分類〉，頁 55～70。

〔註 19〕曾廣億，〈廣東明代仿龍泉窯青瓷初探〉，收於 Ho Chuimei ed., *Ancient Ceramic Kiln technology in Asia*（Hong Kong: Center of Asian Studies, University of Hong Kong, 1990,），pp.30-42.

〔註 20〕詹素娟、劉益昌，《大臺北都會區　原住民歷史專輯》，臺北：臺北市文獻委員會，1999 年，頁 41、114。

〔註 21〕黃士強，《圓山遺址中山三十三號道路試掘與評估》，臺北：國立臺灣大學人類學系，1991 年，頁 31。

〔註 22〕完整器例見南京中華門外明永樂五年（1407）宋晟墓出土青瓷碗，引自朱伯謙主編，《龍泉窯青瓷》，臺北：藝術家出版社，1998 年，頁 275。

〔註 23〕葉清琳，〈安溪青花瓷器的初步研究〉，收於 Ho Chuimei ed., *Ancient Ceramic Kiln technology in Asia*（Hong Kong: Center of Asian Studies, University of Hong Kong, 1990,）pp.79-83.

區已逐漸爲中國人所知，但是考古資料顯示，臺灣與外界的貿易交通仍屬零
星，陶瓷進口數量甚微，而造成這種現象之關鍵，可能與明初嚴厲海禁有關。
洪武初年，「禁濱海民不得私自出海」。其後禁令日益嚴苛，洪武二十七年，
「……緣海之人，往往私下諸番，因誘蠻夷爲盜，命禮部嚴禁絕之，敢有私
下諸番互易者，必寘之以重法。凡番香、番貨，皆不許販鬻。」〔註 24〕洪武
三十年，「申禁人民，無得擅自出海與外國互市。」〔註 25〕明初的一連串禁令，
使得宋元以來中國蓬勃的海外貿易，不復可見。

　　到了明成祖永樂皇帝就位之後，雖然銳意外通四夷，積極對外派遣使節，
開創「萬國來朝」的朝貢體制。但是他對民間對外貿易的態度，仍然是延續
前朝政策，「緣海軍民人等，近年以來，往往私自下番，交通外國，今後不許，
所司以遵洪武事例禁治。」〔註 26〕西元 1402 年，永樂帝爲了解決民間私通海
外的情形，甚至「下令禁民間海船。原有海船悉改爲平頭船，所在有司防其
出入。」〔註 27〕民間所進行的國際貿易，全面禁止。而途經中琉航線的船隻，
多爲官方使節船隊，定期中途停泊臺灣北部貿易的機會，已微乎其微。

　　十五世紀中期以降，明廷海上防衛武力衰退。張燮《東西洋考》稱：「成、
弘之際（1465～1505），豪門巨室間有乘巨艦貿易海外者。奸人陰開其利竇，
而官人不能顯收其利權。」〔註 28〕到了嘉靖初年，沿海警備愈加鬆弛，走私
之風日甚，明廷遂以倭患起於市舶，而罷撤市舶司，〔註 29〕但此舉非但無法
解決問題，反助長了沿海走私貿易，而十六世紀前半葡萄牙人在浙、閩、粵
沿海的活動，更挑起了三地非法貿易的熱潮。這個時期的東南沿海走私貿易，
以福建地區最盛，福建沿海山多田少，土地貧瘠，以漳州爲例：

> 漳南負山阻海，介於閩粵之間，一都會也。地多崗阜林麓，雜以海
> 壖斥鹵，溪澗流潦，決塞靡常，其稱沃野可田者，十之二三而已。

〔註 24〕黃彰健校勘，《明實錄》（明太祖實錄），卷 231，臺北：中央研究院歷史語言
　　　　研究所，1962 年，頁 3374。
〔註 25〕同上註，卷 252，頁 3640。
〔註 26〕黃彰健校勘，《明實錄》（明太宗實錄），卷 10 上，臺北：中央研究院歷史語
　　　　言研究所，1962 年，頁 0149。
〔註 27〕同上註，卷 27，頁 0490。
〔註 28〕〔明〕張燮，謝方點校，《東西洋考》卷七「餉稅考」，北京：中華書局，2000
　　　　年，頁 131。
〔註 29〕〔清〕張廷玉等撰，《明史》，卷 81，「食貨五」，頁 1981；〔明〕谷應泰，《明
　　　　史記事本末》，卷 55「沿海倭亂」，臺北：世華出版社，1976 年，頁 588。

〔註30〕

福建土地資源貧瘠，但沿岸卻有眾多天然港灣，海外貿易有利可圖，瀕海人民迫於生計，自然冒禁下海從事商業活動。儘管中國私人海商活躍，但臺灣島內尚處於鐵器時代的各地原始民族，消費能力有限，商機不大，實難吸引中國福建海商犯禁前來貿易。

第二節 「小東洋」航線與初期閩臺貿易

一、「小東洋」航線的出現

明朝嘉靖後期，歷經十餘年的倭亂大致平定，嘉靖四十四年（1565），漳州海澄設縣。兩年之後，隆慶改元（1567），福建巡撫塗澤民請開海禁，隨之而來的，即為漳州月港的開放，「準販東西二洋」。民間海上貿易的合法化，使得當時被稱為「東番」的臺灣，正式被納入中國海商的亞洲貿易網絡中。成書於萬曆四十五年（1617），漳州龍溪人張燮所著《東西洋考》中，在記述東洋各國針路之後，即載明了「不在東西洋之數」，由福建經由澎湖航往臺灣之「小東洋」航線：

> 東番（人稱為小東洋，從澎湖一日夜至魍港，又一日夜為打狗仔，
> 又用辰巽針，十五更，取交里林以達雞籠、淡水。）〔註31〕

月港開放後的半個世紀，閩南華商船隻已熟悉澎湖至臺灣嘉義附近的航道，並由此分別前往臺灣南、北二處貿易。事實上早在《東西洋考》完成前的十五年（萬曆三十年冬，1603），陳第隨沈有容渡海東番剿倭時，就已提到漳泉華商經澎湖航來台灣西南沿海，從事漢、番貿易的狀況：

> 東番，從烈嶼諸澳乘北風航來，一晝夜至彭湖，又一晝夜至加老灣
> 近矣。……始通中國，今則日盛，漳泉之惠民、充龍、烈嶼諸澳，
> 往往譯其語與貿易，以瑪瑙、磁器、布、鹽、銅簪環之類、易其鹿
> 脯、皮角。〔註32〕

〔註30〕〔清〕顧炎武，《天下郡國利病書》，第十冊（原編第二十六冊）「福建」，臺北：臺灣商務印書館，1966 年，頁 84。

〔註31〕〔明〕張燮，謝方點校，《東西洋考》卷九「舟師考」，頁 184～185。

〔註32〕〔明〕陳第，收於崇禎二年本《閩海贈言》，引自方豪，〈陳第東番記考證〉，《國立臺灣大學文史哲學報》，第七期，1956 年，頁 49～76。

　　至於十六世紀末至十七世紀初，臺灣進口陶瓷貿易的數量有多少？則可由《東西洋考》所記月港船隻餉稅金額一窺端倪。萬曆三年「東西洋每引稅銀三兩，雞籠、淡水稅銀一兩，其後加增東西洋稅銀六兩，雞籠、淡水二兩。」〔註33〕水餉與陸餉則為：

> 西洋船面擴一丈六尺以上者，徵餉五兩，每多一尺加銀五錢。東洋船頗小，量減西洋十分之三。陸餉胡椒蘇木等貨計質一兩者，徵餉二分，雞籠、淡水地近船小，每船面擴一尺，徵水餉五錢，陸餉亦如東西二洋之利。〔註34〕

航往臺灣北部華船的引稅，始終只及東、西洋的三分之一，而船隻亦小於東、西洋面航行者，可見當時臺灣原住民與福建的貿易，狀況雖已較明初海禁時期改善許多，但貿易總額依然不高，始終停留在宋元以來的傳統交易模式。

二、中、日走私轉口貿易點

　　隆慶元年漳州月港開禁，閩南海商有了合法出洋的管道，但「仍特嚴禁犯倭奴者，比於通番接濟之例，」〔註35〕民間赴日貿易仍屬非法。1592 年福建巡撫許孚遠的〈請疏通海禁〉中，就提到：

> 同安、海澄、龍溪、漳浦、詔安等處奸徒，每年於四、五月間，告給文引，駕駛烏船，稱往福寧載鐵；北港捕魚及販雞籠、淡水者，往往私裝鉛、硝等潛去倭國，但秋及冬，或來春方回。亦藉言潮惠廣高等處糴買糧食，徑從大洋入倭，無販番之名，有通倭之實。〔註36〕

許多托言至臺灣捕魚或貿易的閩南船商，實際上是航往日本貿易。不僅如此，處於福建東面海上的臺灣，由於地理航路之便，已逐漸成為了十六世紀前半浙江的雙嶼做為中、日「非法交易平臺」之後，〔註37〕另一個新興的中、日商人進行私下貿易的「會船點」（rendezvous）。〔註38〕由日本德川幕府發給渡

〔註33〕〔明〕張燮，謝方點校，《東西洋考》卷九「餉稅考」，頁 132。

〔註34〕同上註，頁 132。

〔註35〕同上註，頁 32。

〔註36〕〔明〕許孚遠，〈請疏通海禁〉，《敬和堂集》，卷四，中央圖書館影印日本內閣文庫藏本，頁 27。

〔註37〕鄭永常，《來自海洋的挑戰——明代海貿政策演變研究》，臺北：稻鄉出版社，2004 年，145〜159。

〔註38〕陳國棟，〈轉運與出口：荷據時期貿易與產業〉，收於《福爾摩沙——十七世紀的臺灣、荷蘭與東亞》，臺北：國立故宮博物院，2003，頁 56。

航許可證的朱印船,南下航行臺灣,與中國發航東番的中國海商相會,以躲避明朝嚴厲的禁令,遂行走私貿易。〔註39〕1603 年陳第隨沈有容渡海東番時,就紀錄了明軍攻討在臺灣日人的狀況:

> 萬曆壬寅冬,倭復據其島,夷及商、漁交病,浯嶼沈將軍往剿,於是有觀海之興,與俱,破倭,收泊大員,夷目大彌勒輩率數十人叩謁,獻鹿餽酒,喜爲除害也。〔註40〕

部份假借前來東番貿易的中國商人與日本航來的武裝商人,目的在臺灣進行貨品交換,而非與島內原住民交易,且日人與來臺貿易的「商」、進行捕撈業的「漁」,以及臺灣本地「夷」民,頗有衝突,其間缺少了良性貿易活動。

　　儘管中國海禁在明代晚期逐漸鬆解,而漳州月港的開放與歐人的東來,促成了東亞國際貿易的日益滋長,但十六世紀末至十七世紀初的臺灣,仍處於國際海上貿易的「邊緣」。中國貿易瓷開始大規模輸入臺灣,則一直要等到荷蘭東印度公司佔領臺灣南部以後,才於 1630 年代迅速展開。

第三節　相關進口陶瓷實例

　　隆慶元年（1567）漳州月港開禁,民間海上貿易的合法化,臺灣島南北各處原住民番社,開始與中國海商有了常態性接觸。而台灣鐵器時代各地史前文化遺址,則陸續出現了屬於十六世紀至十七世紀初的進口陶瓷遺物。而有關這些陶瓷遺物的斷年依據,除了陶瓷風格比對之外,1567 年的「月港開禁」,爲中國晚明對外貿易發展的重要里程碑,亦提供了相關陶瓷文物年代分期的史料依據。

　　以下即針對全島從北至南各遺址出土相關陶瓷遺物,分別進行討論:

一、宜蘭礁溪鄉淇武蘭遺址

　　淇武蘭遺址位於臺灣東北部蘭陽平原的北側,屬宜蘭縣礁溪鄉二龍村,遺址出土文化可分爲上、下兩文化層,皆屬臺灣鐵器時代文化。其中下文化層年代約在距今 800～1300 年左右,而上層文化則爲距今 100～400 左右。透過歷史文獻與地緣位置考證可知,淇武蘭遺址應即爲西班牙時期的

〔註39〕岩生成一著,許賢瑤譯,〈在臺灣的日本人〉,收於《荷蘭時代臺灣史論文集》,宜蘭:佛光人文社會學院,2001 年,頁 158。

〔註40〕〔明〕陳第,〈東番記〉。

Cabaran 傳教省區、荷蘭時期的淇武蘭社（Bauouran、Kibanoran）、清代之「蛤仔灘三十六社」之一，屬於臺灣北部平埔族之噶瑪蘭族（Kavalan）所屬聚落遺跡。〔註41〕淇武蘭遺址上文化層，除可見本地燒造之低溫印紋陶外，尚可見出土中國輸入之明、清時期高溫貿易陶瓷。以下分述幾件年代上限較早，可追溯十六世紀至十七世紀初期之相關陶瓷遺物。

（一）排點紋青花碗、盤（原資料稱斜腹 I 型畫紋碗、畫紋小碟）

至少出土兩件，其特徵爲敞口，斜弧腹，器心澀胎無釉，外壁密集排列整齊的點狀或倒「∨」狀排點紋。器高 3、4.2 公分，口徑 5（sic）、13 公分，足徑 6、5.4 公分。〔註42〕上述其中一件排點紋碗，出土於 M20 墓葬遺跡中，與大量「洪武通寶」銅錢共出（圖 2-8）。〔註43〕此類粗質小碟應爲福建南部燒製，類似窯址出土品，有見於福建漳州五寨二壠窯、〔註44〕安溪縣尚卿窯、魁斗窯、翰苑窯。〔註45〕

海外地區出土類似排點紋青花碗盤，可見於菲律賓呂宋島西岸 Zambales 海域發現的 San Isidro 沉船（圖 2-9），該船打撈遺物多爲十六世紀中期左右的漳州窯外銷瓷。〔註46〕日本地區考古出土者，可見於堺環濠都市遺跡，其年代被定於 1532～1553 左右。〔註47〕九州大分市大有府內町出土的兩件排點紋

〔註41〕陳有貝，《宜蘭縣礁溪鄉淇武蘭遺址搶救發掘始末簡報》，宜蘭：宜蘭縣文化局，2002 年；邱鴻霖，《宜蘭縣礁溪鄉淇武蘭遺址出土墓葬研究——埋葬行爲與文化變遷的觀察》，國立台灣大學人類學研究所碩士論文，2004 年，未出版，頁 33～38。

〔註42〕陳有貝、李貞瑩，〈淇武蘭遺址出土近代瓷器簡介〉，《田野考古》，九卷一、二期，2004 年，頁 41～42，圖版 42、48。

〔註43〕邱鴻霖，《宜蘭縣礁溪鄉淇武蘭遺址出土墓葬研究——埋葬行爲與文化變遷的觀察》，頁 109。

〔註44〕福建省博物館，《漳州窯》，福州：福建人民出版社，1997 年，頁 85；彭維斌，〈試析平和窯青花繪畫題材〉，收於廈門市博物館編，《閩南古陶瓷研究》，福州：福建美術出版社，2002 年，頁 178～179。。

〔註45〕Ho Chuimei, *Minnan Blue-and-white Wares- An archaeology survey of kiln sites of the 16th- 19th centuries in southern Fujian, China*, BAR International Series 428, （Oxford: B. A.R., 1988,）pp.70, 165；葉清琳，〈安溪青花瓷器的初步研究〉，頁 76～83.；曾凡，《福建陶瓷考古概述》，福州：福建省地圖出版社，2001 年，圖版 77-7。

〔註46〕小川光彥、宮城弘樹、宮田繪津子、森隆、森本朝子、フィリピン国立博物館考古部，〈フィリピン・サンイシドロ沉船の陶磁器〉，《貿易陶磁研究》，No. 21，2001 年，頁 104。

〔註47〕森村建一，〈堺環濠都市遺跡における中近世陶磁器余錄〉，《東洋陶磁》，Vol.

青花碗，依其遺構伴隨現象推斷，廢棄時間下限可能爲 1586 年火災或 1596 年地震災害。〔註 48〕本州駿府城跡出土的排點紋碗，由於與紀年木製品（元和三年，1617）同時發現於土層內，故陶瓷遺物年代可被定爲十六世紀末至十七世紀初左右。〔註 49〕至於中國閩南地區的墓葬資料則顯示，這類粗質青花小盤等級不高，在明代晚期經常被用來充當墓葬修築時的「壙碗」，以福建漳浦縣湖西鄉出土明崇禎十五年（1642）許氏墓爲例，該墓封土層中，即以上述排點紋碗大量拌入三合土中，用以加固墓穴。〔註 50〕

　　由上述考古資料可知，排點紋碗燒造時間延續頗長，其年代上限可追溯至十六世紀，而在福建安溪縣的魁斗窯址，尙可見排點紋青花碗與時代風格較早的青瓷碗同窯共燒。〔註 51〕至於其年代下限，則可晚至十七世紀中期左右。

（二）素面青瓷碗

　　淇武蘭遺址出土兩件青瓷碗，一件爲斂口，圓唇，弧腹，圈足粗寬。口徑 13.3 公分，器高 5.5 公分。另一件尖圓唇，口微撇，斜弧腹。口徑 13 公分，器高 4 公分（圖 2-10）。〔註 52〕此類青瓷碗與青花排點紋碗同出於淇武蘭遺址，若就上文所述安溪魁斗窯址考古資料研判，其產地來源可能亦爲福建安溪地區。

（三）白瓷長頸瓶

　　武蘭遺址出土兩件白瓷長頸瓶，應屬福建德化窯燒製產品。造形特徵爲盤口，細長頸，圓肩，下腹急收，近底處有環狀突起且向外斜弧撇出，底心露胎無釉。〔註 53〕兩件白瓷瓶頸部裝飾略有不同，一件出土於 M40 號墓葬，器高 22.8 公分，口徑 8.6 公分，足徑 8.45 公分，頸部兩側裝飾「舖首銜環」

　　　　19，1989～1992 年，頁 47～63。

〔註 48〕大分市教育委員會，《大友府內 6　中世大友府內町跡第十四次發掘報告書》，九州大分市：大分市教育委員會，2003 年，頁 15、20、88～90。

〔註 49〕伊藤壽夫・岡村涉，〈駿府城跡三ノ丸 SX01 出土の輸入磁器について——「元和三年二月二十『日』」刻銘木製品に伴う——〉，《貿易陶磁研究》，No. 10，1990 年，頁 138、142。

〔註 50〕王文徑，〈漳浦出土的明清瓷器〉，《福建文博》，2001 年 1 期，頁 58。

〔註 51〕葉清琳，〈安溪青花瓷器的初步研究〉，頁 76。

〔註 52〕陳有貝、李貞瑩，〈淇武蘭遺址出土近代瓷器簡介〉，《田野考古》，九卷一、二期，2004 年，頁 47，圖版 79、80。

〔註 53〕陳有貝、李貞瑩，〈淇武蘭遺址出土近代瓷器簡介〉，頁 46，圖版 75、76。

貼塑（圖 2-11）。年代較爲明確之同類型白瓷瓶，可見於福建出土明正德己卯年（1519）紀年墓（圖 2-12）、〔註54〕明萬曆丁巳年（1617）紀年墓（圖 2-13），〔註55〕以及上海博物館藏「天啓肆年」款（1624）白瓷瓶。

　　另一件白瓷長頸瓶，器高約 20 公分，足徑 8.1 公分，頸部兩側貼塑長條形鏤空雙耳（圖 2-14）。〔註56〕年代明確之同類白瓷，見於福建出土明正德己卯年（1519）紀年墓、〔註57〕德化縣出土明嘉靖三十八年（1559）紀年墓、德化縣潯中出土明萬曆十五年（1617）紀年墓（圖 2-15）、以及德化縣三班鄉出土南明隆武元年（1645）紀年墓（圖 2-16）。〔註58〕

　　由上考古資料可知，這類白瓷長頸瓶的年代上限可追溯十六世紀，下限則在十七世紀中期左右。

二、臺中清水社口遺址

　　臺中清水社口遺址，位於大甲溪下游與大肚溪之間的清水隆起海岸平原，該地區爲平埔族拍瀑拉族（Papora）族聚居地區，主要聚落有大肚社（今臺中縣大肚鄉）、水裡社（今臺中縣龍井鄉）、沙轆社（今台中縣沙鹿鎮）與牛罵社（今台中縣清水鎮，可對應於社口遺址）。就考古學文化類型來區分，清水社口遺址屬於番仔園文化晚期鹿寮類型，年代距今約 730～360 年，出土之陶瓷遺物，以黃褐色泥質陶爲主，另於部份探坑可見漢人進口陶瓷共出，顯示已進入所謂「漢番接觸」時期。〔註59〕

　　清水遺址出土瓷器，以盤形器（原報告稱爲「碟」）與碗形器爲主。已公佈資料爲兩件盤形器，口徑在 12～14 公分，器高在 3 公分左右。〔註60〕一件爲仕女人物紋青花小盤，器形特徵爲直口微敞，弧壁，圈足粗寬，青料發色

〔註54〕陳建中、陳麗華編著，《中國古陶瓷標本——福建德化窯》，廣州：嶺南美術出版社，2003 年，圖 90。
〔註55〕同上註，圖 94、95；筆者實見於福建德化縣陶瓷博物館（感謝陳建中館長提供）。
〔註56〕陳有貝、李貞瑩，〈淇武蘭遺址出土近代瓷器簡介〉，頁 46，圖版 76。
〔註57〕陳建中、陳麗華編著，《中國古陶瓷標本——福建德化窯》，圖 91、92。
〔註58〕筆者實見於福建德化陶瓷博物館（感謝陳建中館長提供）；另見 Jessica Harrison-Hall, *Catalogue of Late Yuan and Ming Ceramics in the British Museum*（London: The British Museum Press, 2001,）p. 505.
〔註59〕陳維鈞，《清水社口遺址緊急搶救發掘報告》，指導單位：臺中縣文化局，執行單位：中央研究院歷史語言研究所，2004 年。
〔註60〕同上註，頁 40、圖版 25-28。

藍中帶灰（圖 2-17）。另一件爲花卉紋青花小盤，器形特徵與上一件小盤相同，惟足底沾黏較多窯砂（圖 2-18）。兩件青花盤之製作工藝、器形與紋飾特徵，皆似福建漳州五寨鄉二壠窯產品。〔註 61〕海外發現紋飾相近之青花盤，可見於菲律賓 San Isidro 沉船打撈之十六世紀中期漳州窯青花瓷（圖 2-20）。〔註 62〕

三、雲林麥寮鄉雷厝遺址

雲林縣麥寮鄉位於濁水溪下游沖積平原南側，爲臺灣平埔族之巴布薩族（Babuza），〔註 63〕或洪雅族（Hoanya）居住地區。〔註 64〕日本學者根據荷蘭文獻紀錄指出，本區域原住民所使用語言，應爲 Favorlang 語。〔註 65〕而本地區番社位置較爲明確，可與文獻紀錄對應之地點，爲荷蘭紀錄中之貓兒干社（Batsiakan），位於今日麥寮鄉西側的崙背鄉豐榮村。〔註 66〕

1995 年至 1996 年，雲林縣麥寮鄉的施厝寮村，因西部濱海公路施工，有過一次搶救性考古發掘。在此次發掘中，各探坑除了出土大量平埔族製作的低溫夾砂陶器外，已同時發現一些中國陶瓷遺物，其文化層年代約距今 300～700 年左右。〔註 67〕但是由於報告書所公佈之青花瓷標本過於殘破，故不易判定其年代與產地歸屬。〔註 68〕

2002 年 7 月，麥寮鄉施厝寮村東北方約 1 公里的雷厝村，因農地翻耕又發現了一處新的遺址。此次發掘面積雖然不大，但卻發現了相當豐富的文化遺留。各類遺物除平埔族夾砂陶外，發現了大量中國瓷器與硬陶，其中以一

〔註 61〕 福建省博物館，《漳州窯》，頁 89、圖版 95-2。
〔註 62〕 小川光彥、宮城弘樹、宮田繪津子、森隆、森本朝子、フィリピン国立博物館考古部，〈フィリピン・サンイシドロ沉船の陶磁器〉，頁 99 写真 1-2、頁 102 写真 4-21。
〔註 63〕 潘英，《臺灣平埔族史》，臺北：南天書局，1996 年，頁 58。
〔註 64〕 張耀錡，《平埔族社名對照表》，南投：臺灣省文獻委員會，1951 年，頁 20～21。
〔註 65〕 中村孝志，〈荷蘭人對臺灣原住民的教化〉，收於吳密察、翁佳音、許賢瑤編，《荷蘭時代台灣史研究（下卷）社會、文化》，臺北：稻鄉出版社，2002 年，頁 112～115。
〔註 66〕 同上註，頁 115；江樹生譯註，《熱蘭遮城日誌》，第一冊，臺南市政府，2000 年，頁 367。
〔註 67〕 黃士強、鍾亦興、鄭建文，《雲林縣麥寮鄉施厝寮遺址搶救發掘報告》，臺北：國立臺灣大學文學院人類學系執行研究，1997 年。
〔註 68〕 就該青花標本之青料發色與花草紋飾繪法而言，僅能大略猜測其可能爲福建漳州窯產品，標本外觀見同上註，圖版 36。

件釉上彩瓷盤保存狀最佳。〔註69〕

　　上述釉上彩瓷盤復原後口徑爲 21.5 公分，直口，斜弧腹。胎質白中帶灰，施釉及底，足底兩側沾黏大量窯砂，圈足內施釉不均，器底中心露出橙黃色胎皮。盤內口沿裝飾錦地開光花草紋，盤心爲折枝花草紋，施彩以紅色爲主，但多已風化剝落，僅存紋飾痕跡得以復原其線條與佈局（圖 2-21）。此類釉上彩瓷盤應爲福建漳州窯所燒製，類似瓷盤不僅見於漳州平和碗窯山、花仔樓等窯址，亦出土於日本京都、堺市等遺址。〔註70〕此外，考古學者也藉由碳十四年代測定結果，判定出土陶瓷遺物年代約距今 340 年，即西元 1610 年的晚明萬曆時期。〔註71〕

四、臺南新市鄉社內遺址

　　社內遺址位於臺南平原南部，臺南縣新市鄉社內村聚落的西北側，北側緊鄰台南科學園區，文化層年代約距今 300～500 左右，其文化內容與地緣位置，可明確對應文獻紀錄中的臺灣南部平埔族之西拉雅族（Siraya）新港社。〔註72〕社內遺址出土陶瓷，除可見大量平埔族自己燒造的低溫夾砂紅陶外，亦可見中國輸入之明、清高溫貿易陶瓷。以下分述幾件年代上限可能早於荷人來臺時間之遺物。

（一）排點紋青花碗

　　口徑不明，圈足徑 6 公分，圈足外高 0.7 公分，足底壁寬 0.5 公分。特徵爲斜弧壁，圈足粗寬，底心有尖突，碗心澀胎無釉，外壁裝飾倒「ˇ」狀排點紋（圖 2-21）。標本各項特徵完全相同於宜蘭地區出土者（見上文「淇武蘭遺址」第（1）條），其產地爲閩南，年代約十六世紀至十七世紀中期左右。

（二）白瓷弦紋三足爐

　　臺南社內遺址出土兩件，其中一件口徑 9 公分，器高 6.5 公分，底徑 7.4公分。造形特徵爲厚唇，直壁，爐底微突，三垂雲足。外壁施三條弦紋，器

〔註69〕劉益昌、顏廷伃，〈雷厝遺址發掘報告〉，《田野考古》，八卷一、二期，頁 95～122。
〔註70〕顏廷伃、劉益昌，〈從雷厝遺址出土的釉上彩瓷器討論其相關問題〉，《田野考古》，2004 年，九卷 1、2 期，頁 102。
〔註71〕同上註，頁 104、110。
〔註72〕李匡悌，《三舍暨社內遺址受相關水利工程影響範圍搶救考古發掘工作計劃期末報告》，臺北：中央研究院歷史語言研究所，2005 年，頁 16。

身中段有壓印雙回文帶。器表施透明釉，釉色潔白如油脂，器內、器底露胎無釉（圖 2-22）。福建德化縣甲杯山窯址、〔註73〕德化縣出土明嘉靖三十八年（1559）紀年墓，〔註74〕可見同類白瓷爐遺物出土。1643 年 Hatcher 號沉船亦發現同類白瓷三足爐（圖 2-23）。〔註75〕

（三）人物紋青花碗

可復原者至少兩件，口徑為 11.5、12.3 公分，圈足徑 4.7、4.1 公分，器高 4.8、5.4 公分。造形為撇口，弧壁，施釉及底，足內無釉，底心微尖突。外壁紋飾為雙線圈紋，碗心繪有穿著官服人物，寓意「天官賜福」（圖 2-24）。本類碗之產地應為福建漳州窯，相同產品見於平和縣五寨鄉大壠、二壠窯址。〔註76〕海外地區出土年代較早之同類器，則見於菲律賓巴拉望省（Palawan）西部海域 Royal Captain 險礁打撈之十六世紀沉船（圖 2-25）。〔註77〕

（四）簡筆花草紋青花碗

口徑 12.3 公分，圈足徑 4.9 公分，器高 6.1 公分。造形特徵為直口，微敞，斜弧壁，圈足內低外高，內足底心尖突。青料發色淺淡，外壁繪有簡筆花草紋，碗心亦潦草勾繪花草紋。本類碗之產地亦應為福建漳州窯，而紋飾特徵類似之花草紋碗，亦見於菲律賓 Royal Captain shoal 打撈之十六世紀沉船，〔註78〕以及蘇拉威西島出土品。〔註79〕

（五）青瓷花口盤

口徑 13.4 公分，器高 3.3 公分，圈足徑 13.3 公分，圈足外高 0.62 公分，

〔註73〕栗建安，〈德化甲杯山明代窯址的發掘與研究〉，《福建文博》，2004 年 4 期，頁 30、圖 7-1；陳建中、陳麗華編著，《中國古陶瓷標本——福建德化窯》，圖 127。

〔註74〕筆者實地見於德化陶瓷博物館；另見 Jessica Harrison-Hall, *Catalogue of Late Yuan and Ming Ceramics in the British Museum*, p. 505.

〔註75〕Colin Sheaf & Richard Kilburn, *The Hatcher Porcelain Cargoes s*（Oxford: Phaidon・Christie's Limited, 1988,）pp.74-75, pl. 113.

〔註76〕福建省博物館，《漳州窯》，頁 67、87

〔註77〕Franck Goddio, Discovery and Archaeological Excavation of A 16th Century Trading Vessel in the Philippines（Switzerland: World Wide First, 1988,）pls. 10, 13.

〔註78〕Franck Goddio, *Discovery and Archaeological Excavation of A 16th Century Trading Vessel in the Philippines*, pp.58, 61.

〔註79〕鎌倉芳太郎，《沖繩 セレベス發掘古陶磁》，東京：國書刊行會，1976 年，頁 58、圖 31。

足底壁寬 0.58 公分；造形：侈口，花式口沿，折腹下急收，圈足粗寬，圈足內底心尖突。器表無紋飾，青瓷釉施釉不及底，釉面有開片（圖 2-28）。海外地區出土類似造型之刻花青瓷盤，見於菲律賓巴拉望省（Palawan）南端海域打撈之 Pandanan 沉船，該船年代約爲十五世紀中期左右。中國國內紀年墓出土類似器形者，則見於江西永修黎家山明正統九年（1444）墓出土刻花青瓷盤（圖 2-29）。〔註 80〕社內遺址出土之盤，施釉與製作皆較草率，器表又無紋飾，可能爲福建、廣東地區所燒製，其年代下限可能要晚至十六世紀或十七世紀初。

（六）醬釉硬陶細頸小罐

口徑 4.5 公分，器高 12 公分，底徑 6 公分。造形特徵爲小口，口沿外撇，細頸折肩，斜壁下收，平底內凹無足。外壁施醬釉，施釉不及底，胎色灰黃（圖 2-30）。產地可能爲中國南方閩、粵地區，海外地區出土相同醬釉小罐，見於菲律賓 Royal Captain 險礁打撈之十六世紀沉船（圖 2-31），該船同時亦出土不少福建漳州窯燒造之青花瓷。〔註 81〕此類醬釉小罐的燒造地點尚不清楚，福建、廣東地區皆有可能。

（七）醬釉硬陶玉壺春瓶

出土個體數三件以上，口徑 7.7、8 公分，器高不明，底徑 7.7 公分。造形特徵爲厚唇，撇口，頸細長，圓腹，器身外壁可見耐火砂隔燒或墊燒痕，內壁有接坯痕，胎質灰褐夾砂，平底無足，底心微凹。外壁施醬釉，釉面無光，施釉不及底（圖 2-32、33）。產地可能爲南方閩、粵地區相同特徵之醬釉硬陶，可見於菲律賓 Royal Captain 險礁打撈之十六世紀沉船，該船出土兩件之器高分別爲 19 與 21 公分（圖 2-34）。〔註 82〕

（八）醬釉硬陶帶繫小罐

出土兩件完整器，一件口徑爲 7.1 公分，器高 9.6 公分，底徑 6.6 公分。造形特徵爲束頸，唇口微撇，器肩有二橫繫，器身可見多道拉坯痕，平底無足。胎質夾砂，外壁施半釉，內壁無釉，胎色灰黃（圖 2-35）。另一件口徑爲 7 公分，器高 10.3 公分，底徑 6.5 公分。造形特徵爲束頸，直口，器肩有二橫

〔註 80〕朱伯謙主編，《龍泉窯青瓷》，臺北：藝術家出版社，1998 年，頁 284。
〔註 81〕Franck Goddio, *Discovery and Archaeological Excavation of A 16th Century Trading Vessel in the Philippines*, p. 92..
〔註 82〕Ibid, pp.85-88, 150.

繫，平底無足，肩微折紋。外壁施半釉，胎色灰褐（圖 2-36）。早在日據時代，花蓮縣秀林鄉崇德遺址即已發現此類醬釉小罐，但出土狀況並不清楚（圖 2-37）。〔註83〕產地可能爲南方閩、粵地區，而海外地區出土的類似小罐，則見於菲律賓 Royal Captain 險礁發現之十六世紀沉船，〔註84〕以及 1600 年沉沒於馬尼拉灣幸福島的西班牙船 San Diego 號（圖 2-38）。〔註85〕

五、臺南科學園區西拉雅期遺跡

臺南科學園區位於臺南平原南部，園區範圍跨越臺南縣新市、善化以及安定等鄉鎮。臺南科學園區出土遺跡與遺物，依其時間早晚與文化類型差異，可分爲十一個時期，其中第十期爲西拉雅期，文化層年代約距今 300～500 年，已逐漸進入歷史時期。西拉雅期出土之文化遺留，除了延續鐵器時代蔦松期陶器類型外，尚出土中國輸入之陶瓷產品。考古學者進一步依據考古出土現象與遺物特徵，將本期劃分爲「下西拉雅期」──以五間厝遺址爲代表，距今約 450 年左右；「上西拉雅期」──以大道公遺址爲代表，距今約 300 年左右。〔註86〕以下分述幾件屬於「下西拉雅期」之陶瓷遺物。

（一）醬釉硬陶帶繫小罐

屬「下西拉雅期」遺物，已發現至少三件，〔註87〕其各類特徵與臺南社內遺址出土者完全相同（見上文「社內遺址」第（7）條）。若與海外沉船發現之同類小罐比較，可知輸往海外的這類小罐，器肩帶繫的形式較爲多樣，有橫式四繫，也有雙股泥條直式四繫，反觀臺灣地區（臺南社內遺址、臺南科學園區、花蓮崇德遺址）出土的這類醬釉小罐，器肩僅見橫式雙繫一種，顯示輸往臺灣的此類產品，來源可能來自單一產地。

（二）平唇帶繫褐釉盆

直口，平沿，厚唇，唇下緣有雙股泥條直式四繫，器壁向下弧收。胎質

〔註83〕連照美主編，《人類學玻璃版影像選輯》，臺北：國立臺灣大學出版中心，1998 年，圖 191。

〔註84〕Ibid, p. 92.

〔註85〕Jean Paul Desroches and Albert Giordan ed., *The Treasure of San Diego*（Paris: AFAA and ELF, 1996,）pp.246-247, Inv. 1656.

〔註86〕臧振華、李匡悌、朱正宜，《台南科學園區道爺遺址未劃入保存區部份搶救考古計劃期末報告》臺北：中央研究院歷史語言研究所，2004 年，頁 404～407。

〔註87〕同上註，頁 414～415。

夾砂，呈灰黃色，器身僅上半部施褐色釉。〔註88〕此類陶盆屬「下西拉雅期」遺物，且其繫紐特徵未見於社內遺址出土者。

（三）青花簡筆花草紋碗

上、下西拉雅期皆有出土，青料發色淺淡，〔註89〕外壁紋飾特徵同於臺南社內遺址出土者（見上文「社內遺址」第（4）條），其產地與年代亦如前文所述。

六、小　結

根據以上各地出土實物資料可知，早在荷蘭人入據臺灣之前，中國貿易瓷已銷售至臺灣沿海各地原住民聚落。而其出現之因，實與十六世紀後期海澄月港開放，以及小東洋航線的出現有關。當時被稱爲「東番」的臺灣，遂逐漸被納入中國海商的亞洲貿易網絡中。到了十七世紀初，漳泉華商途經澎湖航來臺灣沿海，從事漢、番貿易，而臺灣東北部淇武蘭遺址、中部社口遺址與雷厝遺址、南部社內遺址所發現的一些陶瓷遺物，如排點紋青花碗、青瓷花口盤、硬陶帶繫小罐等器，正反映了陳第〈東番記〉所言，「（臺灣）始通中國，今則日盛」，漳泉沿海地區商民，「往往譯其語與貿易，以瑪瑙、**磁器**、布、鹽、銅簪環之類，易其鹿脯、皮角。」〔註90〕

另就貿易陶瓷的數量與種類來看，此時中國商人售予臺灣原住民平埔族的中國陶瓷，類型頗爲多樣，惟數量不多，顯示其應爲個別華商前往番社進行以物易物的貿易型態，故貿易量相對不高。這些初期由中國進口的陶瓷，大抵以福建地區製品爲主，窯口包括漳州、安溪等窯，另可能亦有部份浙江或廣東產品。陶瓷種類包含青花、白瓷、青瓷、醬釉硬陶等，其品質多見製作粗糙、釉色不佳，屬民窯產品中的次級貨色，歸究其原因，可能是臺灣原住民尚未具備進口瓷器的消費條件，另一方面，或許是因爲多數臺灣原住民對於中國陶瓷產品的認識不多，所以造成了一些精明的華商，爲了謀取更多利潤，往往「以濫惡之物欺之」。〔註91〕

〔註88〕同上註，頁 418。
〔註89〕同上註，頁 422～423。
〔註90〕〔明〕陳第，〈東番記〉。
〔註91〕同上註。

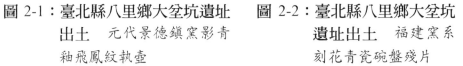

圖 2-1：臺北縣八里鄉大坌坑遺址出土　元代景德鎮窯影青釉飛鳳紋執壺　　圖 2-2：臺北縣八里鄉大坌坑遺址出土　福建窯系刻花青瓷碗盤殘片

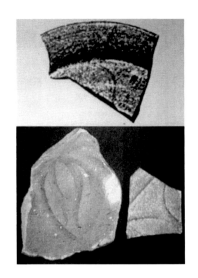

圖 2-3：臺北縣淡水鎮埤島橋遺址出土　影青釉執壺流嘴殘片

圖 2-4：臺北縣淡水鎮埤島橋遺址出土　回紋帶蓮瓣紋青瓷碗殘片（上）、細線蓮瓣紋青瓷碗殘片（下）

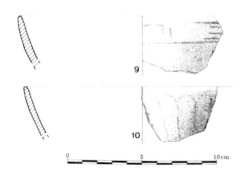

圖 2-5：台北縣淡水鎮下規柔 II
　　　　遺址出土
　　　　細線蓮瓣紋青瓷碗殘片

圖 2-6：日本新卷本村遺跡
　　　　出土
　　　　細線蓮瓣紋青瓷碗

圖 2-7：台北市圓山遺址出土
　　　　素面青瓷碗殘片

圖 2-8：宜蘭淇武蘭遺址 M20
　　　　出土
　　　　排點紋青花碗

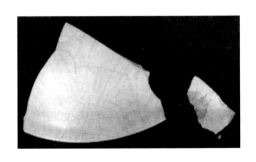

圖 2-9：菲律賓呂宋島 San Isidro 沉
船出土　排點紋青花碗

圖 2-10：宜蘭淇武蘭遺址出土
素面青瓷碗

圖 2-11：宜蘭淇武蘭遺址 M40 號
墓出土
德化窯白瓷「舖首銜環」
長頸瓶

圖 2-12：福建出土
明正德己卯年（1519）
紀年墓德化窯白瓷舖
首貼塑長頸瓶

圖 2-13：德化縣潯中出土
明萬曆十五年（1617）墓德
化窯白瓷舖首貼塑長頸瓶

圖 2-14：宜蘭淇武蘭遺址 M40
號墓出土　德化窯白
瓷雙耳長頸瓶

圖 2-15：德化縣潯中出土
明萬曆十五年（1617）紀
年墓白瓷雙耳長頸瓶

圖 2-16：德化縣三班鄉出土
南明隆武元年（1645）
紀年墓白瓷雙耳長頸瓶

圖 2-17：臺中清水社口遺址出土 仕女人物紋青花小盤

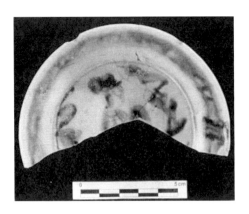

圖 2-18：臺中清水社口遺址出土 花卉紋青花小盤

圖 2-19：菲律賓呂宋島 San Isidro 沉船出土 仕女人物紋青花盤

圖 2-20：雲林縣麥寮鄉雷厝遺址出土 漳州窯釉上彩花草紋瓷盤

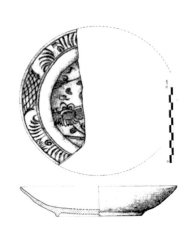

圖 2-21：臺南縣新市鄉社內遺址出
土 排點紋青花碗

圖 2-22：臺南縣新市鄉社內遺
址出土 德化窯白瓷
弦紋三足爐

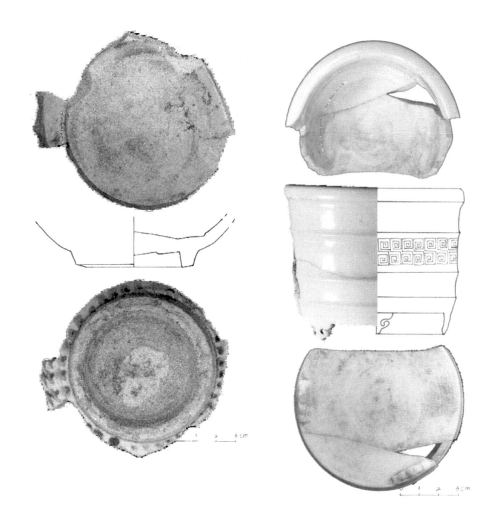

圖 2-23：1643 年 Hatcher 號沉船亦
發現同類白瓷三足爐

圖 2-24：臺南縣新市鄉社內遺
址出土 德化窯青花
人物紋碗

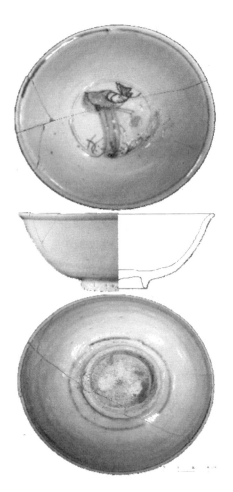

圖 2-25：菲律賓巴拉望省 Royal
Captain 險礁沉船出土
青花人物紋碗

圖 2-26：臺南縣新市鄉社內遺
址出土
簡筆花草紋青花碗

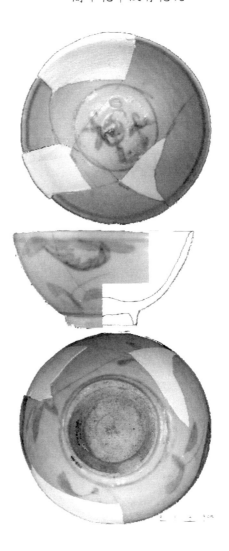

圖 2-27：菲律賓巴拉望省 Royal
Captain 險礁沉船出土
簡筆花草紋青花碗

圖 2-28：臺南縣新市鄉社內遺
址出土
青瓷花口盤

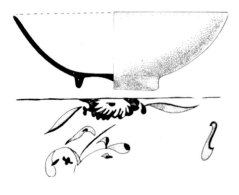

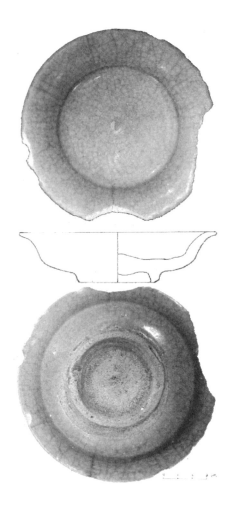

圖 2-29：江西永修黎家山明正統九
年（1444）墓出土

刻花青瓷盤

圖 2-30：臺南縣新市鄉社內遺
址出土

醬釉硬陶細頸小罐

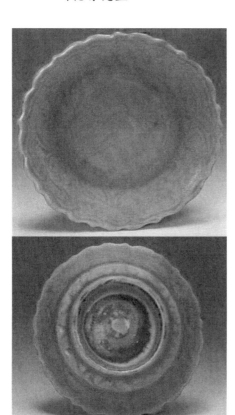

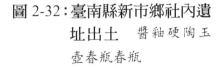

圖 2-31：菲律賓巴拉望省 Royal Captain 險礁沉船出土　醬釉硬陶玉壺

圖 2-32：臺南縣新市鄉社內遺址出土　醬釉硬陶玉壺春瓶春瓶

圖 2-33：臺南縣新市鄉社內遺址出土　醬釉硬陶玉壺春瓶

圖 2-34：菲律賓巴拉望省 Royal Captain 險礁沉船出土　醬釉硬陶玉壺春瓶

圖 2-35：臺南縣新市鄉社內遺址
　　　　　出土
　　醬釉硬陶帶細小罐

圖 2-36：臺南縣新市鄉社內遺址
　　　　　出土
　　醬釉硬陶帶繫小罐

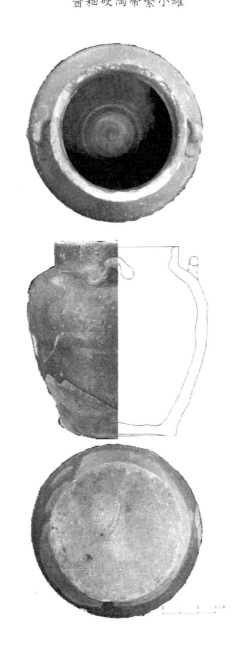

圖 2-37：花蓮立霧（崇德）遺址　圖 2-38：菲律賓 Royal Captain
　　　出土　醬釉硬陶小罐　　　　　　險礁十六世紀沉船出
　　　　　　　　　　　　　　　　　　土　醬釉硬陶小罐

圖 2-39：1600 年西班牙船 San　圖 2-40：臺南科學園區五間厝遺
　　　Diego 號出土　　　　　　　　　址出土
　　　　醬釉硬陶小罐　　　　　　　　　平唇帶繫褐釉盆

第三章　荷蘭佔據澎湖時期的陶瓷貿易
（AD.1622～1624）

　　荷蘭人在亞洲地區的活動，始於十六世紀末期。西元 1602 年荷蘭聯合東印度公司（V.O.C.）成立，開始有計畫的亞洲貿易活動。在此之前，歐洲的葡萄牙已於十五世紀中期，在中國廣東珠江口的澳門島，建立了鄰近中國的商業據點。而西班牙則以菲律賓的馬尼拉爲據點，大量收購由中國漳州月港輸出的中國物資。1619 年，荷蘭人雖然在印尼的巴達維亞建立基地，但距離過遠，荷人必須在東南亞 Bantam（萬丹）、大泥（Patani）、巴達維亞（Batavia）等地，坐待華商運送中國貨物遠道來販。爲求擴大貿易規模，荷蘭人積極破壞葡、西兩國的亞洲貿易航線，劫掠西、葡、華商船隻，導致了月港——馬尼拉華船航線的動盪不安。爲了在中國沿海建立長期貿易據點，荷蘭人於 1602 年與 1622 年兩度佔據澎，同時在中國沿海的騷擾劫掠，希望能壓迫中國同意開放貿易。荷蘭人的諸項做法，並未達到預期目的，中國官方對荷蘭的要求始終置之不理。1622 年，荷人第二次佔領澎湖並築城於風櫃尾，但兩年之後，遭到明軍大舉圍剿而被迫撤離。

　　本章針對荷蘭佔領澎湖時期的陶瓷貿易進行討論；首節說明澎湖風櫃尾地區的地理環境，以及陶瓷遺物的分佈狀況。接著針對風櫃尾出土各類陶瓷遺物，進行類型區分、產地歸屬與年代判定。第二節綜述風櫃尾出土陶瓷與荷蘭城堡之關係、荷蘭人來華初期的陶瓷貿易特徵、陶瓷貿易內容與品質差異，以及風櫃尾出土陶瓷的歷史意義。

第一節　陶瓷遺物類型區分

　　澎湖群島位於台灣海峽的東南，爲海上貿易的樞紐，在台灣早期開發史上具有重要地位。而出土大量晚明陶瓷的風櫃尾半島，則位於澎湖本島的南端，與東北面的馬公半島形成對峙，共同扼守通向馬公內港的馬公灣口，地理位置上相當具有交通與戰略價值。荷蘭人在 1622 至 1624 年佔據澎湖期間，曾於風櫃尾半島上的蛇頭山修築歐洲式城堡，〔註1〕以做爲荷蘭東印度公司在東方海上貿易線上的根據地（圖 3-1）。風櫃所見各類陶瓷遺物的分佈狀況，經過實地調查該半島環境後，茲要簡述如下：

　　風櫃半島的西南面，爲接連澎湖島的內陸地區。

　　半島的西北面，可以看到鄰近海面上的四角嶼。沿岸海蝕斷面多爲玄武岩基盤，潮間帶上未發現陶瓷遺物。

　　半島東南面正對馬公灣，斷面上未見陶瓷遺物，僅在退潮時的大片潮間帶上，零星看到少數幾片晚明與清代青花殘片。

　　半島的東北面，從北角沿著海岸向東走，可見海蝕斷面上的玄武岩基盤逐漸消失，並開始出現土壤與礫石凌亂分佈的斜坡斷面，斷面高度約一百六十公分，至一百八十公分，並向東延伸二十公尺左右，而陶瓷遺物便是在此較爲集中的出現。同時，在斷面上頭的斜坡草地上，也可見零星遺物散佈，以下暫稱此區域爲「第一地點」（見圖 3-65）。此外，由於滿潮線已十分接近本地點，所以在此區域的潮間帶上，也可見部份瓷片分佈，可能是斷面長期遭受海浪拍打後捲下來的。另一個可見瓷片散佈的地點，是風櫃半島靠近東邊岬角的斜坡上，有一小片無植被覆蓋的地區，可見較爲細碎的瓷片散佈，以下簡稱「第二地點」（見圖 3-65）。

　　風櫃尾上蛇頭山的荷蘭城堡，由於遺跡荒廢已久，再加上全爲荒煙漫草所覆蓋，故其地表已較難分辨明確的城堡範圍，而地表以下的城堡遺存，則應當尚稱完整，但是近年來由於海軍在此地進行導航燈設置工程，並切穿城堡護牆遺構，用以開闢聯絡道路，所以對城堡遺跡造成了相當程度的破壞。通過這條將城堡一分爲二的路徑時，則可在城堡的東北和西南護牆斷面，以

〔註1〕　村上直次郎著，許賢瑤譯，〈澎湖島上的荷蘭人〉，收於《荷蘭時代臺灣史論文集》，宜蘭：佛光人文社會學院，2001 年，頁 1～21；包樂史（Leonard Blusse），〈明末澎湖史事探討〉，《臺灣文獻》，24 卷 3 期，1973 年，頁 49～52；曹永和，〈澎湖之紅毛城與天啓明城〉，《澎湖開拓史學術研討會實錄》，澎湖：澎湖縣立文化中心，1989 年，頁 133～154。

及地表上，看到大量的磚瓦碎片，但施釉的細瓷標本較少。以下便將本區，簡稱爲「第三地點」。

澎湖風櫃尾出土各類陶瓷，以第一、二地點採集者佔絕大多數。本論文所研究之標本來源有二；一爲國立成功大學歷史系陳信雄教授於民國七十四年間多次採集，數量約有三百餘件。〔註2〕另一爲筆者在民國八十五年七月和民國九十年四月兩次採集，數量約百餘件。〔註3〕

澎湖風櫃尾出土陶瓷，大體可分六種，分別爲中國青花瓷、藍釉瓷、白瓷、青灰（白）釉瓷罐（安平壺）、高溫硬陶，以及非中國製陶器。以下分述之。

一、青花瓷

風櫃尾出土青花瓷，透明釉從微帶青色，到灰白偏青或偏黃都有，釉下青料發色差異亦大，有發色濃艷者，亦有藍中帶灰，發色不良者。現依其產地之差異，可分爲江西景德鎮窯青花瓷與福建漳州窯青花瓷兩類。

（一）江西景德鎮窯青花瓷

風櫃尾出土景德鎮窯青花瓷，依其器形與紋飾特徵，又可區分成以下十二種類型：

1、花式折沿錦地開光青花盤

花式口緣，口沿外折，盤徑不明，淺弧腹，器身多有模印凸紋，圈足切修細緻，足形外斜內直，足底少有沾黏窯砂的現象。胎質細白，施釉及底，圈足內施釉，青料發色普遍濃艷，盤內折沿與器壁可見雙勾塡染開光，內有各式題材紋飾，盤心花式開光主紋飾外緣，塡以多種幾何紋織錦紋飾帶（圖3-2）。此類造型紋飾之青花盤，即一般西方學界所稱的「克拉克瓷」（Kraak Porcelain），日本人稱之爲「芙蓉手」，是十六世紀晚期至十七世紀前半，相

〔註2〕　業師陳信雄教授早年在澎湖進行宋元陶瓷與五代越窯青瓷研究之際，已發現並採集風櫃尾地點所遺留的大量貿易瓷遺物；在此特別感謝陳教授提供風櫃尾遺址所有採集標本，並指導學生進行研究。

〔註3〕　過去對於澎湖風櫃尾出土十七世紀貿易瓷之研究，見盧泰康，〈澎湖風櫃尾荷據時期陶瓷遺物之考證〉，《故宮文物月刊》，第221期，2001，頁116～134；著者同前，〈澎湖風櫃尾出土的貿易陶瓷〉，《田野考古——臺灣地區出土瓷器資料研究特刊——》，第九卷一、二期合刊，2004年，頁89～97；惟標本類型區分方式與統計數據，當以本論文爲準。

當具有代表性的一種中國外銷瓷。東亞各地十七世紀港市遺址，以及海外地區多艘十七世紀西班牙或荷蘭籍沉船，皆可以大量發現此類瓷器。例如 1600年沉沒於菲律賓呂宋島馬尼拉灣南部幸福島（Fortune Island）之西班牙 San Diego 號沉船，〔註 4〕以及 1613 年沉沒於南大西洋聖赫勒拿島（St. Helena Island）〔註 5〕之荷蘭東印度公司 Witte Leeuw 號沉船，〔註 6〕皆出土類似風櫃尾標本之開光折沿盤青花盤。而中國本土紀年墓所見類似的克拉克瓷盤，則以江西南城出土萬曆三十一年（1603）墓、〔註 7〕江西廣昌出土天啓元年（1621）吳念虛夫婦墓爲代表。〔註 8〕

有關這類青花瓷的燒造地點，根據近年江西景德鎮地區的考古資料，顯示晚明萬曆時期江西景德鎮地區民窯生產熱絡，景德鎮昌江東岸老城區出現了眾多生產克拉克瓷以供外銷的民窯作坊。〔註 9〕而類似風櫃尾出土之花式折沿錦地開光盤，則可見於景德鎮老城區觀音閣窯址、蓮花嶺窯址、電瓷場窯址、新華瓷場窯址等多處地點。

2、花式折沿鹿紋青花盤

花式口緣，口沿外折，盤徑約二十餘公分，淺弧腹，圈足切修細緻，足形外斜內直，足底部份有沾黏窯砂的現象，器底部份可見放射狀跳刀痕。胎質細白，施釉及底，圈足內施釉，青料發色不一，有藍中帶紫，亦有藍中帶灰者。盤心紋飾爲雙鹿紋，間飾以樹石瑞草，亦被視爲一種「克拉克瓷」，根據其器壁與折沿部份裝飾手法之不同，可分爲以下 A、B 兩式。

本類 A 式盤：器壁無紋飾，折沿部份飾以連續紋飾帶，內容爲雁鴨蘆葦紋（圖 3-3、3-4、3-5）。與 A 式鹿紋盤相同之海外遺物，見於美國東岸加州

〔註 4〕 Jean Paul Desroches and Albert Giordan ed., *The Treasure of San Diego* (Paris: AFAA and ELF, 1996,) pp.344-345, 348-349；另爲個人參訪菲律賓國立博物館所見。

〔註 5〕 聖赫勒拿島，位於非洲南部安哥拉西側海上約 100 公里處，是西方船隻從南非好望角返回歐洲航道上的必經之地。

〔註 6〕 C. L. van der Pijl-Ketel, *The Ceramic Load of the "Witte Leeuw"* (Amsterdam: RiJks Museum, 1982), pp.53-79.

〔註 7〕 游學華等，《江西元明青花瓷》，江西：江西省博物館；香港：香港中文大學博物館，2002 年，圖 106。

〔註 8〕 江西廣昌縣博物館，〈明代布政使吳念虛夫婦合葬墓清理簡報〉，《文物》，1993年 2 期，頁 77～82。

〔註 9〕 曹建文，〈近年來景德鎮窯址發現的克拉克瓷器〉，《中國古陶瓷研究》第十輯，北京：紫禁城出版社，2004 年，頁 141～149；曹建文、羅易扉，〈克拉克瓷器在景德鎮窯址的發現〉，《文物天地》，2004 年 12 期，頁 41～45。

Drake Bay 出土品，該地所見鹿紋盤，年代可明確上溯至十六世紀晚期之兩次歷史事件，一為 1579 年 Francis Drake 公爵搭乘之 Golden Hind 號登岸留下之物，一為 1595 年西班牙船隻 San Agustin 號失事沉沒於 Drake Bay 之遺存。〔註 10〕另外，在中美洲墨西哥市國家皇宮的考古出土遺物中，亦可見類似的青花鹿紋盤（圖 3-6）。〔註 11〕

　　本類 B 式盤：可復原器口徑為 21 公分，器高 4 公分，底徑 11 公分（圖 3-7）。器壁與折沿部份為開光花草紋，紋飾以單線勾繪，用筆粗疏，精細程度遠不及第（1）類開光紋青花盤。與本類 B 式鹿紋盤相同之海外出土品，遍見於十七世紀前半各地沉船遺物，如 1601 年沉沒於馬里亞那群島 Rota 島環礁的西班牙 Santa Margrita 號、〔註 12〕1613 年沉沒於南大西洋的荷蘭東印度公司 Witte Leeuw 號、〔註 13〕發現於馬來西亞西部海岸，年代約為 1620 年代中期的萬曆號沉船（圖 3-8），〔註 14〕以及 1643 年左右沉沒於南中國海的 Hatcher 號沉船。〔註 15〕

　　上述 A 式鹿紋盤，過去多被判定年代較早，屬嘉靖晚期至隆慶、萬曆初（十七世紀第三個四分年），或萬曆前期（1573～1600）之物，〔註 16〕但考古資料顯示，A、B 兩式鹿紋盤在十七世紀初期曾經同時輸出海外，例如沉沒於 1600 年之 San Diego 號、〔註 17〕1606 年從印度 Cochin 滿載東方貨物歸

〔註 10〕 Clarence Shangraw & Edward P. Von der Porten, *The Drake and Cermeño Expeditions'Chinese Porcelains at Drakes Bay, California 1579 and 1595*（California: Santa Rosa Junior College; Drake Navigator Guild, 1981）.

〔註 11〕 George Kuwayama, *Chinese Ceramics in Colonial Mexico*（Los Angeles, California: Los Angeles County Museum of Art, 1997,）p. 53.

〔註 12〕 Jake Harbeston, "Correspondence: Wrecked Spanish galleon" *Arts of Asia,* vol. 33, No. 1, 2003, p. 12.

〔註 13〕 C. L. van der Pijl-Ketel, *The Ceramic Load of the "Witte Leeuw,"* p. 139.

〔註 14〕 網址：http://www.mingwrecks.com/Wanli.html；中國嘉德編，《中國嘉德四季拍賣會　明萬曆號、清迪沙如號海撈陶瓷》，北京：中國嘉德國際拍賣有限公司，2005 年，頁 104～106；另為筆者參訪馬來西亞國立博物館所見。

〔註 15〕 Colin Sheaf & Richard Kilburn, *The Hatcher Porcelain Cargoes*（Oxford: Phaidon, Christie's Ltd., 1988,）pl. 47.

〔註 16〕 Daisy Lion-Goldschmidt, "Les porcelains chinoises du palais de Santos" *Arts Asiatiques*, XXXIX, 1984, pp.38-39; Maura Rinaldi, *Kraak Porcelain: A Moment in the History of Trade*（London: Bamboo Publishing Ltd., 1989,）pp.78-79; Regina Krahl, *Chinese Ceramic in the Topkapi Saray Museum Istanbul II*（London: Sotheby's Publication, 1986,）p. 694.

〔註 17〕 Jean Paul Desroches and Albert Giordan ed., *The Treasure of San Diego,* pp.314-355; 另就個人於菲律賓國立博物館實地所見，San Diego 號出土鹿紋

航，卻不幸沉沒於里斯本 Tagus 河口的葡萄牙 Nossa Senhora dos Mártires 號、
〔註18〕菲律賓馬尼拉 Intramuros 城、〔註19〕澳門聖奧古斯丁修院遺址（The
Convent of St. Augustinain）皆有所見。〔註20〕日本東京大學本鄉構內之江戶
時期遺跡所出土的兩式鹿紋青花盤，透過相關文獻考證，可知其年代約在
1630 年代。〔註21〕而澎湖風櫃尾出土資料，亦同樣顯示出此一遺物共出現象。

此外，本類鹿紋青花盤的燒造地點，大體與前述第（1）類開光盤相同，
見於景德鎮老城區的觀音閣窯址、劉家下弄窯址。〔註22〕

3、錦地開光花鳥紋青花盤

盤徑不明，製作工藝特徵同於上述花式折沿鹿紋盤。盤內折沿與器壁有
開光紋，盤心爲花式開光山水花鳥紋，外緣塡以幾何紋織錦紋飾帶（圖3-9），
亦爲一種「克拉克瓷」。

4、直口弧壁青花盤

直口，弧腹，圈足淺細，圈足切修手法可見外斜內直或臥足，施釉及底，
部份標本圈足內無釉，部份則施滿釉。部份標本有放射狀跳刀痕，足底則普
遍有沾黏窯砂的現象。胎質潔白但孔隙較多，青料發色普遍藍中帶灰，部份
燒成溫度不足，釉面灰白無光有針孔。盤口內緣裝飾菱線紋飾帶，盤心紋飾
分爲以下兩式：

A 式「壽」字紋盤：標本復原後口徑爲 13.4、公分，器高 2.9、公分，足
徑 6.8、公分。盤心青花圓圈勾線，內書寫「壽」字吉祥文（圖3-10、圖3-11）。
造型與紋飾相同青花盤，可見於日本大坂城下町遺址出土的中國貿易瓷，其
存在年代約在桃山時代的豐臣氏後期，到江戶時代的德川初期（1598〜

盤，以 A 式盤種類與數量較多，B 式盤次之。.

〔註18〕 Brigadier, Sara & Anthony Randolph. *SJB2 Artifact Catalog 1996-1999 Ship Lab
Report 2*（Texas: Department of Anthropology, Texas A&M University, 2002,）
pp.14, 25, 42-43, 149-151.

〔註19〕 野上建紀、Alfredo B. Orogo、Nida T. Cuevas、田中和彦,〈イントラムロス出
土陶磁器調查報告（摘要）〉,《金大考古》, No. 51, 2005 年, 頁 6。

〔註20〕 個人實見於澳門博物館考古出土標本陳列。

〔註21〕 堀内秀樹,〈東京都江戶遺跡出土の明末清初の陶磁器——東京大學本鄉構内
の遺跡出土遺物を中心に——〉,《貿易陶磁研究》, No. 11, 1991 年, 頁 194
〜194。

〔註22〕 曹建文,〈近年來景德鎮窯址發現的克拉克瓷器〉, 頁 141〜149；曹建文、羅
易扉,〈克拉克瓷器在景德鎮窯址的發現〉, 頁 41〜45。

1650AD），約爲中國的明末清初。〔註 23〕中國國內出土者，例見大連市明代窖藏青花瓷、〔註 24〕四川省綿羊市紅星街出土明代窖藏。〔註 25〕

B 式螭龍紋盤：標本復原後口徑爲 13.4 公分，器高 2.9 公分，足徑 6.8 公分。盤心青花圓圈勾線，內有螭龍紋，螭龍鬚髮外散呈扇形，身形蜷曲成圓圈形（圖 3-12）。造型與紋飾相同青花盤，可見於日本東京都江戶遺跡之千代田區都立一橋高校遺址，〔註 26〕以及金門後浦港至後豐港一帶採集標本。〔註 27〕b 式青花盤在晚明中國國內市場需求量極大，除江西景德鎮窯生產外，江西吉安臨江窯亦有燒造。〔註 28〕

上述兩式直口弧壁青花盤，在澎湖櫃尾遺物中呈現考古共出關係，而同樣的狀況亦見於中國本地四川省彭縣出土明代窖藏青花瓷器，〔註 29〕、南京城明故宮玉帶河，〔註 30〕以及 1957 年 7 月金門金城地區出土的十一件晚明青花盤（圖 3-13）。〔註 31〕

5、撇口弧壁青花小盤

標本復原後口徑爲 6 公分，器高 3.2 公分，足徑 3.1 公分。器形爲撇口，弧腹，圈足外斜內直，圈足內施釉不全。胎質潔白但孔隙較多，青料發色淺

〔註 23〕松尾信裕，〈近世城下町遺跡出土の漳州窯系陶瓷器〉，《明末清初福建沿海貿易陶瓷的研究——漳州窯出土陶青花、赤繪瓷與日本出土中國外 SWATO》論文集，1994 年，頁 59～63。

〔註 24〕許明綱，〈大連市發現的明代窖藏青花瓷器〉，《遼海文物學刊》，1987 年 1 期，頁 68～69。

〔註 25〕何志國、許蓉胥、澤蓉，〈綿羊市紅星街出土明代窖藏〉，《四川文物》，1990年 1 期，頁 39、照 26。

〔註 26〕古泉弘，〈近世都市江戶の成立期における出土陶磁器〉，《貿易陶磁研究》，1987 年，No.7，頁 38，圖 12。

〔註 27〕林金榮，〈金門地區早期使用的陶瓷器文化探源〉，《金門地區傳統藝術研討會論文集》，臺北：國立傳統藝術中心籌備處，1999 年，頁 255、圖 8。

〔註 28〕余家棟，《江西吉州窯》，廣州：嶺南出版社，2002 年，頁 31、頁 108 圖 30。

〔註 29〕彭縣文化館，〈四川省彭縣南街醬園廠出土窖藏青花瓷器〉，《文物》，1978 年 3 期，頁 91～92。

〔註 30〕南京城明故宮玉帶河出土之「壽」字紋盤、螭龍紋盤，器底有「庚午科置」、「崇禎丙子科置」等款文，被判定爲明末科舉考場餐具用瓷，見林葉強、游學華編，《朱明遺萃》，南京：南京博物院、香港：香港中文大學文物館，1996年，頁 77、120。

〔註 31〕莊申，〈國立歷史博物館所藏金門出土明瓷述略〉，《教育與文化》，第二十二卷三、四期，1959 年 11 月，頁 26～28；國立歷史博物館藏陶瓷文物編號 7113～7124；國立歷史博物館編輯委員會，《國立歷史博物館典藏目錄文物篇（一）》，臺北：國立歷史博物館，1998 年，頁 52～53、圖 33-44。

淡，紋飾皆以細線勾勒，不見暈染。盤口內緣裝飾連續捲渦紋飾帶，盤心紋飾因殘損不易辨識，但經比對後確定爲麒麟紋（圖 3-14）。類似青花盤，見於河南鄭州古滎出土明代窖藏瓷器（圖 3-15）、〔註32〕四川省綿羊市紅星街出土明代窖藏。〔註33〕

6、直口花草紋青花小盤／碗

標本過於殘破，口徑、器高不明，故不確定爲碗或盤。青料發色良好，藍中帶紫。器口內緣裝飾菱線紋飾帶，外壁裝飾花卉紋，用筆細緻並有淺淡暈染（圖 3-16）。

7、器心蓮瓣紋青花小盤／碗

標本過於殘破，口徑、器高不明，故不確定爲碗或盤。足徑公分，圈足切修成錐狀，器底呈圓弧內凹。施釉及底，圈足內部份有施釉，亦見露胎無釉者，足底沾黏少量窯砂，青料發色藍中帶紫。盤心可見蓮瓣紋，內有不明紋飾（圖 3-17）。類似青花瓷標本見於日本京都洛中茶屋邸跡，年代約爲十七世紀初。〔註34〕

8、壁式足青花碗

標本過於殘破，口徑、器高不明。足徑 3.5 公分，圈足切修成「壁式底」，足寬公分。施釉及底，碗心裝飾環狀繁密花朵紋，內殘見「永」字（圖 3-18）。此類青花碗碗心書有「永樂年製」四字款，器身外壁一面爲乘船人物紋，另一面爲「赤壁賦」詩文。同類壁式足青花碗，可見於土耳其 Topkapi Saray 博物館收藏（圖 3-19），〔註35〕以及荷蘭阿姆斯特丹 Rijks 博物館收藏。〔註36〕此外，紋飾相同，但修足方式不同的青花碗，則見於越南中部會安出土遺物，其年代被定爲 1590～1640 左右。〔註37〕

〔註32〕 鄭州市博物館，〈鄭州古滎發現一批窖藏青花瓷器〉，《中原文物》，1983 年 3 期，頁 113、圖版 7-5。

〔註33〕 何志國、許蓉胥、澤蓉，〈綿羊市紅星街出土明代窖藏〉，頁 39、照 25。

〔註34〕 堀內明博，〈洛中出土の明末陶磁〉，《明末清初福建沿海貿易陶瓷的研究——漳州窯出土陶青花、赤繪瓷與日本出土中國外 SWATO》論集，1994 年，頁 79 資料 9（SE278-9）。

〔註35〕 Regina Krahl, *Chinese Ceramics in the Topkapi Saray Museum Istanbul II*, pp.788-789.

〔註36〕 Christiaan J. A. Jörg & Jan van Campen, *Chinese Ceramics in the Collection of the Rijksmuseum, Amsterdam: The Ming and Qing Dynasties*（Amsterdam: Rijksmuseum & London: Philip Wilson Publishers Limited, 1997,）fig. 33, p. 51.

〔註37〕 菊池誠一編，《ベトナム日本町ホイアンの考古學調查》，昭和女子大學国際

9、青花小杯

標本過於殘破，口徑、器高不明。足徑 0.9 公分，圈足外直內直，足面切修成錐狀，俗稱「泥鰍背」。部份施釉及底，圈足內無釉（圖 3-20）。

10、青花軍持（kendi，荷蘭文稱 gorgrelet）

軍持（Kendi）之名，語源自梵文之 Kundi 或 Kundika，爲一種無柄之帶流注器，俗稱「奶子瓶」，原爲印度教與佛教儀式用禮器，之後廣泛被使用於西亞、印度，以及東南亞地區。〔註38〕風櫃尾所見青花軍持標本過於殘破，口徑、器高不明，僅存流嘴部份。流嘴接連器身處圓弧突鼓，流管僅長 4.9 公分，流口直徑 1 公分。胎質細白，青料發色濃艷，內外皆施釉，外壁裝飾開光花草紋，故知此軍持亦屬景德鎮窯外銷之克拉克瓷（圖 3-21）。造形與紋飾幾近相同之青花軍持，可見於美國大都會美術館收藏（圖 3-22）。〔註39〕類似青花軍持則見於 1613 年 Witte Leeuw 號沉船、〔註40〕1643 年 Hatcher 號沉船。〔註41〕

11、開光花草紋青花瓶形器

標本過於殘破，口徑、器高不明，僅存器腹部份，原可能爲長頸瓶或蒜頭瓶（圖 3-23）。內壁施釉不均，有接坯痕，器身外壁裝飾開光花草紋，亦爲外銷之克拉克瓷。

12、直壁青花筒形器

標本復原後口徑爲公分，器高不明。器形爲直口，器壁垂直，可能爲直筒形器，口緣外壁有幾何斜線紋飾帶，器身紋飾不明（圖 3-24）。

（二）福建漳州窯青花瓷

澎湖風櫃尾出土青花瓷中，有部份標本的釉色的透明較差，普遍呈現灰白、灰青色或灰黃色，甚至有釉面未熟之生燒品，至於釉下青料也多是藍中帶灰的。在製作工藝上，這些瓷器的胎骨斷面偏灰或偏黃，並帶有雜質造成

文化研究紀要，Vol. 4，1997 年，頁 42、圖 20-12、圖版 13 。

〔註38〕 Khoo Joo Ee, *Kendi: Pouring Vessels in the University of Malaya Collection*（New York: Oxford University Press, 1991,）pp.1-4.

〔註39〕 John Carswell, *Biue and White- Chinese Porcelain and Its Impact on the Western World*（Chicago: The University of Chicago, The David and Alfred Smart Gallery, 1985,）p.112.

〔註40〕 C. L. van der Pijl-Ketel, *The Ceramic Load of the "Witte Leeuw,"* pp.130-131.

〔註41〕 Colin Sheaf & Richard Kilburn, *The Hatcher Porcelain Cargoes,* pl. 48.

孔隙；圈足的修整也較爲粗放，且施釉至底足，之後不再切修，爲避免沾黏窯具，所以直接置於未經壓整的耐火窯砂上燒成，故圈足或盤底釉汁會沾黏大量窯砂。以上各項特徵，大致符合了福建南部漳州窯系產品的特徵。

以下即將風櫃尾出土的漳州窯系青花瓷，依其器形與紋飾特徵，區分成十六個類型：

1、撇口弧壁開光「日月光明四時美景」文字青花大盤

標本復原後口徑爲 43.2 公分，器高 9.5 公分，足徑 22 公分。器形爲撇口，弧壁，圈足切修外斜內直，足底兩側沾黏大量窯砂。胎質白中帶灰，施釉及底，圈足內施釉不均，器底中心露出橙黃色胎皮。青料發色藍中泛灰。盤內壁紋飾爲藍地幾何斜線紋開光，殘片開光內見「月」字；盤心外圈紋飾帶爲蓮池水禽紋，盤心內圈爲水景亭臺樓閣（圖 3-25）。本類大盤罕見於考古出土品，但海外公私收藏則頗有一定數量，例如印尼與馬來西亞地區（圖 3-26），〔註42〕皆可見與風櫃尾出土品完全相同之私人收藏。而荷蘭 Leeuwarden 之 *Het Princessehof* 博物館、〔註43〕日本靜嘉堂文庫美術館所收藏之此類大盤，〔註44〕開光內「日月光明四時美景」文字內容相同，但盤心山水構圖略異。

2、直口斜弧壁牡丹鳳紋開光青花盤

標本復原後口徑約爲 36 至 38 公分左右。器形爲直口，斜弧壁，圈足切修外斜內直，足底兩側沾黏大量窯砂。胎骨斷面呈灰白色或灰黃色，施釉及底，圈足內施釉不均，器底中心露出土黃色或褐色胎皮。青料發色藍中帶灰，部份標本燒成火溫不足，釉面呈現無光灰黃色。盤內壁紋飾爲開光花草紋，盤心紋飾可能爲花鳥或山水紋（圖 3-27）。此類大盤屬典型漳州窯仿江西景德鎮窯克拉克瓷，沉船出土實物例見 1613 年 Witte Leeuw 號沉船、〔註45〕越南中部沉沒之明末 Binh Thuan 號沉船（圖 3-28）。〔註46〕

〔註42〕葉文程，〈在馬來西亞見到的一些漳州窯瓷器〉，《福建文博》，2000 年 2 期，頁 78-79；Sumarah Adhyatman, *Zhangzhou（SWATOW）Ceramics, Sixteenth to Seventeenth Centuries found in Indonesia*（Jakarta: The Ceramic Society of Indonesia, 1999,）p. 87, pl. 86.

〔註43〕Barbara Harrisson, *SWATOW in Het Princessehof*（Leeuwarden, The Nertherlands: Gemeentelijk Museum Het Princessehof, 1979,）p. 76, fig. 141.

〔註44〕日本靜嘉堂文庫美術館編集，《靜嘉堂藏吳州赤繪名品圖錄》，東京：靜嘉堂文庫美術館，1997 年，頁 58，圖版 56。

〔註45〕C. L. van der Pijl-Ketel, *The Ceramic Load of the "Witte Leeuw,"* pp.198-199.

〔註46〕Christie's, *The Binh Thuan Shipwreck*（Australia: Christie's Australia Pty Ltd.,

　　至於此類大盤的燒造地點，可見於福建漳州平和縣碗窯山窯、花仔樓窯、五寨大壠窯、〔註47〕五寨壠仔山窯。〔註48〕而漳州窯窯址附近南勝鎮井尾發現之萬曆甲寅（1614）紀年墓，出土數件鳳紋開光盤，〔註49〕則顯示此類青花器最晚在十七世紀初期，即已經開始成熟量產。

3、直口斜弧壁牡丹鳳紋青花盤

　　器形為直口，斜弧壁，圈足切修外斜內直，足底兩側沾黏大量窯砂。胎骨斷面呈灰白色或灰黃色，施釉及底，圈足內施釉不均，器底多露出土黃色或褐色胎皮。青料發色藍中帶灰，部份標本燒成火溫不足，釉面呈現無光灰黃色，甚至有出現縮釉現象。盤心紋飾為造形簡逸的長尾鳳紋與折枝牡丹（圖3-29），其器壁裝飾手法，可分為以下兩式。

　　3類A式盤：標本復原後口徑為25公分，器高公分，底徑13公分，唇口內緣勾畫連續的回紋帶，內壁則以二至四條平行線紋，以及內填花卉的菱形開光紋重複交錯出現（圖3-30、31）。

　　3類B式盤：標本復原後口徑為、25公分，器高4.6公分，底徑12公分，唇口內緣勾畫連續的回紋帶，內壁裝飾纏枝花草紋（圖3-32）。

　　上述兩式牡丹鳳紋盤，屬典型漳州窯外銷器類，遺物遍見於海外各地十七世紀港市遺址與沉船打撈瓷器，以及公私博物館收藏。陸上遺跡如日本平戶荷蘭商館、〔註50〕京都市平安京遺跡、〔註51〕大坂城下町遺跡、〔註52〕東南亞的 Sulawesi 島南部〔註53〕、菲律賓馬尼拉 Intramuros 城、〔註54〕印度

2005）pp.64, 66.

〔註47〕福建省博物館，《漳州窯》，福州：福建人民出版社，1997年，頁5〜15、30〜68。

〔註48〕福建省博物館考古部、平和縣博物館，〈福建平和縣南勝五寨古窯址1993年度調查簡報〉，《福建文博》，1995年1期，頁74〜82。

〔註49〕高建、李和安，〈以明墓出土器談平和窯燒製年代〉，《中國古陶瓷研究》，第五輯，北京：紫禁城出版社，1999年，頁230〜240。

〔註50〕平戶市文化協會，《平戶荷蘭商館跡の發掘Ⅲ 鄭成功居宅跡の發掘》，平戶市文化協會，1994年，頁62〜63。

〔註51〕堀內明博，〈洛中出土の明末陶磁〉，《明末清初福建沿海貿易陶瓷的研究——漳州窯出土陶青花、赤繪瓷與日本出土中國外 SWATO》論集，1994年，頁79 資料14（圖58-9）。

〔註52〕森村建一，〈福建省漳州窯陶瓷器の編年〉，《明末清初福建沿海貿易陶瓷的研究——漳州窯出土陶青花、赤繪瓷與日本出土中國外 SWATO》論文集，1994年，頁133，圖39。

〔註53〕Sumarah Adhyatman, *Zhangzhou（SWATOW）Ceramics, Sixteenth to Seventeenth*

Quilon、〔註 55〕馬爾地夫 Male 等地。〔註 56〕沉船資料如 1613 年荷蘭 Witte Leeuw 號沉船、〔註 57〕1630 年沉沒於南非 Plettenberg 灣的 Sao Goncalo 號沉船（圖 3-33）、〔註 58〕1643 年 Hatcher 號沉船、〔註 59〕十七世紀前半的 Binh Thuan 號沉船。〔註 60〕以上考古資料在在顯示出本類青花盤輸出海外地區之多，銷售範圍之廣。至於其生產地點則以漳州平和縣洞口窯、碗窯山窯、五寨巷口窯爲代表。〔註 61〕

4、錦地開光紋青花盤

標本僅存口沿殘片，青料發色灰藍，胎骨斷面灰白，內壁繪有錦地開光花草紋（圖 3-34），其盤心紋飾可能與上條漳州窯第（3）類青花盤相同，亦爲牡丹鳳紋。

5、花式折沿花鳥紋青花盤

標本僅存花式口沿殘片，口徑約 22 公分，青料發色淺淡，胎谷斷面灰白，口沿內壁繪有雁鴨蘆葦紋飾帶（圖 3-35），類似上文所述景德鎮窯（2）類 A 式盤，盤心紋飾不明。漳州五寨碗窯山窯址出土類似青花盤。〔註 62〕

6、壽字紋青花盤

標本僅存盤心部份，口徑與器高不明，底徑 8.6 公分。圈足微撇，足底外側有斜刀切削，器底近圈足處有窯砂沾黏。胎骨斷面潔白但孔隙甚多，青料發色淺淡。盤心紋飾爲雙線圈內有雙勾「壽」字紋，線圈外裝飾花草紋（圖 3-36）。類似青花盤見於日本京都市平安京遺跡，其年代被歸入十七世紀初期

Centuries Found in Indonesia, p. 78.

〔註 54〕野上建紀、Alfredo B. Orogo、Nida T. Cuevas、田中和彦,〈イントラムロス出土陶磁器調查報告（摘要）〉，2005 年，頁 6。

〔註 55〕John Carswell, "China and Islam in the Maldive Islands," *Transaction of Oriental Ceramics Society*, vol. XLI（1975～1977）, pl. 68b-724.

〔註 56〕Ibid, pl. 68d.

〔註 57〕C. L. van der Pijl-Ketel, *The Ceramic Load of the "Witte Leeuw,"* 200-201.

〔註 58〕Jane Klose, "Excavated Oriental Ceramics From the Cape of Good Hope：1630-1830," *Transaction of Oriental Ceramics Society*, vol. LVII（1992-93）pp.78-79.

〔註 59〕Colin Sheaf & Richard Kilburn, *The Hatcher Porcelain Cargoes,* pl. 117.

〔註 60〕Christie's, *The Binh Thuan Shipwreck*, p. 19.

〔註 61〕福建省博物館,《漳州窯》, 頁 5～15；福建省博物館考古部、平和縣博物館，〈平和縣明末清初青花瓷窯址調查〉,《福建文博》, 1993 年 1、2 期, 頁 162～167。

〔註 62〕福建省博物館,《漳州窯》, 圖版 15、31。

左右。〔註63〕燒造地點可能爲漳州地區詔安縣的秀篆窯、漳浦縣的坪水窯。〔註64〕

7、阿拉伯紋與人物紋開光青花大盤

標本過於殘破，僅存器壁殘片。青料發色藍中帶灰，內壁殘存紋飾可見開光阿拉伯文局部殘字，〔註65〕以及開光舞蹈人物紋（圖 3-37）。經比對相關漳州窯瓷器後，其應屬可知漳州窯青花大盤，原直徑應在 39 公分至 42 公分左右，盤內開光阿拉伯文共有兩種，其內容可譯爲「眞主醫治」、「眞主至大」，〔註66〕又或可譯之爲「阿拉寬大」、「阿拉總括一切」。〔註67〕風櫃尾出土開光阿拉伯文殘字，應爲上述第一句名文之局部。具有相同開光紋之青花大盤，遍見於馬來西亞、〔註68〕印尼（圖 3-38）、〔註69〕荷蘭等地公私傳世收藏。〔註70〕

8、樓閣花草紋青花盤

標本過於殘破，僅存口沿部份，口徑、器高不明。器形僅知器壁斜弧，口緣與圈足之線條方直，應非圓形器，其餘不明，僅能猜測其可能爲多角盤或方盤。青料發色藍中帶灰，口沿內面可見亭臺樓閣紋、花草紋（圖 3-39）。

9、折沿深弧腹鹿紋青花碗〔註71〕（荷文稱 Klapmuts）

標本復原後口徑爲 18.2 公分，器高 6.2 公分，足徑 9.4 公分。器形爲折沿、深弧壁，圈足外斜內斜，足底外側有斜刀切修，圈足兩側有少量窯砂沾黏。胎骨斷面潔白但孔隙甚多，青料發色良好，施釉及底，圈足內亦施釉。碗內折沿爲連續藍地菱形開光紋，內壁有綬帶紋，碗心爲鹿紋，背景輔以樹石瑞草，類似風櫃尾出土之景德鎮窯 B 類鹿紋盤（圖 3-40）。這種荷蘭人稱之爲「Klapmut」（克勿申）的碗形器，非中國傳統器形，乃爲因應西方飲食習慣

〔註63〕堀內明博，〈洛中出土の明末陶磁〉，《明末清初福建沿海貿易陶瓷的研究——漳州窯出土陶青花、赤繪瓷與日本出土中國外 SWATO》論文集，頁 77。

〔註64〕福建省博物館，《漳州窯》，圖版 15、16、38。

〔註65〕感謝 Alan Beker 先生與盧孝梅女士伉儷代爲辨識銘文。

〔註66〕同上註。

〔註67〕Othman Bin Mohd. Yatim, *Chinese Islamic Wares in the Collection of Muzium Negara*（Kuala Lumpur: Muzium Negara, Kuala Lumpur, Malaysia, 1981,）pp.64.

〔註68〕Ibid, p. 63-67.

〔註69〕Sumarah Adhyatman, *Zhangzhou（SWATOW）Ceramics, Sixteenth to Seventeenth Centuries Found in Indonesia*, p. 87, pl. 85.

〔註70〕Barbara Harrisson, *SWATOW in Het Princessehof,* p. 76, pl. 142.

〔註71〕折沿深弧腹碗，荷文稱之爲 Klapmuts（單數形），Klapmutsen 複數形，原意爲「折沿帽」。感謝學者陳國棟先生教示。

所生產之貿易瓷。〔註72〕一般多爲景德鎮窯所製，漳州窯所燒造者，數量較少，而風櫃尾出土之折沿深弧腹青花碗，則罕見於考古出土或傳世收藏。

10、直口弧壁碗心團花游魚紋青花碗

標本復原後口徑爲 7.2 公分，器高不明，足徑 6、5.3 公分。器形爲直口，弧壁，圈足粗寬，足底兩側沾黏窯砂。胎骨斷面灰白，青料發色良好，施釉及底，圈足內施釉不均。外壁口沿處裝飾連續天馬火焰紋飾帶，內壁三處游魚紋，碗心爲藍地幾何團花紋（圖 3-41）。類似青花盤見於日本堺環濠都市遺跡、〔註73〕京都市平安京遺跡，其年代被歸入十七世紀中期左右。〔註74〕燒造地點可能爲漳州詔安縣官陂窯。〔註75〕

11、直口弧壁纏枝花草紋青花碗

標本復原後口徑爲 14 公分，器高不明。器形爲直口，弧壁，胎骨斷面潔白但孔隙甚多，青料發色藍中帶紫。器身外壁裝飾纏枝花草紋，內壁爲藍地白花蓮荷紋（圖 3-42）。相同青花碗見於 1613 年荷蘭 Witte Leeuw 號沉船。〔註76〕此類青花碗悉模仿江西景德鎮窯產品，相同青花碗見於江西景德鎮陶瓷館收藏。〔註77〕

12、撇口弧壁童子紋青花碗

標本復原後口徑爲 10.6 公分，器高 4.8 公分，足徑 4.8 公分。器形爲撇口，弧壁，圈足內斜外直，部份標本足底與圈足內沾黏窯砂。青料發色藍中帶灰，部份標本燒成火溫較低，釉面呈灰黃色，並有細碎開片。施釉及底，圈足內滿釉，底心尖突。器身外壁爲簡筆嬰戲紋與花草紋，碗心亦有簡筆花草紋（圖 3-43）。類似紋飾青花瓷，可見於荷蘭 Witte Leeuw 號沉船出土嬰戲紋小杯。〔註78〕燒造地點可能爲漳州詔安縣秀篆窯。〔註79〕此類青花碗可能

〔註72〕 Maura Rinaldi, *Kraak Porcelain: A Moment in the History of Trade*, p. 118

〔註73〕 野田芳正，〈堺環濠都市遺跡出土の漳州窯系陶磁器〉，《明末清初福建沿海貿易陶瓷的研究──漳州窯出土陶青花、赤繪瓷與日本出土中國外 SWATO》論文集，1994 年，頁 58。

〔註74〕 堀內明博，〈洛中出土の明末陶磁〉，《明末清初福建沿海貿易陶瓷的研究──漳州窯出土陶青花、赤繪瓷與日本出土中國外 SWATO》論文集，頁 82（資料 11）。

〔註75〕 福建省博物館，《漳州窯》，頁 16～21。

〔註76〕 C. L. van der Pijl-Ketel, *The Ceramic Load of the "Witte Leeuw,"* 200-201.

〔註77〕 中國陶瓷編輯委員會編，《景德鎮窯民間青花瓷器》，圖版 81、129、171、180。

〔註78〕 C. L. van der Pijl-Ketel, *The Ceramic Load of the "Witte Leeuw,"* p. 104.

〔註79〕 福建省博物館，《漳州窯》，頁 16～19、圖版 45；村建一編，《明末清初福建

亦爲模仿江西景德鎮窯產品，後者開始生產此類器物的時間較早，畫工亦較爲精細。〔註80〕

13、碗心串花紋青花碗

標本過於殘碎，口徑與器高不明，僅知其足徑爲 5.8、5.9 公分。器形爲直口，弧壁，圈足外直內斜，施釉及底，圈足內施釉，底心尖突。部份標本圈足切修較爲細緻，足底內外可見斜刀切修成無釉錐脊，故沾黏窯砂較少。足底無修整者，則沾黏大量窯砂。青料發色淺淡，藍中帶灰。外壁紋飾爲雙勾卷草紋，碗心爲圓形開光，內繪佈局特殊的圓圈形留白串花紋（圖 3-44）。相同紋飾青花碗見於日本大阪府堺市的堺環濠都市遺跡，年代約爲西元 1626至 1647 左右。〔註81〕日本島根縣富田川河床遺跡，串花紋碗與「寬永 21 年」銘（1644）木札共出，可知該碗年代爲十七世紀中期左右。〔註82〕東京都江戶城的丸之內三丁目遺跡，〔註83〕以及大阪城下町遺跡亦出土同類串花紋碗。〔註84〕此外，串花紋碗在中國國內亦有出土紀錄，例見福建三明市出土窖藏瓷器。〔註85〕至於此類青花碗的燒造地點，可能爲漳州韶安縣的官陂窯。〔註86〕

14、碗心輪花紋青花碗

標本復原後口徑爲 13.8、14 公分，器高 6.2 公分，底徑 5.2、5 公分。器形爲直口，弧壁，圈足外直內斜，施釉及底，圈足內無釉，底心尖突。青料發色藍中帶灰，部份標本燒成溫度過高，青料熔融暈散，導致紋飾模糊不清。。外壁口緣有簡筆花草紋飾帶，器身爲圈點紋，碗心有輪狀圈飾（圖

　　沿海貿易陶瓷的研究——漳州窯出土陶青花、赤繪瓷與日本出土中國外SWATO》論文集，1994 年，頁 6。

〔註80〕中國陶瓷編輯委員會編，《景德鎮窯民間青花瓷器》，圖版 125。

〔註81〕嶋骨和彥，〈堺環濠都市遺跡（SKT14）出土の寬永 3 年正保 4 年の陶磁器〉，《貿易陶磁研究》，No. 6，1986 年，頁 67～74。

〔註82〕村上勇，〈「寬永 21 年」銘木札を伴う陶磁——富田川河床遺跡'81IP 区 SB020——〉，《貿易陶磁研究》，No. 6，1986 年，頁 61～66。

〔註83〕堀內秀樹，〈江戶遺跡出土の漳州窯系陶磁器〉，《明末清初福建沿海貿易陶瓷的研究——漳州窯出土陶青花、赤繪瓷與日本出土中國外 SWATO》論文集，頁 89～102。

〔註84〕松尾信裕，〈近世城下町遺跡出土の漳州窯系陶瓷器〉，同上註引書，頁 59～63。

〔註85〕李建軍，〈福建三明窖藏青花瓷考述〉，《中國古陶瓷研究》，第五輯，北京：紫禁城出版社，1999 年 11 月，頁 81～97。

〔註86〕福建省博物館，《漳州窯》，頁 16～21。

3-45）。相同紋飾青花碗見於荷蘭 Witte Leeuw 號沉船、〔註87〕越南會安錦鋪亭遺址、〔註88〕以及日本城下町遺跡。〔註89〕至於該碗可能燒造地點，則應爲漳州平和縣二壟窯、花仔樓窯、漳浦縣坪水窯。〔註90〕

15、開光西亞銘文青花碗

標本過於殘破，口徑不明，器殘高 6.3 公分，底徑 5.8 公分。器形爲弧壁，圈足外直內直，足底切修較爲細緻，可見斜刀切修成無釉錐脊，足面兩側僅沾黏少量窯砂。胎骨斷面潔白但孔隙較多，青料發色良好，施釉及底，圈足內施滿釉，並有青花方框「春來」二字款文（圖 3-46 下）。

碗內口緣部份爲單線描花草紋飾帶，碗心雙圈內有蓮荷花葉紋。外壁可見火焰狀開光，內有兩種非中國字銘文；一種爲單線描阿拉伯文，僅殘見「眞主」、「唯獨」、「穆」（穆罕默德）等字樣。另一爲雙勾波斯文，內容不明（圖 3-46）。完全相同之本類青花碗，可見於海外日本收藏（圖 3-47），〔註91〕藉由該完整器之辨識，可知其單線描阿拉伯文銘文內容應爲「萬物非主，唯有眞主，穆罕默德是主的使者」。〔註92〕

16、壽字紋青花碗

標本僅存器底殘片，底徑 5 公分。圈足外斜內直，足底沾黏窯砂。青料發色藍中帶灰，施釉及底，圈足內施滿釉。碗心可見雙勾填染「壽」字文（圖 3-48）。

二、藍釉褐彩／白彩瓷

（一）雙龍搶珠紋藍釉褐彩大盤

標本復原後口徑約爲 39.5 公分，器高 9.7 公分，足徑 18 公分。器形爲特徵爲折沿，弧壁，圈足外斜內直，圈足兩測器底沾黏大量窯砂。器身內外施有白色化妝土，胎骨斷面白中帶灰，施釉及底，器底可見化妝土與鈷藍釉施

〔註87〕 C. L. van der Pijl-Ketel, *The Ceramic Load of the "Witte Leeuw,"* pp.173-174.

〔註88〕 菊池誠一編，《ベトナム日本町ホイアンの考古學調查》，頁 37～113。

〔註89〕 松尾信裕，〈近世城下町遺跡出土の漳州窯系陶瓷器〉，《明末清初福建沿海貿易陶瓷的研究——漳州窯出土陶青花、赤繪瓷與日本出土中國外 SWATO》，頁 63。

〔註90〕 福建省博物館，《漳州窯》，21～22、51、88。

〔註91〕 出光美術館，《ルクロードの宝物　草原の道・海の道》，東京：出光美術館，2001 年，圖 317。

〔註92〕 感謝 Alan Beker 先生與盧孝梅女士伉儷代爲辨識銘文，並協尋相關資料。

釉不均的現象，露出部份褐色胎皮。

　　口緣內折沿部份，爲連續鈷藍與褐彩交錯「卍」字紋裝飾，內壁爲點狀花草紋，盤心爲藍地褐彩雙龍搶珠紋。相同特徵之藍釉褐彩瓷盤，目前未見窯址出土品，但以其紋飾與製作工藝特徵，判定應爲罕見之漳州窯產品（圖3-49）。同類器現僅見於土耳其 Topkapi Saray 博物館、〔註93〕日本畑山紀念博物館（Hatakeyyama Momorial Museum）等少數傳世收藏（圖 3-50）。〔註94〕

（二）藍釉白彩花草紋盤

　　僅見口沿殘片。口緣內折沿部份有連續白色化妝土圈點紋裝飾（圖3-51），原器盤心與器壁紋飾應爲點狀花草紋（圖3-52）。〔註95〕

三、白　瓷

　　風櫃尾出土施透明釉的白瓷標本，數量相當少，分別是白瓷碗、盤、蓋盒、表面壓印布紋痕跡的瓷板，以及形狀不明殘器。由於標本太過細碎，故大多無法得知確實造形。至於其產地來源，部份標本可明確判定爲福建德化窯系之產品；以「模印線紋圓盒蓋」爲例（圖 3-53），釉色白中顯黃，類似蓋盒可見於 1643 年 Hatcher 號沉船（圖 3-54），〔註96〕以及國外私人收藏。〔註97〕

　　此外，就特定碗形器標本的圈足斜刀切修方式，以及釉面色澤觀之（圖3-55），其亦有可能爲江西景德鎮窯產品。〔註98〕

四、青灰／青白釉罐（安平壺）

　　風櫃尾遺跡所發現的青灰或青白釉罐，口緣帶脊或厚唇，部份口緣頂部平坦無釉，束頸，折肩，肩部以下弧度內收，凹底無圈足，以「薄胎」類型

〔註93〕Krahl, Regina, *Chinese Ceramics in the Topkapi Saray Museum Istanbul II*, p.896, fig. 1942.

〔註94〕Seizo Hayashiya & Henry Trubner, *Chinese Ceramics from Japanese Collections*（New York: The Asia Society, Inc., 1977,）pp.125-126.

〔註95〕靜嘉堂文庫美術館編，《靜嘉堂藏吳州赤繪名品圖錄》，東京：靜嘉堂文庫美術館，1997 年，圖 59、60。

〔註96〕Colin Sheaf & Richard Kilburn, *The Hatcher Porcelain Cargoes,* pl. 18.

〔註97〕Rose Kerr & John Ayers, *Blanc De Chine: Porcelain from Dehua*（Singapore: National Heritage Board, 2002,）pl. 151.

〔註98〕本件標本同時亦有可能爲低溫加彩部份已完全脫落的紅綠彩瓷。

為主。釉色大多為不同程度的青灰色，也有少數是較淡的青白色。這種青灰釉或青白釉罐，一般在臺灣稱之為「安平壺」，其器身素面無紋，內外皆可見拉坯成形後，所留下的弦紋。此外，在部份器身中段的內壁上，可以看到明顯的接坯痕，這是為求大量生產，而統一規格製作的重要特徵（圖 3-56）。

臺澎地區所見的「安平壺」，大多是發現於西班牙人、荷蘭人，以及明鄭政權活動的地區，透過比對海內外所發現的同類型遺物後，可以確定「安平壺」的存在年代，約在西元十七世紀。[註 99] 至於安平壺的燒造地點，在過去較未有一致的看法，江西、福建、廣東三地皆有學者提出。但近年來已有突破性的進展，首先是福建考古學者傅宋良先生與王上先生，公佈了福建北部邵武四都青雲窯址出土的類似「安平壺」器形遺物，[註 100] 臺灣學者陳信雄教授繼而前往閩北窯址考察，進一步確定相當數量的標本實物，與臺澎地區出土「安平壺」完全一致，為解開安平壺產地之謎，揭露了一線曙光。[註 101]

有關「安平壺」的用途，歷來存在多種說法，本文將於以下第四章第二節中，配合文獻紀錄與出土實物，探討「安平壺」的可能用途。

五、高溫施釉硬陶

風櫃尾所見中國南方燒製的高溫施釉硬陶，以儲物用的大型陶罐為主。由於大部份標本皆過於破碎，故以下僅分述兩種器身半造形較為明確者。

（一）斜肩帶繫罐

標本復原後口徑為 12 公分，器高不明。造形特徵厚唇，束頸，斜肩，肩部近器口處有四個橫式繫鈕，肩部以下殘。胎質夾砂，斷面多為灰色，少部份面積為橙黃色。器口頂緣露胎無釉，內壁施黑褐色釉，外壁施醬色釉（圖 3-57）。本類陶罐為十七世紀前半海外地區相當常見的一種中國南方燒製的

〔註 99〕陳信雄，〈從宋硐到葉王陶——由陶瓷看臺灣〉，《臺北文獻》，第 38 期，1979 年，頁 333～334；謝明良，〈安平壺芻議〉，《國立台灣大學美術史研究集刊》，第二期，1995 年，頁 75～105；陳信雄，〈安平壺——漢族開台起始的標誌〉，《歷史月刊》146 期，2000 年 3 月，頁 4～15；陳信雄，〈安平壺——東南アジアで多出する 17 世紀の灰白色釉磁器壺〉，《東南アジア考古學》，No.22，2002 年，頁 107～127。

〔註 100〕傅宋良、王上，〈邵武四都青雲窯址調查簡報〉，《福建文博》，1988 年 1 期，19～22。

〔註 101〕陳信雄，〈安平壺——漢族開台起始的標誌〉，頁 4～15。

硬陶容器，例如 1600 年西班牙 San Diego 號沉船（器高 36 公分，圖 4-3-3）、〔註102〕1613 年荷蘭 Witte Leeuw 號沉船（器高 34～36.5 公分，圖 3-58、圖 4-3-1）、〔註103〕1638 年西班牙 Concepción 號沉船（器高 34-38 公分，圖 3-59）、〔註104〕1659 年荷蘭 Avondster 號沉船（圖 3-60）、〔註105〕1620 年代萬曆號沉船（器高 37 公分）、〔註106〕十七世紀前半 Binh Thuan 號沉船（器高 36 公分）、〔註107〕日本大阪府堺環濠都市遺跡（器高 38 公分）等，〔註108〕皆可發現這種帶繫陶罐。另外，臺灣海峽亦曾打撈上岸此類斜肩帶繫罐，〔註109〕而臺南永漢民藝館則收藏了數件本類傳世陶罐（圖 3-61）。

上述斜肩帶繫罐，肩部繫耳之間，常見有方框壓印款文，款銘內容有「錢」、「福」等字。中國福建或廣東地區開始生產這類帶繫罐的時間，或可追溯至十四世紀。韓國新安沉船出土的各類陶罐中，即可見造型類似之「寶」字款斜肩帶繫罐。〔註110〕

（二）圓肩帶繫罐

標本復原後口徑為 17.4 公分，器高不明。造形特徵為平口，厚唇，唇外壁有二突稜，細頸，圓肩，肩部可能有繫鈕，肩部以下殘。胎質夾砂，斷面多為灰黃色，少部份面積為橙黃色。外壁施褐色釉，但釉層稀薄不均，內壁施釉更不明顯（圖 3-62）。

六、非中國製陶器

（一）德國鹽釉陶罐（Bellarmine Jug、Baardman）

〔註102〕Jean Paul Desroches and Albert Giordan ed., *The Treasure of San Diego*, pp.248-249.
〔註103〕C. L. van der Pijl-Ketel, *The Ceramic Load of the "Witte Leeuw,"* pp.223-22479.
〔註104〕William M. Mathers & Nancy Shaw, *Treasure of the Concepción*（Hongkong: APA Publications Ltd., 1993,）p. 10; William M. Mathers, Henry S. Parker III, PhD & Kathleen A. Copus. *Archaeological Report: The Recovery of the Manila Galleon Nuestra Señora de la Concepción*（Saipan: Pacific Sea Resources, 1990,）pp.439-440.
〔註105〕http://cf.hum.uva.nl/galle/avondster/ceramics.html
〔註106〕中國嘉德編，《中國嘉德四季拍賣會 明萬曆號、清迪沙如號海撈陶瓷》，頁 72。
〔註107〕Christie's, *The Binh Thuan Shipwreck*, pp.36, 60.
〔註108〕広島縣立歷史博物館，《瀨戶內の中國陶磁》，広島：広島縣立歷史博物館友の会，1991 年，頁 43、圖 107
〔註109〕簡榮聰，《臺灣海撈文物》，南投：台灣省文獻會，1994 年，頁 64
〔註110〕三上次男，〈いわゆる「呂宋壺」と貿易商品としその性格〉，《陶磁貿易研究史上》，東京：中央公論美術出版，1987 年，頁 189、插圖 68 右。

　　風櫃尾出土的陶瓷標本中，包含數件相當特殊的鹽釉陶殘片，其內面無釉，胎色呈現淺灰色或灰黃色，部份可見夾雜細密褐色顆粒。其釉面的特徵，爲一種均勻密佈的顆粒狀茶褐色釉斑，部份標本器尙有盾形徽章或幾何印花紋，並施以藍色釉斑裝飾（圖 3-63）。這類特殊的釉陶器，與一般中國陶瓷中常見的石灰釉或長石釉，存在著相當大的差異性，應屬於高溫鹽釉陶器。根據筆者過去曾經參與燒製鹽釉器的經驗，它的燒成溫度應該在攝氏一千二百至一千三百度左右，其燒造的程序，是在燒成的後期，約一千二百三十度時，開始向窯內投鹽，當鹽粒在高溫揮發時，鹽中的鈉離子，便附著在陶器表面，與胎體中的長石熔融，便成爲了光亮的硅酸鹽（釉層），至於器體的內壁，由於無法接觸鈉鹽，所以是完全無釉的。

　　風櫃尾所發現的高溫鹽釉陶，並非中國本地所生產。這種褐色鹽釉陶的製作，在西元十七世紀歐洲北部萊因河流域的 Cologne，和鄰近的 Frechen 地區相當盛行。其器表除了用含鐵的褐色化妝土，來增強釉面的著色效果外，在 Raeren 等地區，還流行以含鈷的藍色化妝土或釉料做爲裝飾。這類鹽釉陶器，在當時大多是做爲日常生活上的儲酒器，造型以細頸圓腹的單把罐最具代表性，器身常裝飾有圓形或盾形徽飾、有鬍鬚的人面，或者是蕨草紋等多種模印裝飾，一般稱爲 Baardman、Bellarmines 或 Bearded man，日本則稱爲「鬍鬚男」酒壺或「髭德利」。〔註 111〕

　　鹽釉陶器在十七世紀時大多被荷蘭人用來當做日常生活上的盛儲酒器，此類瓶、罐等器隨歐人東來，多出土於荷蘭東印度公司沉船、商館、倉庫等荷人活動頻繁的遺跡。例如 1613 年沉沒的荷蘭 Witte Leeuw 號，除了裝運大批中國貿易瓷回航荷蘭外，同時也在船上發現了一些鹽釉帶把陶罐。〔註 112〕1659 年沉沒於斯里蘭卡西南部 Galle 港的荷蘭 Avondster 號，也見數件完整的鹽釉帶把陶罐。〔註 113〕日本出島荷蘭商館之甲必丹別墅遺跡發掘遺物中，則有數件類似鹽釉陶殘片。〔註 114〕另如印尼雅加達北部的 Pasar Ikan，過去荷蘭東印度公司倉庫外的運河中，亦發現這種鹽釉陶器與中國、日本貿易瓷同時

〔註 111〕Emmaneul Cooper, *A History of World Pottery*（Larousse Co. Inc., 1981,）pp.104-107; Janet Mansfield, *Salt-Glaze Ceramics: An International Perspective*（Australia: Craftsman House BVI Ltd., 1991）, pp.4-6.

〔註 112〕C. L. van der Pijl-Ketel, *The Ceramic Load of the "Witte Leeuw,"* pp.246-247.

〔註 113〕引自 http://cf.hum.uva.nl/galle/avondster/ceramics.html

〔註 114〕長崎市教育委員會，《出島荷蘭商館跡——道路及びカピタン別莊跡發掘調查報告書——》，長崎：長崎市教育委員會，2002 年，圖 112、Pl. 29。

出土，其年代約在西元十六世紀末期，到西元十七世紀初。〔註115〕

（二）泰國束頸四繫罐

　　十七世紀荷蘭人在亞洲積極從事國際貿易，許多東南亞燒製的高溫硬陶容器，亦隨著荷蘭船隻的貿易活動而流傳於各地，其中泰國 Bang Rachan 省 Singburi 縣 Mae Nam Noi 窯所燒製的束頸四繫罐，便是其中具有代表性之東南亞陶瓷。本論文所收錄之澎湖風櫃尾實地採集遺物中，雖未明確發現泰國陶器標本，但近年所公佈之臺灣學者劉益昌先生採集於風櫃尾標本中，卻明確可見泰國束頸四繫罐。〔註116〕有關本類泰國陶罐的之相關研究，將於下文第四章第二節第（二）段第 6 部份中進行討論，於此不多敘述。

第二節　風櫃尾晚明陶瓷與與荷人早期貿易

一、風櫃尾出土陶瓷與荷蘭城堡之關係

　　經由本文前節討論，可知澎湖風櫃尾出土各類陶瓷年代相當一致，幾乎都集中在西元十六世紀末至十七世紀的前半左右。再者，透過表 3-1 荷蘭文獻史料的整理，我們得知荷蘭人開始在澎湖風櫃尾修築城堡的時間，為西元一六二二年八月一日，在之後約兩年的時間裏，澎湖被荷蘭人當作中國東部沿海貿易線上的重要據點，並且已經出現了船隻往來和貨物轉口的紀錄。同時，在荷人佔據風櫃尾的後期，駐紮該城的守軍人數，曾達到八百五十人。所以風櫃尾發現的景德鎮窯青花瓷、品質較差的漳州窯青花瓷、青釉罐、歐洲鹽釉器、褐釉陶等各類陶瓷，都應是荷蘭人所留下的遺物。至於這些陶器的下限為何時呢？當一六二四年八月，荷人受到明軍大舉圍城，決定毀城遷往臺灣以後，明政府就在福建巡撫南居益的建議下，在澎湖修築銃城，並且修復了風櫃尾城。〔註117〕只是此時正當明朝即將覆亡之際，此地似乎防務未嚴，每年僅於春、秋二季，派遣士兵駐守澎湖汛地，以致於 1630 年 12 月，荷人

〔註115〕三上次男，〈パサリカン遺跡出土の貿易陶瓷〉，《貿易陶磁研究》，1982 年，No.2，頁 111～119。

〔註116〕Hsieh Ming-liang, "Ancient Thai Ceramics through 20th Centuey Photographs," *National Palace Museum Bulletin,* Vol. 38, 2006, p. 47, fig. 7.

〔註117〕曹永和，〈澎湖之紅毛城與天啓明城〉，《澎湖開拓史學術研討會實錄》，澎湖：澎湖縣立文化中心，1989 年，頁 145～148。

重新上島探察時，此地幾乎已呈荒廢狀態。荷人甚至在此次探察的四年以後，再度派員回到風櫃尾城，將遺留在此地的大砲悉數搬走（見表 3-2）。到了西元 1634 年 4 月以後，風櫃尾城堡已不再有荷蘭人活動的文獻紀錄（見表 3-2）。

當荷蘭人撤出澎湖風櫃尾後，他們在澎湖海域的船隻航行活動，並未因此而終止，1630 年 1 月，荷人尚派遣專人赴澎湖海域測繪詳細的水文資料。自此之後，澎湖在海上轉運和中途停泊點的功能上，逐漸日趨明顯。再加上台灣大員（安平）港的吃水僅 11 荷尺，故澎湖成為了荷蘭東印度公司在巴達維亞城、大員和日本之間的重要貨物轉運點。〔註118〕到了 1651 年，福爾摩沙長官及評議會甚至提出建議：

> 由於大員海道日淺，是否可從巴達維亞直航澎湖的優良港口，並派吃水 7、8 荷尺的快艇，用於澎湖和大員之間的運輸，以及沿岸航行。
> 〔註 119〕

儘管荷蘭人在澎湖地區的活動的頻繁紀錄，但多僅止於海上航運活動（見表 3-2），而完全未再出現長期陸上活動的記載，這是為了避免激怒中國政府，造成衝突擴大而影響其貿易所致。澎湖附近海域的水下打撈文物中，偶見十七世紀前半貿易陶瓷，例如澎湖北部吉貝島附近海域所發現的一件景德鎮窯錦地開光花鳥紋盤（克拉克瓷），紋飾與工藝特徵同於風櫃尾出土者，可能就是荷蘭人在該水域活動，或者是船隻遇難所留下的遺物（圖 3-64）。〔註 120〕

至於風櫃尾城堡在回歸中國之後，持續在明政府、明鄭政權、清政府的管制下，做為軍事性質的砲台使用，並且屢有整修的文獻紀錄。西元十八世紀初期到 1868 年間，除了砲台之外，還加設了煙墩一座、營房數間。〔註 121〕只是這裡的重要性，大多是在臨時有戰事時，才會突顯出來，例如清代在 1868 年以前，僅配屬十名士兵駐守風櫃尾汛，1868 年以後則只有四名。〔註 122〕這樣稀少的駐軍人數，是完全無法和荷蘭人佔據時期相比的。所以在風櫃尾半島蛇頭山上的城堡遺跡內，即本文中所標定的第三地點，所看到的弧面筒瓦，

〔註 118〕程紹剛，《荷蘭人在福爾摩沙》，台北：聯經出版社，2000 年，頁 169～170。
〔註 119〕同上註，頁 329。
〔註 120〕陳信雄教授採集標本。
〔註 121〕林會承，〈台灣的荷西殖民建築〉，《八十八年冬令台灣史蹟研習會講義彙編》，1999 年，407～409；林豪，《澎湖廳志》，1892 年成書，第三冊，臺北：臺灣省文獻會，1993 年，頁 148。
〔註 122〕林豪，《澎湖廳志》，頁 148、150。

以及平板式磚等紅陶建材，應該就是上述的較晚時期，也就是漢人軍隊進駐此地以後，所留下來的遺物。〔註123〕因爲文獻中提及荷蘭人構築此城時，僅使用了木料、土石、石灰和鐵材（見表3-1）。而陶質磚料建材的燒製和使用，是比較晚的，要等到日後荷人在熱蘭遮築城時，才有明確的記載。〔註124〕此外，與紅磚建材同出的少量青花標本，爲紋飾簡約的印花紋青花，其年代約在清中晚期以後，也可做爲此一推測的輔證。

　　荷蘭人佔據澎湖期間，曾經於西元1623年的夏天，繪製了一張清楚的地圖，附有相當詳細的解說，清楚呈現了當時荷人活動狀況，以及城堡配置情形。爲此，個人即透過改繪之後的城堡局部圖（圖3-65），與目前澎湖風櫃尾的實際狀況做一比對；圖3-65中的A、B、D、E四點，即爲風櫃尾城堡所屬的四個稜堡。而在D稜堡（Delft堡）的下面，還有一個半月堡，用來保護東南面海灣的停泊處。F點的位置，則是在半島西南面，爲荷人所挖掘用來做爲防禦性質的山溝，但目前地表已未見痕跡。

　　在荷蘭人的地圖說明中，還指出了A點到B點之間，以及D點到E點之間，地勢都較爲陡峭，不易攀爬，而這樣的描述，基本上和目前半島的西北面，和東南面所見狀況相同。至於半島的東北面，在城堡護牆外的一片空地上，則畫了一個長方形的建築物，註明爲C點，在此地圖旁的說明中，還描述著此處可以「用手攀著草，從下面上來」。並且說明C點是：「平臺，建有儲存食米、柴火、日用品的倉庫。」〔註125〕

　　令人相當感興趣的是，風櫃尾發現陶瓷遺物的第一地點，剛好就在地圖C點下方附近的海岸斷面上（圖3-65）。從第一地點向上攀爬，確實可以輕易達到城堡的牆緣。從安全的著眼點來考量，在這裡建築房舍來堆放日用雜物，或者是安置服務性質的漢人居住，都是相當適當的做法。這樣一來，既不會佔用軍事性質城堡內的寶貴空間，也便於控制和管理那些在荷蘭人眼中不可完全信賴的漢人。所以這些在風櫃尾第一地點所發現的陶瓷，與地圖C點之間，相當可能有著密切的關聯性存在。

　　根據本文上節對澎湖風櫃尾遺址所出土陶瓷造形、紋飾、製作工藝的分

〔註123〕盧泰康，〈澎湖風櫃尾荷據時期陶瓷遺物之考證〉，圖19，頁132。
〔註124〕郭輝譯，村上直次郎原譯，《巴達維亞城日記》，臺北：臺灣省文獻會，1970年，頁47。
〔註125〕漢聲編，《十七世紀荷蘭人繪製的台灣老地圖》（圖版篇），臺北：漢聲文化事業有限公司，1997年，頁96～97。

析，並結合文獻記載，以及地理位置的判斷，可確定風櫃尾所見青花瓷、安平壺、歐洲鹽釉陶等各類陶瓷，應是荷蘭東印度公司佔據此地期間所留下的遺物，其年代上限爲西元 1622 年，下限則不會晚於西元 1634 年 4 月，而其中 1622 年至 1624 年間，則爲荷蘭人在該地點活動最爲頻繁的兩年。個人認爲，此二年可能即是風櫃尾出土陶瓷被棄置的時間。

雖然風櫃尾的荷蘭遺跡，歷經日後數次修整，可能已喪失其原貌，再加上廢棄已久，近年又遭破壞，而幾乎淹沒於荒煙蔓草間，但透過完整的地表調查與資料比對，我們仍能獲得各類具有相當明顯特徵的陶瓷遺物，其大多是屬於明代晚期的中國貿易陶瓷，還有少數荷蘭人從歐洲帶來的日用陶瓷。

表 3-1：1622～1624 年荷蘭紀錄中有關澎湖築城、貿易、補給資料

年	月日	事　　　由	文獻類別	出　　處
1622	7.1	荷蘭艦隊由司令官 Reijersen 指揮，駛入澎湖。	巴城日記	郭輝：13
	8.2	選定風櫃尾建城，城方各爲 55 公尺半，城體多爲土牆圍以木板及竹。面臨陸地的中提部份，後以石灰和石料改築。築城材料部份運自日本，部份爲巴達維亞送來之板料，並拆解土希布船一艘，取其鐵和木料。		
	8.12	中國人帶來小壺中國啤酒、600 個蛋、一些檸檬水、砂糖兩籠、李子一籠，我們全部向他們收買。	雷理生司令官日誌	林偉盛：A,175
	9.12	中國官員所派的僕人，將信交還給我們，也帶來一些中國啤酒以及補給品，我們又用 4 又 1/2 里爾向他購買。	雷理生司令官日誌	林偉盛：A,177
	9.26	四角稜堡完工。共裝設 29 門砲	巴城日記	郭輝：13
	12.28	由尼古拉斯號送來 1500 個橘子和 30 壺啤酒	雷理生司令官日誌	林偉盛：A,187
1623	4.17 ～ 5.11	在馬尼拉至澎湖水域截獲中國帆船四艘，裝載貨物在澎湖計算總價 f.87,494.3.2，中國人共 1000 名。以上貨物與在大員所購絲貨均由 De Hoop 號與 De Englelsche Beer 號運往日本，期望換成白銀，今年運回澎湖，而非路過澎湖另往他處。	東印度事務報告	程紹剛：29
	5.11	夾板船格羅寧根號於福爾摩沙附近補獲欲前往馬尼拉之戎克船，載有一些衣類與少量生絲，其貨物價值 9000 荷盾	雷理生司令官日誌	林偉盛：26
	5.20	官員 Hontamsong，別名長鬚，由漳州至澎湖，未帶來荷人所預期之絲貨樣品，反而帶來了 700 或 800 壺中國啤酒。	雷理生司令官日誌	林偉盛：B：269～270

	7.19	戰艦 Mocha 號，共計 505 人，隨船裝運 196 桶肉和燻肉，200 拉斯特米，一批葡萄酒、Aracq 酒等，全部貨品均（從巴達維亞）及時運到（澎湖）。	東印度事務報告	程紹剛：25
	7.26	de Grode Hope 號前往日本，帶著搶來與買來的貨物約 35,000 里耳。	雷理生司令官日誌	林偉盛：A：276
	8.1	快船維多利亞由大員帶一些生絲到澎湖，此生絲為購自經常到大員之冒險者（走私商人）。	雷理生司令官日誌	林偉盛：A：276
	12.25	期望以現有的有限勢力保住澎湖，以供公司停泊船隻和保證有貯存貨物的地方。	東印度事務報告	程紹剛：33
1624	2	自中國輸入橘子及其他食品後，澎湖城寨及船內病患的健康情況，大為改善。	巴城日記	郭揮：30
	2.16	Tregat 船，裝載日本銀、絹絲、絹織等貨品，自澎湖駛抵巴達維亞。	巴城日記	同上：25
		快速戰艦 Mocha 號，自澎湖安全抵達巴達維亞，裝載日本銀、錦緞、生絲，購自大員的冒險商。	東印度事務報告	程紹剛：39
	4.2	土希布船一艘，載運銀、木材、銅鐵及其他雜貨，自日本經澎湖，抵達巴達維亞。	巴城日記	郭揮：35
	4.3	土希布船兩艘，自巴達維亞前往澎湖，載運鹿皮，並在途中經暹羅購糧，補給中國沿海之荷船。	巴城日記	同上：37
	4.19	也哈多船一艘，載運各類補給品，自巴達維亞前往澎湖。澎湖島海陸軍人數共計 370 人。		
	8.15	荷人為抵禦明軍大舉包圍，自安平調回守備兵，澎湖風櫃尾城荷蘭守軍人數達到 850 人。	巴城日記	同上：17
	8.26	破壞澎湖島一切設備，退往大員（安平）	巴城日記	同上：47
		動工拆城，將大量存糧與彈藥運往臺灣，將貨品運往巴達維亞，其中以中國產絲綢為大宗。	Elie Ripon 回憶錄	包樂史：46

1. 巴城日記（巴達維亞城日記），出處：郭輝譯，村上直次郎原譯，《巴達維亞城日記》，第一冊，臺北：臺灣省文獻會，1989 年；程大學譯，村上直次郎原譯，《巴達維亞城日記》，臺北：眾文圖書公司，1991 年。

2. 熱城日記（熱蘭遮城日記），出處：江樹生譯註，《熱蘭遮城日誌》一，臺南市政府，2000年。

3. 事務報告（東印度事務報告），出處：程紹剛，《荷蘭人在福爾摩沙》，臺北：聯經出版社，2000 年。

4. 包樂史（Leonard Blusse），〈與古人的另類對話──談荷蘭佔據澎湖列島與荷蘭第一次屯墾史事的真相與迷思〉，《荷蘭時期臺灣圖像國際研討會》，臺南：國立臺灣歷史博物館籌備處，頁 36～64。

5. 雷理生司令官日誌，出處：A 林偉盛譯，〈雷理生司令官日誌〉，《臺灣文獻》，54 卷 3 期，2003 年，頁 139～187；B 林偉盛譯，〈雷理生司令官日誌〉，《臺灣文獻》，54 卷 4 期，2003 年，頁 241～282。

6. 以上紀錄未包括澎湖海域之海上事故和救援任務。

表 3-2：1629～1661 年荷蘭文獻中有關澎湖之記載

年	月日	事　　　由	文獻類別	出　　處
1629	12.8	荷人再度登陸澎湖察探，發現中國碉堡皆呈現荒廢狀態，並被告知碉堡一年中，僅半年有人住用。	熱城日誌	江樹生：7
	12.9	荷人回到一樣荒廢的風櫃尾城堡，並看到生鏽的各式火砲。荷人同時在澎湖裝運石頭，運回大員修城。		
1630	4.6～5.7	由大員派遣荷蘭籍舵手帶領兩艘戎克船，探測澎湖最北到最南諸島水文狀況，並測繪成地圖。	熱城日誌	同上：24～26
	8.13～9.17	快艇 Bommel 自巴達維亞到達澎湖卸貨，數艘快艇和戎克船自大員駛往澎湖，載卸貨物運回。	熱城日誌	同上：33～36
1631	4.12	大員決議派兩艘快艇赴澎湖，裝載漳州河運來的商品	熱城日誌	同上：44
1632	8.20	六艘停泊於澎湖的船隻中，五艘前往中國，一艘載運貨物返回大員。	熱城日誌	同上：71
1633	3.15	大員決議派一艘快艇、兩艘戎克船去澎湖，無論該地官員願不願意，都要去停泊馬公灣，以確實整備裝修，並載運石頭返回大員。	熱城日誌	同上：84
	6	裝備齊全的荷蘭海船 Middelburch 號，駐泊停留於澎湖優良外港，等待貨物回運。	事務報告	程紹剛：163～164
	9.1	四艘荷蘭帆船於澎湖南島，截擊來自馬尼拉的船隻，但因風暴而拋錨停泊於澎湖。	事務報告	同上：139～140
	7～11	四艘荷蘭海船預定各自會合於澎湖，轉運巴達維亞、大員、日本三地貨物，但因海上風暴而終告失敗。	事務報告	同上：136～139
1634	4	福爾摩沙長官 Putmans，派船保障漳州灣至澎湖水道的安全，並且下令將風櫃尾城堡的荷蘭大砲拆下，裝船運走。	事務報告	同上：148
	4.10	海盜劉香攻擊停泊在澎湖的荷蘭帆船。	事務報告	同上：157
	7.21～23	兩艘荷快艇自巴達維亞抵達澎湖，大員派遣三艘快艇和多艘戎克船，赴澎湖進行貨物轉運	熱城日誌	江樹生：172
1635	7.30～8.30	三艘荷蘭大船停泊澎湖，裝載大員運去的貨物後，駛往日本	熱城日誌	同上：210～213
	8.31	大員長官和議會決議，禁止搭船來自巴達維亞的三百名士兵登陸澎湖，以避免中國大官們的怒氣。	熱城日誌	同上：214
	10.5	快船 Venloo 號航至澎湖載石頭。平底船 Schaegen 號從澎湖載隊長和士兵返回大員港	熱城日誌	同上：219

1636	9.21～11.26	五艘在大員裝貨，陸續集結於澎湖的荷船，載滿金、糖、瓷、絲等中國貨物航往巴達維亞，在途中分別遭遇風暴。	熱城日誌 事務報告	江樹生：258～260；程紹剛：178
1637	6.26～7.18	停泊於澎湖的大船 Amsterdam 號裝載大員運達的貨物，會同大員裝貨出發的快艇 Zantvoort 號，會合於澎湖後發航日本。	熱城日誌	江樹生：321～329
	7.16～8.30	海船 Oudewaeter 號經由廣南裝載絲綢和糖，駛往日本，中途暫停澎湖，放下為配備大員的 80 名士兵，並裝載為日本準備的貨物。	事務報告 熱城日誌	程紹剛：186 江樹生：344
	8.2～	平底船 Rarop 號自暹邏港載運貨物，抵達澎湖。	熱城日誌	江樹生：336
	8.26	大船 Egmont 裝載糖貨駛往澎湖，等待北風季節來臨後，連同其他貨品運往巴達維亞。	熱城日誌	同上：343
1638	8.9～9.8	多艘荷蘭快艇和戎克船，為轉運貨物，而往返於大員和澎湖之間。	熱城日誌	同上：405～407
	10.23	由大員派遣快艇一艘赴澎湖載大石，運交魍港築堡。	熱城日誌	同上：412
1639	6.20～7.17	大船 Breda 號自巴達維亞抵達澎湖，大員派遣多艘快艇和戎克船，進行兩地貨物轉運後，大船駛往日本。	熱城日誌	同上：440～443
	8.17	Galljasc 號停泊澎湖，載滿大員運抵貨物後前往日本。	熱城日誌	同上：448
1642	11.10	海船 Tijger 號於 10 月發自澎湖，載運絲綢、糖、蜜薑，運抵巴達維亞。	事務報告	同上：235
1643	12.2	荷船 De Salamander 號載運砂糖，由澎湖抵巴達維亞。	巴城日記	郭輝：384
1644	7.1	士布希船 Nieuw Haerlen 號抵達澎湖島之後，由巴城前往台灣的士布希船 De Verde 號，曾碇泊於其側。	巴城日記	同上：408～409
	6～7	載運火砲之三艘荷蘭帆船，開赴澎湖與海盜船隊激戰。並於 7 月 1 日，派武裝帆船及士兵 120 人前往澎湖島，燒毀海盜帆船，並進行陸戰。	巴城日記	同上：422～423
	11.2	海船 haerlem 號原預定在澎湖轉運海船 Dolphen 號之硝石，但因風暴未成，遂僅載半船之砂糖、蜜薑、糖茯苓，以及各式新舊瓷器和生絲，自澎湖泊至巴達維亞。	事務報告	程紹剛：261
1645	1	福島長官 Caron 提議，每年定例停泊於澎湖島之歸航船，以及裝貨開往日本的夫雷德船，應提早出發，以避免九月底，台澎間航海風浪的危險。	巴城日記	郭輝：449

	9.2	大海船 Zutphen 號自澎湖列島到達巴達維亞，載運貨品包括砂糖、日本樟腦、細瓷、絲襪、綢緞、蜜薑。	事務報告	程紹剛：271
1651	5.12	Delfshaven 和帆船 Catwijck 號，經暹羅前往澎湖。另有四艘貨船，同時由巴達維亞派往澎湖。	事務報告	同上：334
	10.1	荷蘭快船和貨船各一艘，自澎湖航往大員。	事務報告	同上：335
1652	1.24	貨船 Trouw 號在航出澎湖時，被風浪衝走。兩名荷蘭牧師去世，埋葬於澎湖。	事務報告	同上：345～346
	9.28	因缺乏船隻，大海船 Delft 號破例用於往澎湖運輸蔗糖，停泊於大員外港。	事務報告	同上：349～350
1661	4.25	國姓爺大軍登陸澎湖島，並傳聞築造城堡，故荷人派亞哈特船 De Maria 號偵查澎湖島，但未見築城跡象。	巴城日記	程大學：250～253
	8.17	救援熱蘭遮城的荷蘭艦隊，因天候惡劣，從大員圍城轉赴澎湖，並登陸補充水和糧食。	巴城日記	同上：281～282
	9.30	兩艘荷船泊至澎湖，派水手登陸尋求食物，遭中國人追擊後，駛離澎湖。	巴城日記	同上：289

＊巴城日記（巴達維亞城日記），出處：郭輝譯，村上直次郎原譯，《巴達維亞城日記》，第一冊，台北：台灣省文獻會，1989 年；程大學譯，村上直次郎原譯，《巴達維亞城日記》，台北：眾文圖書公司，1991 年。

＊熱城日記（熱蘭遮城日記），出處：江樹生 譯註，《熱蘭遮城日誌》一，台南市政府，2000 年。

＊事務報告（東印度事務報告），出處：程紹剛，《荷蘭人在福爾摩沙》，台北：聯經出版社，2000 年。

＊以上紀錄未包括澎湖海域之海上事故和救援任務。

二、荷蘭人在澎湖的陶瓷貿易

1602 年荷蘭東印度公司成立，荷蘭人在亞洲地區的貿易活動逐漸活絡，荷蘭與葡萄牙、西班牙之間的貿易競爭日益激烈。各國處心積慮以獲得中國貿易物資，葡萄牙與西班牙早已於十六世紀後半，分別佔據廣東的澳門與菲律賓的馬尼拉，發展出穩定的對華貿易。反觀荷蘭人雖然已於 1619 年在巴達維亞建立基地，但由於距離過遠，荷人必須在東南亞地區，坐待華商攜帶中國瓷貨前來。為求擴大貿易規模，荷蘭人積極破壞葡、西兩國的亞洲貿易航線，並於 1602 首度佔領澎湖，但隨後即被明政府所驅離。到了 1622 年，為求拓展亞洲市場，直接與中國通商，荷蘭東印度公司所派遣的雷理生（Reijersen）艦隊，攻打澳門不成，遂轉而向北航行，再次佔領澎湖，築城於

風櫃尾，以其做爲對中國沿海貿易的據點。同時，荷蘭艦隊也在福建沿海大肆劫掠騷擾，企圖用「以戰迫商」的策略，壓迫中國政府同意通商，荷人在漳州灣、廈門、鼓浪嶼、虎頭山（海澄以南）等地，大肆進行騷擾，登陸劫掠貨物，燒毀中國船隻房屋，捕捉中國人修築澎湖風櫃尾城，並以之充實巴達維亞、安汶、班達等地人口。〔註126〕荷蘭人佔領澎湖爲基地之後，即不時派遣艦隊巡弋澎湖、漳州、南澳至馬尼拉一帶水域，攔截西、葡船隻，以及非與荷人通商之中國船。〔註127〕荷蘭人用盡上述各種暴力手段，企圖打開對華貿易，卻造成明朝政府極大的困擾，而福建漳、泉海面的民間航運輸出，特別是海澄月港至馬尼拉航線，受到了不小的影響。據《海澄縣志》之天啓五年（1625）「餉官張應斗」條下所記：「先是四年（1624）以有事紅夷，遂嚴海禁，是年乃照舊開舶，然舶逾蕭索，不能如額，主者苦之。」〔註128〕荷蘭人在中國沿海的激進做法，不但無法打開貿易之門，反而使自己成爲了「晚明海貿秩序的破壞者」，〔註129〕連荷蘭長官宋克（Martinus Sonk）自己也不得不承認：

> 我們在中國沿岸一帶的行爲，使中國人更加反對我們，把我們看做無異於謀殺犯、暴君和海盜。我們對待中國人確實是凶狠而殘酷的，而且依我看來，憑這些行爲是絕不可能達到同中國通商的目的。〔註130〕

荷人佔據澎湖期間的文獻紀錄中，未有任何陶瓷貿易紀錄，而風櫃尾所見大量晚明貿易瓷，正提供了文獻中所未有之實物資料。從 1602 年到 1624 年，荷蘭人佔領大員之前的十七世紀初期，荷蘭始終未能取得中國陶瓷的穩定貨源。而澎湖風櫃尾荷蘭舊城出土的大量晚明瓷器，則顯示了荷蘭人在對華貿易初期階段，積極在中國沿海尋求中國瓷貨，但此時荷人與中國官方時戰時休，且談判無功，定期貿易活動無法開展，荷蘭人僅能在福建沿海透過

〔註126〕程紹剛，《荷蘭人在福爾摩沙》，台北：聯經出版社，2000 年，頁 11、20、34；林偉盛，〈荷蘭人據澎湖始末〉，《國立政治大學歷史學報》，第 16 期，頁 12～13，表 1-1。

〔註127〕荷蘭人佔領澎湖期間，劫掠馬尼拉航線華船實例，見於威·伊·邦特庫（Willem Ysbrantsz Bontekoe）著，姚楠譯，《東印度航海記》，北京：中華書局，1982 年，頁 95。

〔註128〕〔明〕梁兆陽，《海澄縣志》，據中央研究院歷史語言研究所藏崇禎六年刊本。

〔註129〕鄭永常，《來自海洋的挑戰——明代海貿政策演變研究》，頁 263～299。

〔註130〕C. R. Boxer, *Fidalgos in the Far East, 1550-1770*, p. 77, 轉引自李德霞，〈17 世紀初荷蘭在福建沿海的騷擾與通商〉，《海交史研究》，2004 年 1 期，頁 63。

零星私商貿易，或者是在海上劫掠西、葡、華商船隻，以獲得中國物資。

三、貿易陶瓷內容與品質差異

（一）陶瓷功能歸屬與瓷貨來源

綜合貿易陶瓷之功能與荷人文獻紀錄觀之，澎湖風櫃尾出土的諸類晚明貿易陶瓷可分為三大類：

第一類為商業貿易用途；以中國製青花瓷、藍釉瓷與白瓷屬之，荷人視之為貿易貨物，並儘其所能透過各種方式獲得，囤積於風櫃尾據點，以待運往亞洲、歐洲等處轉售獲利。

第二類為裝盛各類生活必需品的陶瓷，以及裝盛貿易物資之陶瓷；以青灰／白釉罐（安平壺）、各類醬釉或無釉硬陶為主，器形多為瓶、罐、壺、甕等裝盛用容器。荷蘭人長期在東亞地區從事貿易活動，開始逐漸熟悉使用亞洲本地生產的陶瓷容器，以因應日常生活、海上航行，以及貿易用途的多重需要。這些日用容器的產地來源，多以中國為代表，其他亞洲國家亦有之。在 1622～1624 年的荷蘭紀錄中，大批荷蘭人員駐留於生活資源貧瘠的澎湖島，相當需要船隻定期運送大量補給品，而中國人亦不時攜來一些補給品售予荷蘭人。例如 1622 年 5 月 20 日，中國官員 Hontamsong 便由漳州抵達澎湖，他未帶來荷人所預期之絲貨樣品，反而帶來了 700 或 800 壺中國啤酒。（見表 3-1）。故上述的「安平壺」、各種硬陶容器，或許即為裝盛各類補給物資的相關容器。

第三類為荷蘭人自歐洲隨船所攜來者，以高溫鹽釉陶器為代表。這些陶器並非亞洲本地製作，亦非大量自歐洲輸入的貿易貨品，僅少量隨荷蘭人員與船隻攜入亞洲各地，反映荷蘭人固有之餐飲習慣與生活傳統。

澎湖風櫃尾出土的上述三類陶瓷中，以第一類商業貿易用途瓷器數量較多，而其中又以青花瓷所佔比例最高，藍釉瓷與白瓷僅佔少數。這些青花瓷依其產地來源、造形與紋飾特徵，可分為江西景德鎮窯產品十二種，福建漳州窯產品十七種（含藍釉瓷）。景德鎮窯器為中國江西省燒造，由商人自內地透過水、陸多次轉運至閩南地區，雖然品質與價格較佳，但運輸距離較遠，貨源取得亦較困難。故景德鎮窯器不僅種類較少，標本數量與重量統計數據亦呈現較低數值，分別佔全數瓷質標本的 30.6% 與 15.9%。

至於風櫃尾出土的福建產青花瓷，皆為閩南漳州窯區所燒造。漳州地區眾多窯場，皆是在晚明時期外銷瓷需求量大增，以及低運輸成本的雙重刺激下迅

速崛起，漳州平和縣五寨、南勝，以及南靖、韶安、漳浦等窯區，憑藉著地緣上的優勢，產品皆可透過短距離河運，送往鄰近港口輸出海外。因此，風櫃尾所見之各類漳州窯青花瓷（含藍釉器）種類較多，標本數量與重量統計數據亦呈現較高數值，分別佔全數瓷質標本的百分之六六點三與百分之八二點四，其來源應即爲北起漳州月港，南至粵北潮州一帶海港之鄰近窯廠所生產。

　　從文獻紀錄中得知，荷蘭人佔據澎湖的兩年間，已在大員所建立的臨時城寨中，與中國私商試行貿易。〔註131〕而澎湖則成爲儲存貨物與船隻停泊補給的重要轉運點（見表3-1）。《明史》〈外國六 和蘭〉記載：荷人「泊舟風櫃仔，出沒浯嶼、白坑、東碇、莆頭、古雷、洪嶼、沙洲、甲洲間，要求互市」。〔註132〕荷蘭武裝船隊在閩南沿海的金廈至韶安一帶活動頻繁；而上述文獻提及地區，正是荷蘭人取得晚明景德鎮窯與漳州窯器的的主要區域。

表 3-3：澎湖風櫃尾出土青花瓷、藍地褐彩瓷、白瓷標本數量與重量統計

類　型	產地窯口	器　類　名　稱	數量／片	重量／克
青花瓷	江西景德鎮窯	花式折沿鹿紋青花盤	31	626
		花式折沿錦地開光青花盤	22	284
		錦地開光花鳥紋青花盤	1	45
		直口弧壁青花盤	16	414
		撇口弧壁青花小盤	1	23
		青花小杯	1	7
		青花軍持	1	63
		開光花草紋青花瓶形器	1	42
		直壁青花筒形器	1	16
		直口花草紋青花小盤／碗	2	6
		器心蓮瓣紋青花小盤／碗	2	19
		壁式足青花碗	1	38
		其他不明器形紋飾	9	27
總　　　計			89	1060

〔註131〕程紹剛，《荷蘭人在福爾摩沙》，台北：聯經出版社，2000年，頁28～29、43；
　　　　臺灣銀行經濟研究室編，《十七世紀臺灣英國貿易史料》，臺北：臺灣銀行，
　　　　1959年，頁2。
〔註132〕〔清〕張廷玉等撰，《明史》，北京：新華書店，1974年，頁8436。

	福建漳州窯	撇口弧壁開光「日月光明四時美景」文字青花大盤	1	519
		直口斜弧壁牡丹鳳紋開光青花盤	28	912
		直口斜弧壁牡丹鳳紋青花盤	93	1611
		折沿弧壁錦地開光青花盤	1	10
		花式折沿花鳥紋青花盤	4	85
		壽字紋青花盤	1	86
		折沿深弧壁鹿紋青花碗	1	175
		阿拉伯文與人物紋開光大盤	2	51
		樓閣紋青花盤	1	12
		直口弧壁碗心團花游魚紋青花碗	5	445
		直口弧壁纏枝花草紋青花碗	1	26
		撇口弧壁童子紋青花碗	13	212
		碗心串花紋青花碗	6	164
		碗心輪花紋青花碗	6	327
		開光西亞銘文青花碗	1	69
		壽字紋青花碗	1	22
		其他不明器形紋飾	24	290
	總　　　　計		189	5060
藍地褐彩瓷	福建漳州窯	雲龍紋藍地褐彩大盤	4	439
白瓷	德化窯	碗盤、圓盒、其它	9	112

（二）瓷貨品質差異與相關紀錄

從產品品質與製作工藝的角度來看，做爲商業貿易用途的風櫃尾青花瓷標本，大體可細緻區分爲兩類四種檔次，第一類爲製作較爲精細、原料質地較佳的景德鎮窯器。第二類爲製作較爲粗糙、原料質地較差的漳州窯器。而上述兩類不同產區的瓷貨，又可依其製作精粗，再細分成兩種不同檔次的產品。

1、精細的景德鎮窯青花瓷

第一種品質較高的景德鎮窯青花，以錦地開光花式折沿盤、軍持爲代表，這種裝飾特定紋飾的青花盤，即一般西方所稱克拉克瓷（Kraak Porcelain），是晚明至清初，相當具有代表性的外銷瓷。其製作工藝特徵爲：紋飾勾繪精緻，青料發色濃艷，胎質潔白。足內滿釉，圈足處理細緻，足底在施釉後，會再

切削出一道無釉的斜面（俗稱「倒角」），或切修成「泥鰍背」。入窯時，坯體多置於墊餅上燒成。〔註133〕所以此檔產品的圈足甚少沾黏窯砂。

第二種次級的景德鎮窯青花，包含鹿紋花式折沿盤、撇口弧壁虯龍紋小盤、撇口弧壁壽字紋小盤等。其製作工藝特徵為：品質差異較大，雖胎質頗白，修坯細緻，但透明釉從白中泛青到灰白皆有，釉下青料發色亦不一致。圈足之足底在施釉後，雖然也會削出「倒角」，防止窯渣沾黏。但入匣裝燒時，僅用「渣羅」（一種帶把圓瓷柄）將耐火窯砂壓平後置燒，〔註134〕故足尖或盤底多少有些沾黏窯砂的現象。

2、粗放的漳州窯青花瓷

第一種品質較高的漳州窯青花瓷，數量較少，以折沿深弧壁鹿紋青花碗（Klapmutsen）、壽字紋青花盤、部份碗心串花紋青花碗為代表。胎骨斷面潔白，但孔隙較多，青料發色良好，施釉及底，圈足內亦施釉。其圈足處理手法較為細緻，足底外側有模仿景德鎮窯之斜刀切修法，即上述所謂「倒角」或「泥鰍背」。故雖然直接置於窯砂上燒成，而足底僅沾黏少量窯砂，類似景德鎮窯之次級青花瓷。

第二種典型的漳州窯青花瓷，佔絕大多數，釉面呈灰白、灰青色或灰黃色，甚至有釉面未熟之生燒品，甚至有出現縮釉現象，至於釉下青料也多是藍中帶灰的。這些瓷器的胎骨斷面偏灰或偏黃，並帶有雜質造成孔隙；圈足的修整較為粗放，施釉至底足後不再切修，並直接置於未經壓整的耐火窯砂上燒成，故圈足或盤底釉汁會沾黏大量窯砂。胎骨斷面呈灰白色或灰黃色，施釉及底，圈足內施釉不均，器底多露出土黃色或褐色胎皮。

十七世紀的荷蘭文獻將品質較佳的中國青花瓷，稱為「精細」或「精美」瓷器（fine porcelain），而較差的中國青花瓷，則稱之為「粗瓷」（coarse porcelain）。早在西元一九七零年代，由於缺乏考古實物，故 Porcelain and The Dutch East India Company 一書的作者 T. Volker 先生將此類粗瓷判定為「次級景德鎮窯器」（second quality Ching-te-chen）。〔註135〕近年來，漳州窯址及海外各地漳州窯器陸續被發現，遂使「粗瓷」的指涉對象，自然地與漳州窯劃

〔註133〕白琨，〈晚明至清乾隆時期景德鎮外銷瓷研究〉，《福建文博》，No.1，1995，
　　　　頁31。

〔註134〕同上註。

〔註135〕T. Volker, *Porcelain and The Dutch East India Company*（Leiden, Holland: E. J.
　　　　Brill, 1971,）pp.32-33.

上等號。但若根據風櫃尾陶瓷出土實物，進行產品質量與製作工藝分析，則可清楚發現晚明中國外銷青花瓷中，確實存在數種檔次較低的產品，而這些瓷貨可能包含了江西景德鎮窯的次檔產品，以及兩種檔次的福建漳州窯產品。故荷蘭文獻所記之「粗瓷」，可能包含不同窯系與品質的瓷貨，荷人對「粗瓷」之認定標準，乃依其品質高低，而非窯口差異。

四、風櫃尾出土陶瓷的歷史意義

根據陶瓷遺物特徵與文獻記錄，可映證澎湖風櫃尾出土貿易瓷為荷人佔據期間所遺留，年代可準確定為西元 1622 年至西元 1624 年。從西元 1602 年荷蘭聯合東印度公司成立，直到西元 1624 年大員設熱蘭遮城的四分之一世紀間，荷蘭始終未在中國沿海取得長期穩定的貿易據點。在佔領澎湖之前，荷人必須在東南亞被動等待中國陶瓷遠道來販，或是以武力劫奪西、葡船隻以獲得中國陶瓷。而當 1622 年荷蘭人佔據澎湖之後，荷人首度接近中國產地，以取得各類貨物，澎湖風櫃尾所見貿易瓷，正是此時期之重要遺存。

這些風櫃尾所發現之晚明中國貿易瓷，包含各類青花瓷、藍釉褐彩瓷、白瓷、安平壺，實反映了荷蘭東印度公司強力介入東亞貿易圈下，原先閩南月港地區銷往馬尼拉、其他東南亞地區，甚至是東北亞日本市場的各種貿易瓷類型，皆成為了荷蘭人積極收購，甚至是暴力奪取的對象。而在此一歷史背景下，風櫃尾出土陶瓷更因此展現出晚明中國瓷器外銷的多種面向。例如包含數種碗、盤、瓶形器在內的數種克拉克瓷（Kraak Porcelain），是西、葡兩國銷往歐洲、美洲等地區的主要瓷貨。而漳州窯生產的開光阿拉伯文青花盤、開光西亞銘文碗，以及景德鎮窯青花軍持，則是因應西亞、東南亞伊斯蘭文化圈之需求，所生產之外銷瓷器。其它諸如藍釉褐彩龍紋大盤、折沿深弧腹碗（Klapmuts）等，也都是傳世品之外，首次發現的新出土貿易瓷類型，增添了更多東亞瓷器貿易史的實物資料。

另一方面，澎湖風櫃尾出土貿易瓷，補充了史料未載之缺憾，明確顯示荷蘭人在佔領澎湖的短暫兩年時間裏，已開始在風櫃尾據點堆棧大批瓷貨。但同時也顯示出這些瓷器的貨源並不穩定，荷蘭人既無法主動選擇貿易瓷器的類型，亦無法掌控瓷貨的品質，故澎湖風櫃尾雖然可見景德鎮窯所生產的精美克拉克瓷，也有用來銷售國內市場的次級瓷貨，例如虺龍紋、壽字紋盤便是其中之一。

　　再就貿易瓷產地來源之數量比例觀之，荷蘭人在澎湖所收瓷貨，仍以漳州窯粗質青花瓷為多，景德鎮窯細瓷數量較少，明白揭示了荷蘭東印度公司急欲獲得中國物資的迫切需求，以及無法取得大量高檔貨物的窘境。

　　再就明清中國貿易瓷編年研究而言，1613 年沉沒於大西洋聖赫勒拿島的 Witte Leeuw 號出土陶瓷，代表了十七世紀第一個四分年之中，荷人回運歐洲之中國陶瓷總貌，那麼澎湖風櫃尾出土貿易瓷則是理解十七世紀初，荷人在中國沿海進行陶瓷貿易的重要起點。其重要性，實為銜接荷蘭初期的亞洲陶瓷貿易，以及日後荷人在安平大規模轉運陶瓷之關鍵。

圖 3-1：澎湖風櫃尾半島俯瞰　　　　圖 3-2：澎湖風櫃尾出土　花式
　　　　　　　　　　　　　　　　　　　　　折沿錦地開光青花盤

圖 3-3：澎湖風櫃尾出土　　　　　　圖 3-4：澎湖風櫃尾出土
　　　花式折沿鹿紋青花 A 式盤　　　　　花式折沿鹿紋青花 A 式
　　　盤心　　　　　　　　　　　　　　　盤口沿

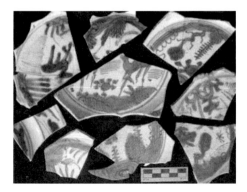
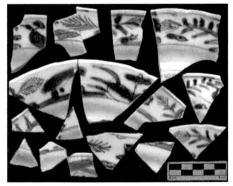

圖 3-5：澎湖風櫃尾出土
　花式折沿鹿紋青花 A 式盤

圖 3-6：中美洲墨西哥市出土
　花式折沿鹿紋青花 A 式
　盤

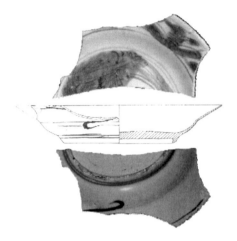

圖 3-7：澎湖風櫃尾出土
　花式折沿鹿紋青花 B 式盤

圖 3-8：馬來西亞萬曆號沉船
　出土　花式折沿鹿紋青
　花 B 式盤

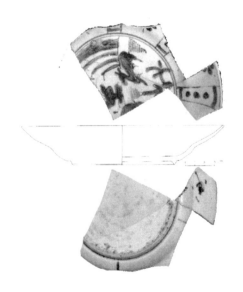

圖 3-9：澎湖風櫃尾出土
　　錦地開光花鳥紋青花盤

圖 3-10：澎湖風櫃尾出土
　　壽字紋青花盤

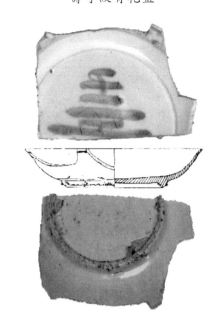

圖 3-11：澎湖風櫃尾出土
　　壽字紋青花盤

圖 3-12：澎湖風櫃尾出土
　　魑龍紋青花盤

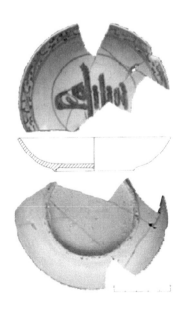

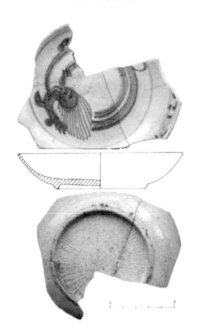

圖 3-13：金門金城出土
晚明魈龍紋青花盤

圖 3-14：澎湖風櫃尾出土
撇口弧壁麒麟紋青花
小盤

圖 3-15：鄭州古滎出土
撇口弧壁麒麟紋青花小盤

圖 3-16：澎湖風櫃尾出土
直口花草紋青花小盤／
碗

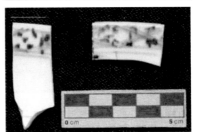

圖3-17：澎湖風櫃尾出土　器心蓮
　　　　瓣紋青花小盤／碗圖

圖3-18：澎湖風櫃尾出土
　　　　壁式足青花碗

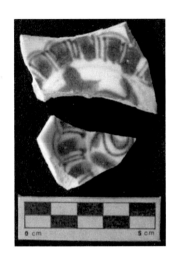

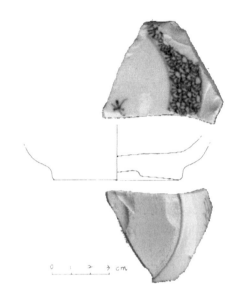

圖3-19：土耳其 Topkapi Saray 博物
　　　館收藏　壁式足青花碗

圖3-20：澎湖風櫃尾出土
　　　　青花小杯

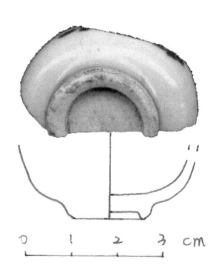

圖 3-21：澎湖風櫃尾出土
青花軍持

圖 3-22：美國大都會美術館
收藏　青花軍持

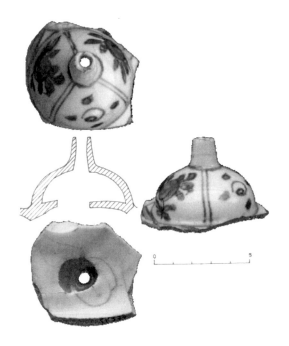

圖 3-23：澎湖風櫃尾出土
開光花草紋青花瓶形器

圖 3-24：澎湖風櫃尾出土
直壁青花筒形器

圖 3-25：澎湖風櫃尾出土
　　　　撇口弧壁開光「日月光明四時
　　　　美景」文字青花大盤

圖 3-26：印尼私人收藏
　　　　「日月光明四時美
　　　　景」文字青花大盤

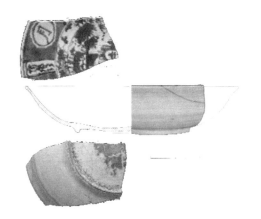

圖 3-27：澎湖風櫃尾出土
　　　　直口斜弧壁牡丹鳳紋開光青
　　　　花盤

圖 3-28：越南中部 Binh
　　　　Thuan 號沉船出土
　　　　牡丹鳳紋開光青花
　　　　盤

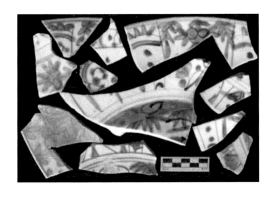

圖 3-29：澎湖風櫃尾出土　直口斜弧壁牡丹鳳紋青花盤

圖 3-30：澎湖風櫃尾出土　直口斜弧壁牡丹鳳紋 A 式青花盤

圖 3-31：澎湖風櫃尾出土　直口斜弧壁牡丹鳳紋 A 式青花盤

圖 3-32：澎湖風櫃尾出土　直口斜弧壁牡丹鳳紋 B 式青花盤

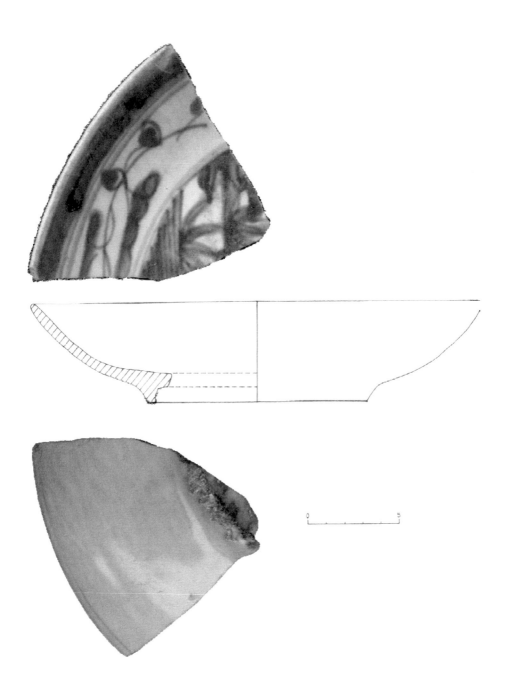

圖 3-33：南非 Plettenberg 灣 1630
年 Sao Goncalo 號沉船出
土　牡丹鳳紋 B 式青花盤

圖 3-34：澎湖風櫃尾出土
錦地開光紋青花盤

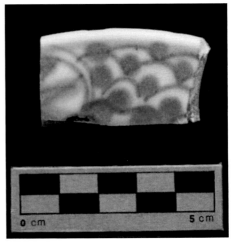

圖 3-35：澎湖風櫃尾出土
花式折沿花鳥紋青花盤

圖 3-36：澎湖風櫃尾出土
壽字紋青花盤

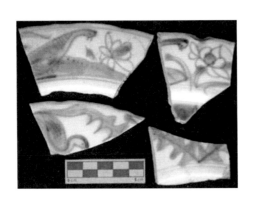

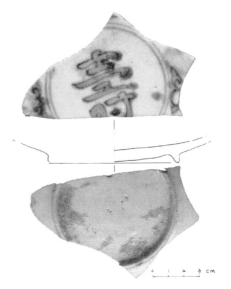

圖 3-37：澎湖風櫃尾出土
　　　　阿拉伯紋與人物紋開光
　　　　青花大盤

圖 3-38：印尼私人收藏
　　　　阿拉伯紋與人物紋開
　　　　光青花大盤

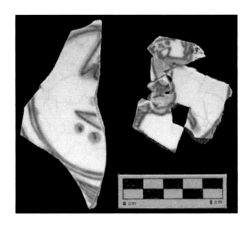

圖 3-39：澎湖風櫃尾出土
　　　　樓閣紋青花盤

圖 3-40：澎湖風櫃尾出土
　　　　折沿深弧壁鹿紋青花
　　　　碗（Klapmut）

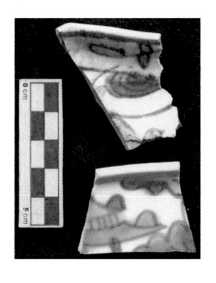

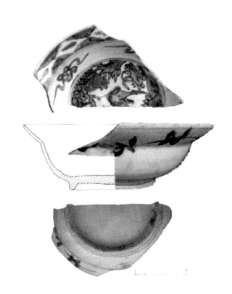

圖 3-41：澎湖風櫃尾出土　直口弧壁碗心圍花游魚紋青花碗

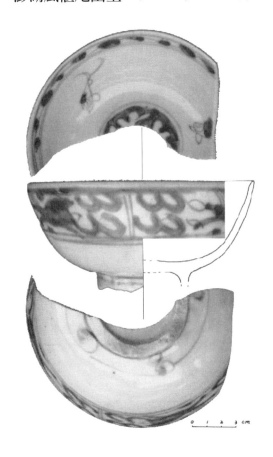

圖 3-42：澎湖風櫃尾出土　直口弧壁纏枝花草紋青花碗

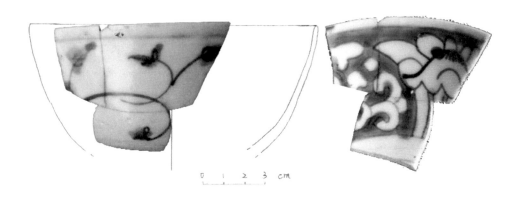

圖 3-43：澎湖風櫃尾出土　撇口弧壁童子紋青花碗

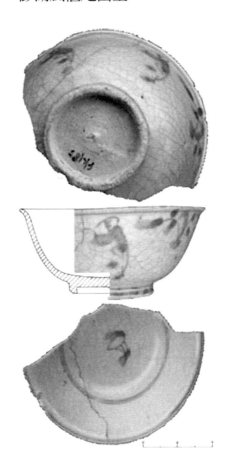

圖 3-44：澎湖風櫃尾出土　碗心串花紋青花碗

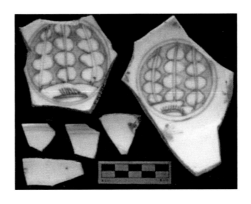

圖 3-45：澎湖風櫃尾出土
　　　碗心輪花紋青花碗

圖 3-46：澎湖風櫃尾出土
　　　開光西亞銘文青花碗

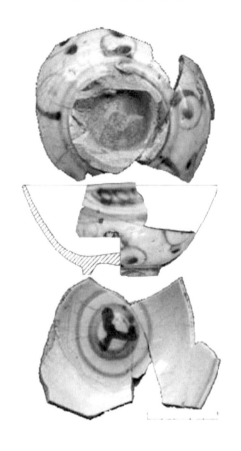

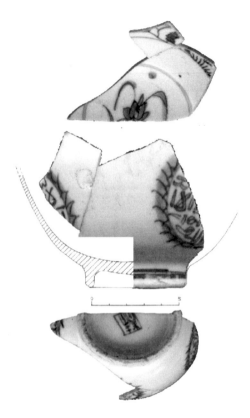

圖 3-47：日本私人收藏
　　　開光西亞銘文青花碗

圖 3-48：澎湖風櫃尾出土
　　　壽字紋青花碗

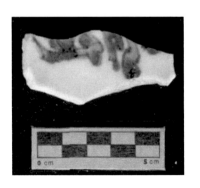

圖 3-49：澎湖風櫃尾出土
　　　　雙龍搶珠紋藍釉褐彩大
　　　　盤

圖 3-50：日本畑山紀念博物館
　　　　收藏　雙龍搶珠紋藍
　　　　釉褐彩大盤

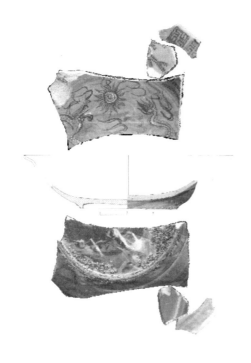

圖 3-51：澎湖風櫃尾出土
　　　　藍釉白彩花草紋盤

圖 3-52：日本靜嘉堂文庫美術
　　　　館收藏　藍釉白彩花
　　　　草紋盤

圖 3-53：澎湖風櫃尾出土　德化
　　　窯模印線紋圓盒蓋

圖 3-54：1643 年 Hatcher 號沉
　　　船出土　德化窯白瓷
　　　模印線紋圓蓋盒

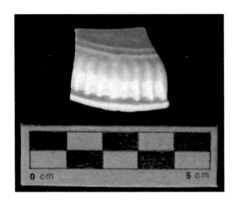

圖 3-55：澎湖風櫃尾出土
　　　白瓷碗

圖 3-56：澎湖風櫃尾出土
　　　安平壺

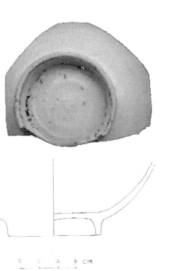

圖 3-57：澎湖風櫃尾出土
斜肩帶繫罐

圖 3-58：1613 年荷蘭 Witte
Leeuw 號沉船出土
斜肩帶繫罐

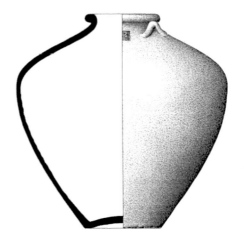

圖3-59：1638 年西班牙 Concepción
號沉船出土
斜肩帶繫罐

圖 3-60：1659 年荷蘭 Avondster
號沉船出土
斜肩帶繫罐

圖 3-61：臺南永漢民藝館收藏　　圖 3-62：澎湖風櫃尾出土
　　　傳世斜肩帶繫罐　　　　　　　　圓肩帶繫罐

圖 3-63：澎湖風櫃尾出土　德國鹽釉陶

圖 3-64：澎湖北部吉貝島海域打撈　錦地開光花鳥紋青花盤

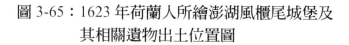

圖 3-65：1623 年荷蘭人所繪澎湖風櫃尾城堡及
其相關遺物出土位置圖

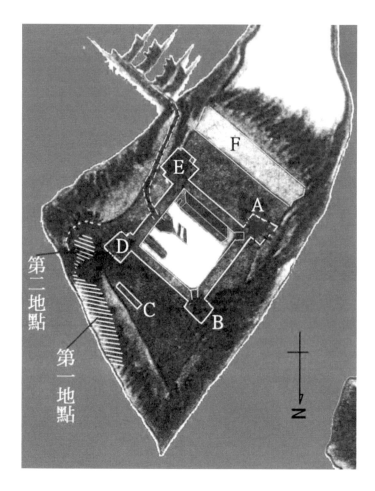

第四章　歐人經營下的臺灣陶瓷貿易

（A.D.1624～1661）

　　西元 1624 年荷蘭人自澎湖撤出，轉而進佔臺灣南部的大員（今日臺南安平），佔領時間長達 38 年。西班牙則於 1626 年佔據臺灣北部的雞籠與淡水，直至 1642 年始被荷蘭人所驅逐。在歐洲人紛紛進佔臺灣，並積極從事國際貿易的狀況下，臺灣所見進口陶瓷貿易模式，出現了重大轉變。

　　本章分為三節，利用文獻紀錄並配合考古出土實物，討論十七世紀前半西方人佔領下，臺灣在陶瓷貿易與消費上的種種面相；首先是 1624 至 1661 年荷蘭人在臺灣大規模陶瓷轉口貿易的興起與衰落，第二節為臺灣本地進口陶瓷的消費狀況，第三節則是西班牙佔領台灣北部時期的陶瓷貿易。

第一節　荷蘭時期陶瓷轉口貿易（A.D.1624～1661）

　　1624 年 8 月，荷蘭人進駐臺灣，開啓了東印度公司對華陶瓷貿易的新階段，而臺灣也成為東、西方陶瓷貿易的重要轉口港。近年臺灣臺南熱蘭遮城（今安平古堡）考古發掘出土的景德鎮窯克拉克瓷器、漳州窯器等中國外銷瓷，[註1] 正代表了臺灣在此時期的重要貿易特徵。至於當時文獻史料紀錄，則更為細緻地呈現出荷蘭據臺時期陶瓷轉口貿易的轉折變化。以下將依歷史先後發展關係、轉口貿易對象之不同、轉口貿易衰退之因、陶瓷遺物類型之特徵，等數個部份分別探討之。

〔註1〕　傅朝卿等，《第一級古蹟台灣城殘跡（原熱蘭遮城）城址初步研究計畫成果報告書》，台南：台南市政府，2003 年，圖版 58-60。

　　茲依據歷史先後發展關係，將 1624 至 1661 年將近四十年間的臺灣陶瓷貿易，區分爲兩個階段；第一階段爲停滯期，時間將近十年之久，由於荷人無法與明朝官方達成貿易協定，中、荷臺灣貿易無法正常運作。第二階段則是 1633 年以後，貿易大爲興盛，臺灣的中國瓷器貿易進入黃金時期。

一、第一階段（1624～1632 年）

　　早在 1624 年 8 月底，荷蘭人已進佔臺灣南部的大員做爲貿易基地，但就荷蘭相關陶瓷貿易紀錄來看（表 4-3），中國陶瓷穩定輸入大員，則要延遲到將近十年之後方得展開。荷蘭學者包樂史先生就曾將荷蘭佔領臺灣的最初十年，稱之爲「十年動盪時期」。〔註 2〕事實上，閩、臺海域貿易的停滯不前，荷蘭人自己要負相當大的責任。1620 至 30 年代，福建地區海盜問題轉趨嚴重，實與荷蘭人於 1622～1624 年間在沿海的騷擾劫掠有關。福建官方上奏中央的報告中便提到：

> （荷蘭）佔據澎湖，名爲求市，大肆焚劫。自天啓二年發難以來，洋犯不通，海運梗塞，漳、泉諸郡已坐困矣，而又加以亡命嘯聚，勾引嚮導，料羅、股雷各地方，夷實逼處，失事屢告，製廟堂南顧之憂，此全閩一大患也。〔註 3〕

明廷兵部尙書梁廷棟向皇帝進言之奏摺中亦稱：

> 閩寇之起也有二……閩地瘠民貧，生計半資於海，漳、泉尤甚。故揚航蔽海，上及直浙、下及兩粤，貿遷化居，惟海是籍。自紅夷據澎湖而商販不行，米日益加貴；無賴之徒，始有下海從夷者，如楊六、楊七、鄭芝龍、李魁奇、鍾六諸賊皆是；此賊起之一。〔註 4〕

　　荷蘭人在閩臺海面上，周旋於鄭芝龍（一官）、李魁奇、許心素、鍾斌、劉香等非法武裝海商之間，但他們所能提供的商業利益實在微薄，中荷之間的合法正常貿易，反而無法順利開展，華船渡海來臺販售瓷貨的次數，幾近於無。在大員的荷蘭人不耐空等，只好屢屢派船進入漳州灣一帶的安海、廈

〔註 2〕　包樂史（Leonard Blussé），〈中國夢魘——一次撤退，兩次戰敗〉，劉序楓主編，《中國海洋發展史論文集》第九輯，台北：中研院人社中心，2005 年，頁 143。

〔註 3〕　夏德儀輯，《明季荷蘭入侵據澎湖殘檔》，「彭湖平夷功次殘搞」（二）（錄自「明清史料戊編」第一本十三頁），臺北：大通書局，1984 年，頁 15。

〔註 4〕　《明實錄》「崇禎三年十二月乙巳朔」條，引自臺灣銀行經濟研究室編，《明實錄閩海關係史料》，臺北：臺灣銀行，1971 年，頁 153。

門沿海地區，主動尋求商機，進行生絲、陶瓷等貨物收購（見表 4-1）。於此同時，荷蘭艦隊仍然持續在海上擄掠西、葡、華人船隻，從表 4-2 所列資料可知，從南中國海到南洋麻六甲海峽的廣大海域上，荷蘭東印度公司頻頻劫掠他國船隻，以補充陶瓷貨源。

到了 1628 年，武裝海商鄭芝龍接受福建巡撫的招撫，成為當地的海防游擊，並在數月後與荷蘭人簽訂了三年貿易協定。此時的鄭芝龍，已可通過合法身份，私下操控對外貿易。〔註5〕而從《熱蘭遮城日記》之紀錄可知，此一階段的大員荷人在中國沿海的陶瓷貿易活動，主要亦是由鄭芝龍主導。如 1631 年 7 月 10 日，鄭芝龍寫給荷蘭人的信和中便談到：「他將於近日來定居廈門，並已聯絡人去收購很多白糖和精緻瓷器。」〔註6〕1632 年 1 月 28 日，大員長官派遣了三艘公司的中國帆船，攜帶資金航至安海等待，「以便交易所承諾的精美瓷器，若買不到瓷器，就用以收購砂糖。」〔註7〕

從 1624 到 1633 這十年間，荷蘭船隻在中國沿岸所進行的貿易活動，始終處於非法狀態。福建官員和鄭芝龍屢次警告荷蘭人，不要前來中國沿岸進行貿易，最好是回到大員等待，〔註8〕但荷蘭人怎能同意回到大員枯等？不僅如此，每當大明朝的福建官員視察海岸，荷船便被告知盡速離開或出海躲避。〔註9〕荷蘭長官在長期忍受被騙的屈辱與經營虧損下，終於在 1633 年 7 月對中國沿海發動了大規模的攻擊，期望再次「以戰迫商」，壓迫中國官方開放對荷貿易。但事與願違，三個月後，料羅灣海戰發生激烈海戰，荷蘭艦隊大敗。中國官方聲稱：

> 照得紅夷匪茹，傲然挾市，初犯南澳而攻中左，繼窺海澄而圍銅山。
> 天誅必討；人神共憤。本院聞警，即於剿賊福寧之時，旋即觀兵漳
> 海，傲調諸將鄭芝龍……等，大集舟師，計前後共生擒紅夷一百三
> 十六名……。〔註10〕

荷蘭人在此次戰役中，船隻、人員嚴重耗損。他們自己也承認，荷蘭東印度

〔註5〕　鄭永常，《來自海洋的挑戰——明代海貿政策演變研究》，臺北：稻鄉出版社，2004 年，頁 318。

〔註6〕　江樹生譯註，《熱蘭遮城日誌》，第一冊，臺南：臺南市政府，2000 年，頁 50。

〔註7〕　江樹生譯註，《熱蘭遮城日誌》，第一冊，頁 67。

〔註8〕　同上註，頁 73、85

〔註9〕　同上註，頁 38、51、56。

〔註10〕　夏德儀輯，《明季荷蘭入侵據澎湖殘檔》，「兵部題行『福建巡撫鄒維璉咨』」（錄自「明清史料乙編」第七本六五九頁），頁 42。

公司在中國海域的軍事力量,「已經衰弱到本季在中國沿海不能在有任何作為了。」〔註11〕

　　荷蘭人只好被迫回到大員,按照中國人的意思,以被動方式等待中國船隻來臺貿易。

表4-1:1626～1632年荷蘭船隊直接購自福建口岸之瓷貨紀錄

日　期	購貨地點	瓷器種類	數量	備　註	出　處
1626.12.26	漳州河	精美瓷器	12,814件		H:34
1627.11.6	漳州河	各式瓷器	9940件	部份為掠奪	H:35
1630.3.1～2	漳州河、廈門海面	瓷器	不明		A:19
1631	漳州河	精美瓷器	2551件		H:35
1632.1.30	安海	精美瓷器	不明		A:80
1632.11.9	漳州河	精美瓷器	4400件		H:36

＊徵引出處及代號:

　A:熱蘭遮城日記1628～1641,引自江樹生譯註,《熱蘭遮城日誌》,第一冊,臺南:臺南市政府,2000年。

H:T. Volker, *Porcelain and The Dutch East India Company* (Leiden, Holland: E. J. Brill, 1971).

表4-2:1620～1645年荷蘭人擄獲陶瓷器紀錄

日　期	地　點	對　象	陶瓷種類	數　量	出　處
1620.6.15	大泥外海	Sampson	精美瓷器	3168件	H:69
	馬尼拉灣外海	中國戎克船	精美瓷器	3220件	
1624.1.28	馬尼拉外海	不明	奶油碟「中等貨」	1000件	H:34
1629.11.31	不明	戰利品船隻	瓷器	5320件	H:35
1627.11.6	不明	不明	瓷器	16桶(tub)	H:35
1631	麻六甲海峽	不明	多為精美瓷器	35711件又6桶	H:36
1634.7.28	麻六甲海峽	西班牙克拉克船,中國戎克船	瓷器	107300杯,10400盤,51個罐	
1634	不明	中國戎克船	三種粗瓷器	107771件	H:195
			精美瓷器	2桶	

〔註11〕江樹生譯註,《熱蘭遮城日誌》,第一冊,頁81。

1637.8.22～ 9.10	Masulipatam	西班牙快艇	精美瓷器	90 桶與一些捆	H：79
1644.5.28	馬尼拉航線 Muyserbay	中國戎克船	粗瓷器	不明	B：282 D：421
1644.6.6～7	馬尼拉航線	中國戎克船	粗瓷器	比前艘多	B：297
1645.6.25	馬尼拉航線	二中國戎克船	粗瓷器	55960 件	H：202

＊徵引出處及代號：

B：熱蘭遮城日記 1641～1648，引自江樹生譯註，《熱蘭遮城日誌》，第二冊，臺南：臺南市政府，2002 年。

D：巴達維亞城日記，引自郭輝譯，村上直次郎原譯，《巴達維亞城日記》，第二冊，臺北：臺灣省文獻會，1989 年。

H：T. Volker, *Porcelain and The Dutch East India Company*（Leiden, Holland: E. J. Brill, 1971）.

二、第二階段（1633～1661 年）

（一）瓷器進口貿易的大規模展開

　　荷蘭人被迫回到中國官方私下認可的貿易模式之後，大員輸入陶瓷狀況隨即在 1634 年發生變化，進口數量急速向上攀升，根據表 4-3 與圖表 4-1 可知，1633 至 1655 年的二十一年間，共有高達 198 航次載有瓷貨的華商帆船航行至大員販售，每年平均約有 12.8 航次的運瓷船隻靠港紀錄。〔註12〕而其中 1637 年、1643 年、1648 年三個年份的運瓷船隻靠港紀錄，更超過了二十航次以上。荷蘭人在大員的陶瓷進口貿易，進入了高度繁榮的時期。

　　對福建地區民間海商來說，貨物出口至臺灣，航行距離不遠，而大員荷蘭人對中國商品的需求亦高，這項買賣獲利不斐，陶瓷貨品則是其中重要商品之一。崇禎十二年三月（1639），給事中傅元初在〈請開洋禁疏〉中，便稱當時福建沿海船民「惟利是視，走死地如鶩，往往至島外區脫之地曰臺灣者，與紅毛番爲市，紅毛番據之以爲窟穴，自台灣兩日夜可至漳泉內港。……」〔註13〕事實上，中、荷臺灣貿易的正常化，其實是福建漳州、廈門地區爲主的官僚集團，以及泉州安海爲主的鄭芝龍軍事集團，共同默許下的權宜之計。〔註14〕晚明的最後十年，內地政局動盪不安，各地自主性增加，中央海

〔註12〕1639～1642 年、1649 年、1652～1654 年紀錄資料不全，故未納入平均統計數據與圖表。

〔註13〕〔清〕顧炎武，《天下郡國利病書》，第十冊（原編第二十六冊）「福建」，臺北：臺灣商務印書館，1966 年，頁 33。

〔註14〕鄭永常，《來自海洋的挑戰──明代海貿政策演變研究》，頁 343～344。

禁的命令已無法確實執行，以總督為首的福建地方行政官僚，為了獲得海貿利益與地方治安的維護，自然要與地方軍頭鄭芝龍合作，私下合作瓜分與操縱對臺海貿活動。〔註15〕

中、荷臺灣貿易正常化之後，福建地區出口的外銷中國瓷器數量之大，甚至超過了荷蘭人的預期。1635 年 10 月 23 日，在臺灣長官送回荷蘭本國的信件中就提到：

> 本年有更多的瓷器運至福爾摩沙，且多於他所能接受的，儘管如此，他必須在合理範圍內超出他之前所能訂購的瓷貨，因為要不然這些海商將必定會損失慘重地送回瓷器，『瓷貨進口數量較多，是因為我們已鼓勵他們送達更大的數量，因為他們之前送來的是如此之少。』〔註16〕

大量中國瓷器輸入臺灣南部的大員，當地遂成為了進口陶瓷貨物的重要集散中心，例如在 1638 年底，存放在大員要送往荷蘭與印度的中國瓷器，總數就高達 890,328 件。〔註17〕

（二）荷蘭輸入瓷貨數量考察

從 1633 年至 1661 年間，輸入大員港的瓷器數量到底有多少？《熱蘭遮城日誌》中對於中國沿海地區輸入大員貨物的詳細紀錄，實可做為討論之基礎。以陶瓷商品為例，大員荷蘭商館人員大多會逐一記下到港船隻數量以及陶瓷貨物品項。而進口瓷貨數量的登記方式，則稍嫌簡略，這是因為瓷貨都是經過包裝的大宗物資，所以無法馬上打開包裝詳細盤點，僅能用「桶」、「籃」、「捆」、「大包」、「包」、「個（件）」，粗略顯示貨物數量（見表 4-3）。至於轉口輸出的陶瓷貨品，由於業經點收庫存程序，所以出貨時都有明確的數量統計，可供商館人員了解輸出瓷貨的實際件數（見表 4-8）。以下先行考訂史料中各種包裝單位的可能件數，然後再針對輸入臺灣的瓷貨數量，進行初步估算。

西方學者 T. vlker 曾經針對荷蘭紀錄中的「瓷器包裝類型與數量」進行解讀，他指出精美（精細）瓷器（fine porcelain）通常是用木桶（wooden barrels）運送的，其他包裝為木箱（wooden case）、編籃（籃、wicker work hamper），

〔註15〕同上註。
〔註16〕T. Volker, *Porcelain and The Dutch East India Company*, p. 37.
〔註17〕Ibid, p. 42.

以及稻草捆或包（straw bundles or parcels）。他根據荷蘭帳目與其他資料判估，平均一桶約 200 件瓷器，一箱則爲 450 件，一捆或包爲 20 件（盤子則通常爲 100 件）。〔註 18〕而根據 1627 年 11 月 6 日荷蘭船隻航往 Delft 的貨單，一捆盤也有可能爲 10 件。〔註 19〕

　　此外，筆者根據表 4-7 所整理之 1626～1654 年荷蘭官方由大員轉運至巴達維亞之陶瓷資料，亦推算出其它桶裝瓷器件數的可能性。例如 1645 年 10 月 30 日發航大員，12 月 2 日抵達巴達維亞的荷船 Zutphen 號，載有 261 桶精細瓷器，共 74949 件，其每桶平均件數爲 287 件。1645 年 11 月 16 日以後發航自大員，12 月 31 日以前抵達巴達維亞的荷船 Henriette Louyse（Louise）號，載有 160 桶瓷器共 18201 件，可知每桶平均件數應爲 114 件。

　　清代唐英《陶冶圖說》對於景德鎮瓷器包裝與運送過程，則另有較爲詳細之說明：

> 瓷器出窯，每分類揀選，以分上色、二色、三色、腳貨等名次，定價值高下。所有三色、腳貨，即在本地貨賣，其上色之圓器與上色、二色之琢器俱用紙包裝桶，有裝桶匠專司其事。至二色之圓器，每十件爲一筒，用草包扎裝桶，以便遠載其各省行用之。粗瓷則不用紙包裝桶，止用菱（茭）草包扎，或三四十件爲一仔（子），或五六十件爲一仔，菱草直縛於內，竹篾橫纏於外。水陸搬移便易結實。其匠眾多以菱草爲名目。〔註 20〕

　　至於二十世紀初期所見景德鎮窯的瓷器貨品包裝與運送，大抵仍沿明、清傳統方式爲之，透過實地調查資料可知，景德鎮所謂「茭草行業」，即爲稻草捆束包裝瓷貨，以便運送輸出之專門行業。而「瓷簍店」，是製作專門挑運瓷器竹籃的店家。所謂的「打絡子」，則是將竹片剖成一定長寬的篾片，並以之編紮草捆瓷貨外層篾簍的技術。〔註 21〕茭草包裝碗盤，通常以十件爲一筒，5 筒或 15 筒爲一子，又依其器類大小與運輸方式之不同，再分 6 子、8 子、4 件、2 件、1 箱等計量單位爲一担。大體而言，各種包裝與計算方式，依照產品特性、運輸工具與路線而定，並無統一標準。〔註 22〕

〔註 18〕 Ibid, p. 31, footnote 20.

〔註 19〕 Ibid, p. 35.

〔註 20〕 〔清〕唐英，《陶冶圖說》，北京：中國書店，1993 年，頁 7。

〔註 21〕 方李莉，《景德鎮民窯》，北京：人民美術出版社，2002 年，頁 177～179、183。

〔註 22〕 同上註，頁 306。

　　綜上所述可知，荷蘭紀錄中之木桶與木箱所裝瓷器，爲等級較高的精細瓷器，而所謂「籃」、「捆」、「包」則爲茭草綑紮包裹，檔次較低的瓷器。而各種包裝方式須視個別瓷貨特性而定，並無一定數量標準，但若欲統計表 4-3 所列數量，仍需統一設定各種包裝方式之計量標準，方能進行統計。故以下暫以各種數量平均值合理估算，一桶裝瓷件數爲 200 件，〔註23〕一箱爲 450 件，包或捆裝瓷件數爲 15 件，〔註24〕籃裝瓷件數爲 63 件。〔註25〕

　　若就上文所列三種包裝數據估算，表 4-3 所列 1632 年至 1655 年間臺灣的大員荷蘭商館，至少收購了 2,974,634 件以上的中國瓷器。但此一數字可能較不準確，因爲荷蘭紀錄中部份年代的闕漏，以及估算值數的差異皆有一定程度的影響。本章下節將估算臺灣轉口輸出各地瓷器的總量，而其統計所得數據，將可做爲臺灣進口陶瓷數量的修正依據。

（三）陶瓷出口港與運輸路線

　　就華船輸出的中國港口來看，荷蘭人早期對於進口貨物的出口地點甚爲重視，華船從中國發船的出口港地點，通常都會被詳實的紀錄下來，但是到了 1640 年代中期以後，或許是中荷貿易已上軌道，大員商館的荷蘭人似乎較不那麼重視華船的發航地點，而僅紀錄「中國沿海」來航的方式說明。儘管如此，1632～1655 年間，荷蘭《熱蘭遮城日誌》中的華船出口港紀錄，爲理解中國貿易瓷輸出臺灣的來源問題，提供了若干重要的訊息。根據表 4-4「1633～1645 年福建輸出瓷器出口港來航大員統計表」，十七世紀荷蘭在臺灣大規模瓷器貿易的貨源，來自於福建沿海地區數處港口，其中所佔比例較高的前五處分別爲：廈門，所佔比例最高，達 29.6%，第二位爲安海，佔 16%，第三位爲福州，佔 13.6%，第四位爲金門，佔 6.4%，第五位爲海澄、烈嶼（小金門），佔 3.2%。以上數據明確顯示，晚明隆慶年間開海以來，對海外輸出的月港（海澄），在對臺瓷器輸出的重要性已大爲降低，閩南對臺陶瓷出口區已從九龍江口的海澄，向東轉移至廈門港、大小金門，以及圍頭灣一帶，而上述金、廈、

〔註23〕本文所引荷蘭文獻中三種桶裝數量（200 件、287 件、114 件）之平均值。
〔註24〕本文所引荷蘭、清代文獻中三種捆、包、筒裝數量（10 件、20 件）之平均值，至於 Volker 謂「盤子則通常爲 100 件」的說法，其數量特徵則較似「籃」或「子」（見下註），故不列入。
〔註25〕本文所引荷蘭文獻中之「籃」，可能爲清代及近代文獻中之「子」，故以其裝瓷數量（清代之 30 件、40 件、50 件、60 件，與近代之 50 件、150 件）求取平均值。

安海地區的海港，其實就是鄭氏所屬海商集中的區域。再就閩南地區海商勢力消長的角度來看，實顯露出漳州河流域主導勢力的衰退，晉江流域三邑幫代之而起。〔註26〕江西景德鎮窯產品對閩南地區的輸出，一般是由饒州府浮梁縣河運至東部建昌府廣昌後，分數條路線水陸接運出省，再沿九龍江運抵月港、廈門、安海等地後，銷售至海外地區（見地圖2）。總而言之，中、荷瓷器貿易所帶來的龐大商業利益，有相當部份是由閩南鄭芝龍相關的海貿集團或商人所掌握。

此外，對臺瓷器輸出占第三位的是閩東北的福州，顯示了十七世紀前半，除了閩南九龍江航運線之外，尚有另一條江西景德鎮窯瓷器對閩輸出路線的存在。據《（康熙）安海志》卷四「磁器」中記載：「磁器自饒州來福州，鄉人由福州販而之安海，或福州轉入月港，由月港而入安平。」〔註27〕福州輸臺瓷器數量的急增，代表了明末中央對地方的管制逐漸鬆懈，原先不准犯禁通番的福州港，也開始有不少船商渡航臺灣從事貿易。而根據荷蘭人從運瓷華商口中所得到的訊息，也可以推知1640年代初期，「福建北部地區」確實存在著一條瓷貨運輸路線。〔註28〕

成書於嘉靖四十四年陳全之《蓬窗日錄》「寰宇卷之一　福建　關防」條，述及閩北聯外重要孔道，稱：

> 關大，則崇安之分水關、建寧之仙霞關，次則光澤之杉關。分水由
> 江西上饒以越建寧，仙霞由浙江江山以越建寧，杉關則由（江西）
> 建昌以越邵武。〔註29〕

江西饒州景德鎮所生產的瓷器，可能是由贛東水路運至省界，再分三路穿越閩北三處關口，途經崇安、建寧、邵武等處，沿閩江上游一路而下，最後運抵福州港輸出（見地圖2）。

〔註26〕翁佳音，〈十七世紀的福佬海商〉，收於湯熙勇主編，《中國海洋發展史論文集》第七輯，臺北：中央研究院人文社會科學研究中心，1999年，頁59～92。

〔註27〕〔清〕佚名，《（康熙）安海志》，收於《中國地方志集成　鄉鎮志專輯》26，上海：上海書店，1992年，頁22。

〔註28〕江樹生譯註，《熱蘭遮城日誌》，第二冊，臺南：臺南市政府，2002年，頁16。

〔註29〕〔明〕陳全之《蓬窗日錄》，收於《筆記小說大觀》，第42編第4冊，臺北：新興書局，頁106。

表 4-3：1632～1655 年大員收購中國瓷器紀錄

年　　份					
日　　期	華商戎克船發航地	收購瓷器種　　類	數　　量	備　　註	出　　處
1632 年					
9.1～2	不明	瓷器	不明		A：72
1633 年					
1.1	廈門	粗製瓷器	不明		A：80
3.23	中國	少部份精美瓷器	120 個		A：85
		大部份粗糙瓷器	1440 個		
4.10	中國	精細瓷器	不明	華商 Sidnia	A：86
5.22～23	中國沿海	粗糙瓷器	不明		A：91
6.6	廈門	粗糙瓷器	不明		A：92
1634 年					
6.4	安海	粗糙瓷器	不明		A：167
6.5	安海	精美瓷器	微量		A：167
6.6	中國沿海	瓷器	不明	華商 Hanbuan	A：167
6.6	烈嶼	精美瓷器	微量		A：167
7.11	安海	瓷器	不明		A：170
7.13	中國沿海	瓷器	不明		A：171
9.5	中國	瓷器	不明		A：180
10.29～11.3	未記	粗糙瓷器 精細瓷器	不明	華商 Jochoo 與 Jocksim	A：188
12.31	中國	瓷器	不明	華商 Hanbuan	
1635 年					
1.10	廈門	粗的瓷器	微量	華商 Jocksuan	A：196
3.6	未記	精美瓷器	大批	華商 Limbing	A：198
3.8	未記	精美瓷器	大批	華商 Tanting	A：199
3.14	未記	精美瓷器	不明		A：200
3.22	廈門	精美瓷器	不明		A：200

3.25～28	中國	瓷器	不明		A：201
4.10～11	中國	瓷器	不明		A：201
4.17～18	中國	瓷器	不明		A：201
4.27	中國	瓷器	不明		A：202
6.15	廈門	瓷器	不明	華商 Silooya	A：206
7.6	安海	粗瓷器	不明		A：207
7.19	廈門	粗瓷器	不明		A：208
8.23～25	中國	粗瓷器	不明		A：214
1636 年					
春季	未記	新型的和老型的瓷器	不明		A：223 C：167
4.4	廈門	瓷器	不明		A：228
4.12～13	安海	精美的新種類瓷器	大批		A：229
4.14	廈門	瓷器	不明		A：230
11.16	福州	各種精美瓷器	不明		A：271
12.15	廈門	粗瓷器	不明		A：277
12.25	福州	各種瓷器	滿載		A：279
12.25	廈門	粗瓷器	200 捆		A：279
1637 年					
1.15	廈門	粗瓷器	不明		A：284
1.20	廈門	粗瓷器	9000～10000 捆		A：285
1.20	福州	精美瓷器	滿載，700 籃，150 捆，110 個大瓷罐		A：285
1.21	廈門	粗瓷器	700～800 捆		A：285
1.21	福州	精美瓷器	不明		A：285
2.5	福州	瓷器	300 捆，200 籃		A：287
2.15	廈門	精美瓷器	不明		A：289
3.6	廈門	粗瓷、精美大瓷罐	800 捆粗瓷 66 個精美大瓷罐		A：297
3.7	福州	精美瓷器	400 捆，500 籃		A：297
3.7	廈門	粗瓷器	1300 捆		A：297
3.10	廈門	精美瓷器	600 籃，200 捆		A：299

3.11	廈門	粗瓷器	3000 捆		A：300
		精美瓷器	200 籃，17 捆		
3.23	廈門	粗瓷器	800 捆		A：303
		精美瓷器	13 捆		
4.3	未記	瓷器	不明		A：307
4.12	廈門	精美瓷器	300 籃，25 包		A：308
5.7	廈門	瓷器	不明		A：313
5.14	廈門	精美瓷器	130 籃		A：314
9.29	安海	精美瓷器	250 捆，130 籃		A：348
11.1	福州	瓷器、大瓷罐	320 桶，380 籃，320 個大瓷罐		A：356
11.17	福州	精美瓷器	650 籃，350 桶		A：357
11.27	廈門	瓷器	50 桶，82 籃，32 罐		A：358
1638 年					
1.4	安海	瓷器	373 桶，610 籃		A：370
1.7	廈門	瓷器	24 桶，240 籃		A：370
3.9	未記	瓷器	250 桶，200 籃	船主 Jusit	A：384
3.9	廈門	粗瓷器	3000 個碗，3000 個盤子		A：384
3.29	廈門	精美瓷器	300 籃，3000 捆		A：386
3.29	福州	精美瓷器	300 桶，300 籃		A：386
4.7～8	安海	大部份是精美瓷器	200 桶，100 罐		A：388
4.14	廈門	精美瓷器	30 桶，20 籃		A：389
5.16	廈門	瓷器	2500 捆		A：393
5.20	福州	瓷器	60 桶		A：393
6.14	廈門	瓷器	44 桶，1000 捆		A：396
1639 年					
4.22	福州	瓷器	50 桶		A：432
1640 年					
1.28～3.20	未記	瓷器	不明	華商 Jusi	A：468

1641 年					
3.17	未記	瓷器	價值 10000 里爾		B：4
1642 年					
10.4	福州	粗製的瓷器小杯子	40 個		B：30
1643 年					
3.2	廈門	粗瓷器	200 捆		B：48
3.16	Houpou	粗瓷器	250 捆	應在福建沿海	B：56
3.19	安海,金門	粗製的瓷器	1400 捆		B：56
4.2	安海	粗製瓷器	100 捆		B：66
4.3	福州	精美瓷器	350 桶	華商 Jousit	B：69
4.14	福州	瓷器	不明	華商 Jousit	B：72
5.5	Tokia	粗瓷器	300 捆		B：84
7.15	安海	粗瓷器	300 捆		B：172
8.11	金門	粗瓷器	1100 捆		B：182
8.12	金門	粗瓷器	400 捆		B：183
8.21	海澄	粗瓷器	100 捆		B：188
9.10	安海	瓷器	不明		B：194
9.24	Hapouw	粗瓷器	不明		B：197
9.28	金門	粗瓷器	170 捆		B：198
10.4	廈門	粗瓷器	26 捆		B：199
11.23	金門	粗瓷器	5000 捆		B：216
11.24	Sintow	各種瓷器	3000 個		B：216
11.28	中國沿海	瓷器	300 捆	7 處發航地	B：218
12.2	廈門,金門	瓷器	400 捆		B：218
12.6	安海	瓷器	500 捆		B：220
12.8	安海	瓷器	4000 捆		B：220
12.9	金門	瓷器	1800 捆		B：221
1644 年					
1.13	安海	瓷器	5000 捆		B：228
1.26	安海	精美瓷器	20000 個	華商 Jocksim	B：232
2.14	中國沿海	瓷器	300 捆		B：236
2.26	中國沿海	精美瓷器	510 桶		B：238
		粗瓷器	400 捆		

3.9	福州	瓷器	1200 桶	華商 Jusit 與 Tecklim	B：244
		粗瓷器	600 捆		
3.9	金門	瓷器	100 捆		B：244
3.11	烈嶼、Minoa	瓷器	200 捆		B：244
4.14	福州	粗瓷器	900 桶，50 籃，750 捆		B：258
4.24～27	Hapouw	粗瓷器	300 捆	品質比上次差	B：264
8.29	Tokia	粗瓷器	300 捆		B：330
10.17	廈門，烈嶼安海	粗瓷器	2575 捆		B：350
10.22	安海	粗瓷器	540 捆		B：352
10.25	廈門	粗瓷器	1100 捆		B：354
11.10	安海	粗瓷器	1500 捆		B：374
11.15	中國	粗瓷器	2090 捆		B：377
1645 年					
3.15	福州	瓷器	1300 籠	＊	D：464
3.24～4.4	不明	精細瓷器	不明	持續數天清點收購	B：385～389
3.25	廈門，Hopouw 海澄	小杯子（copkens）	100 捆		B：386
5.13	廈門，安海，烈嶼，澎湖	大杯子	500 個		B：409
7.11	Tsiobee	粗大的瓷器	800 捆		B：433
9.17	廈門	粗瓷器	250 捆		B：463
10.17	中國沿海	粗瓷器	2000 捆		B：476
11.7	中國沿海	粗瓷器	150 捆		B：486
＊該筆內容未見於《熱城日記》3 月 15 日一條，但見於大員長官卡倫於 3 月 15 日撰寫之報告，故可能為數日前送抵大員之貨物，但《熱城日記》1644 年 11 月 16 日至 1645 年 3 月 14 日內容已逸失。					
1646 年					
3.11	中國沿海	精美瓷器	400 桶、90 捆	有 50 桶因強風拋入海中	B：504
		粗瓷器	20 包		
4.11	中國沿海	粗瓷器	1500 捆		B：519

4.28	中國沿海	瓷杯	549 個		B：527
6.12	中國沿海	精美瓷器	40 籃		B：546
7.5	中國沿海	粗瓷器	100 捆		B：553
7.8	中國沿海	瓷器	34 桶		B：554
		大盤子	3540 個		
		小盤子	7000 個		
7.29～31	中國沿海	粗瓷器	20 捆		B：563
8.21	料羅 Leauli	粗瓷器	332 捆		B：572
8.27	中國沿海	粗瓷器	2000 個		B：574
9.16	中國沿海	大的盤子	400 捆		B：583
		小的盤子	40 捆		
10.4	中國沿海	小杯子	1470 個又 10 桶		B：589,590
		大的盤子	1700 捆		
10.5	中國沿海	大的瓷盤子	7700 個		B：590
		瓷杯子	2400 個		
		1647 年			
3.15	中國沿海	粗瓷杯	200 捆		B：604
4.6	中國沿海	粗瓷器	3000 捆		B：618
4.7	中國	粗瓷器	1175 捆		B：619
5.3	中國沿海	大盤子	50 捆		B：631
		粗製的杯子	89 捆		
6.15	中國沿海	粗瓷器	240 捆		B：648
6.23～24	中國沿海	粗製杯子	28000 個		B：650
7.3	中國沿海	粗瓷杯	4000 捆		B：654
8.2	中國沿海	粗製杯子	12 籃		B：662
9.18～23	中國沿海	粗盤子	600 個		B：676
		粗杯子	600 捆		
9.24	中國沿海	粗的杯子	300 捆		B：677
		精細的杯子	80 捆		
10.6～9	中國沿海	粗杯子	50 籃		B：679
		精細的杯子	100 個		

11.3～5	中國沿海	粗製碟子 pierings	790 捆		B：687
		粗盤子	399 個		
		杯子	10 籃又 381 捆		
11.11	中國沿海	粗製碟子 pierings	2000 個		B：689
11.30	中國沿海	粗瓷器	1049 捆		B：694
12.14～16	中國沿海	粗製碟子 pierings	4315 捆		B：697
12.19～20	中國沿海	粗瓷杯	6500 個		B：698
12.21～25	中國沿海	粗瓷盤	20500 個		B：698
12.26	中國沿海	粗的杯子	13080 個		B：699
		精細的杯子	8 大包		
		精細的碟子 pierings	632 捆		
1648 年					
2.25	中國沿海	大的飯碗	35 籃		F：1
2.27～29	中國沿海	粗瓷器	420 捆		F：3
		飯碗	38 籃		
3.4～9	中國沿海	粗瓷器	250 捆		F：5
		飯碗	16 籃		
3.10	中國沿海	飯碗	6 籃		F：13
3.11	中國沿海	飯碗	28 籃		F：13
3.13	中國沿海	大的瓷杯	500 個		F：21
		小的瓷杯	2000 個		
		盤子	250 個		
3.18～19	中國沿海	飯碗	26 籃		F：23
3.28～29	中國沿海	飯碗	24 籃		F：26
4.2	中國沿海	飯碗	21 籃		F：28
4.6	中國沿海	飯碗	26 籃		F：30
4.19	中國沿海	飯碗	900 捆又 7 籃		F：35
5.18	中國沿海	精美的杯子	200 個		F：46
6.2	中國沿海	精美的瓷器	5 桶		F：51

8.12～13	中國沿海	飯碗	殘缺不明		F：73
8.18	中國沿海	粗瓷器	280 捆		F：75
8.29	中國沿海	粗瓷器	51 捆		F：81
9.6～7	中國沿海	粗瓷器	200 捆		F：84
9.17	中國沿海	粗瓷器	115 捆		F：89
9.29	中國沿海	瓷器	2 桶		F：91
10.3	中國沿海	粗瓷器，有小碟子，也有小杯子	3000 個		F：93
10.7	中國沿海	粗瓷杯	2000 個		C：94
1650 年					
3.22～25	中國沿海	精美瓷器	70 桶		F：120
		大花瓶	150 個		
6.18～19	中國沿海	粗瓷器	350 捆		F：141
6.21	中國沿海	精美瓷器	4 籃		F：142～143
		粗瓷器	2 籃		
		瓷器杯子（beeckers）	44 個		
7.5	中國沿海	粗的瓷杯	2500 個		F：146
10.20	中國沿海	粗瓷器	246 捆		F：178
1651 年					
5.1～4	中國沿海	精美的瓷器	26 桶		F：210
5.10	中國沿海	粗製的盤子	9400 個		F：212
		精美的瓷器	26 桶		
6.3	馬尼拉	精美的瓷器	16 桶	安海商人	F：218
6.13	中國沿海	精美的瓷器	16 籃		F：220
6.29	中國沿海	粗瓷杯	5 籃		F：225
7.1～2	中國沿海	粗瓷器	10 籃		F：226
		粗瓷碗	2000 個		
7.3	馬尼拉	精美的瓷器	80 桶		F：227
8.14	中國沿海	精美的瓷器	14 籃		F：240
9.28	中國沿海	粗製的瓷器	一些		F：261
10.12	廈門	粗製瓷器	1500 捆		F：269

1654 年				
3.17	中國沿海	精美瓷器	46 桶	F：293
5.9	中國沿海	精美瓷器	127 斤（可能爲筆誤）	F：329
1655 年				
3.10	中國沿海	大的杯子	30 籃	F：444
3.31	中國沿海	粗杯子	500 捆又 13 籃	F：465
4.16	中國沿海	粗的杯子	30 籃	F：469
5.18	中國沿海	粗大的杯子	100 個	F：485
5.21	中國沿海	粗大的碗（grove commen）	160 捆	F：486
6.15	中國沿海	粗大的杯子	15 籃	F：494
7.1	中國沿海	精美的杯子	1 箱	F：508
		粗大的杯子	16 籃	
7.26	中國沿海	粗大的杯子	14 籃	F：521
8.22	廈門、烈嶼	粗大的杯子	8 籃	F：538
8.25	中國沿海	粗大的盤子	80 捆	F：540
		粗大的杯子	3 捆	
9.18	中國沿海	粗大的盤子	400 捆	F：558
9.22	中國沿海	粗大的杯子	20 捆	F：562
10.30	中國沿海	粗製的杯子	200 捆	F：583
		粗製的盤子	100 捆	
		粗製的碟子	600 捆	
11.5	中國沿海	粗製的杯子	100 捆	F：588

＊徵引出處及代號：

A：熱蘭遮城日記 1628～1641，引自江樹生譯註，《熱蘭遮城日誌》，第一冊，臺南市政府，2000 年。

B：熱蘭遮城日記 1641～1648，引自江樹生譯註，《熱蘭遮城日誌》，第二冊，臺南市政府，2002 年。

C：巴達維亞城日記，引自郭輝譯，村上直次郎原譯，《巴達維亞城日記》，第一冊，臺北：臺灣省文獻會，1989 年。

D：巴達維亞城日記，引自郭輝譯，村上直次郎原譯，《巴達維亞城日記》，第二冊，臺北：臺灣省文獻會，1989 年。

F：熱蘭遮城日記 1648～1655，引自江樹生譯註，《熱蘭遮城日誌》，第三冊，臺南市政府，2003 年。

圖表4-1：1632～1655年中國船隻運瓷抵達大員數量統計

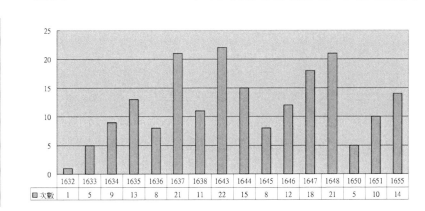

	1632	1633	1634	1635	1636	1637	1638	1643	1644	1645	1646	1647	1648	1650	1651	1655
次數	1	5	9	13	8	21	11	22	15	8	12	18	21	5	10	14

＊本圖表所統計數據採自表4-3內容

表4-4：1633～1645年福建輸出瓷器出口港來航大員統計表

地點＼年份	福州	安海	廈門	金門	海澄	烈嶼	Hou-pou	To-kia	Sin-tow	Tiso-Bee	中國沿海或不明地
1633年			2								3
1634年		3				1					5
1635年		1	4								8
1636年	2	1	4								1
1637年	6	1	13								1
1638年	2	2	6								1
1639年	1										
1640年											1
1641年											1
1642年	1										
1643年	2	6	3	7	1		2	1	1		1
1644年	2	5	2	1		2	1	1	1		3
1645年	1	1	3		1	1	1			1	3
共計	17	20	37	8	2	4	4	2	2	1	28
百分比%	13.6	16	29.6	6.4	1.6	3.2	3.2	1.6	1.6	0.8	22.4

＊本表內各地歷年出口大員累計次數採自表4-3內容

（四）瓷器的訂購與樣品的製作

1634 年以後，大員瓷器進口貿易的正常化，也使得荷蘭人更加深入了解中國瓷器製造與訂購的相關事宜。事實上，早在巴達維亞尚未建城之前，印尼的荷蘭人就已經理解訂購中國瓷器的若干竅門。在 1616 年東印度總督 Coen 寄給國內公司主管的信件中就提到：

> 瓷器是被製造於很遠的中國內地（應指景德鎮窯區），而被賣給我們的各類瓷器，其特徵會被寫明於合約之上，並在事先付款之後才會被製造出來，因為對中國人來說，這些瓷器不是他們所慣於使用的。一旦這些瓷器被製造出來，中國人就不得不將它們輸出，而零售這些瓷器只會使他們損失很多錢。因此，與中國人再次會面提出需求之前，最好事先明確告知，那些瓷器不要再訂購，也不要再多製作。〔註30〕

到了 1630 年中期，臺灣進口瓷器貿易興盛，在臺灣的荷蘭人已逐漸掌握主動權，有機會選擇其所收購之瓷貨。1635 至 1638 年間，甚至出現了數次瓷器退貨紀錄，荷蘭人退回了對公司銷售上沒有利益或品質太差的瓷器（見表 4-5）。此外，精明的荷蘭人也開始試圖在訂貨時，主動提供各式各樣瓷器的樣品，使其所訂購瓷器之紋飾與造形，能夠更加符合海外各地市場的需要。1635 年 10 月 23 日，在臺灣的荷蘭長官寫給阿姆斯特丹議會的信中提到：

> 在他強力保證會提供一個非常好的收購價格之下，華商們答應在下一個季風期帶來大量各種精美瓷器，而且有鑒於此，他給了他們大碟、大碗、瓶、冷卻器（涼盆，cooler）、大壺、餐碟、大杯子（beaker）、鹽尊（鹽罐，salt-cellar）、杯子、芥末壺（mustard-pot）、水罐，以及折沿餐盤，還有洗滌盆及其注壺，所有皆為木製，大部份繪有各種中國人物，華商們聲稱能夠複製，並能在下一個季風期送來。〔註31〕

上述這些訂貨所用的彩繪木質模型，非常有可能是由臺灣的中國工匠，依照荷蘭商人的要求所製作的，顯示了西方人對於中國瓷器的特定品味。〔註32〕此後，臺灣成為了荷蘭東印度公司各地瓷器需求樣品的集中地，包含歐洲荷

〔註30〕 T. Volker, *Porcelain and The Dutch East India Company*, p. 37.
〔註31〕 Ibid.
〔註32〕 Ibid, pp.37-38

蘭本國、東南亞、西亞與印度等地的模型樣品，皆透過臺灣商館交給中國瓷商，攜入中國內地景德鎮等瓷器生產區依樣製作。〔註33〕十七世紀的中國陶瓷市場上，荷蘭東印度公司在各地貿易區都會遇到不同的競爭對手，而依照特定地區性品味所訂製的中國瓷器，可使公司在貨品銷售上具備更強的競爭力，且能獲得更高的利潤。

除了樣瓷模型之外，不久也開始出現了交付「瓷樣設計稿」的訂貨方式。例如 1639 年 8 月，臺灣商館便交給中國瓷器商人 Jousit 一批荷蘭送來的瓷器樣本，包含十一種木質模型，〔註34〕以及兩種紙本稿樣，〔註35〕並且要中國翻譯保證他們將會歸還上述樣品。〔註36〕儘管如此，交付中國內地瓷器製造者的樣品，經常會因遺失而影響訂貨。例如 1645 年年底大員長官 Caron 便曾抱怨，「每年用於摩卡（Mocha）、波斯（Persia）、蘇拉特（Surat）的瓷器樣品大部份已遺失，因為它們或許在 Caron 本人任職於臺灣之前，就已被交給了瓷器製造者而拿到中國去了」，但「東西並沒有回來，因此他要求從波斯送來新的樣品。」〔註37〕

中國製造瓷器的技術雖然高超，通常能製作出符合荷蘭人需求的各種瓷器，但瓷器之成形與燒造仍有一定限制，有時荷蘭人提出的一些巨大與複雜的器形要求，不一定能完全被滿足。例如 1640 年 12 月 6 日，福爾摩沙便向巴達維亞報告：

> 畫在紙上的各種類型圖樣……已出示給中國人，但他們並無勇氣去製作它們。儘管（福爾摩沙）長官已交給他們圖樣，並且建議他們供應那些瓷貨，但他擔心可能永遠不會收到貨物。〔註38〕

〔註33〕Ibid, pp.43, 85, 99, 102.

〔註34〕其器形分別為：大的深折沿盆（large, deep basins with flat rims）、無唇緣淺碟（saucer-dishes without rims）、無唇緣大水果碟（large fruit-dishes without rims）、大燭臺（large candlesticks）、有把手的帶蓋茶壺（tea-pots with covers and handles）、軍持（gorgrlets）、鹽尊（salt-cellars）、芥末壺（mustard-pots）、帶流小酒壺（small wine-jugs with spouts）、鏤空至底足的執壺（ewers hollowed out till down at the foot）、帶流酒壺（wine-jugs with spouts）、寬唇緣餐盤（broad-rimmed table plates）。

〔註35〕其器形分別為：雙提把帶稜花瓶（flower-pots ribbed, with two handles）、有流小酒壺（wine-jugs with spouts）。

〔註36〕T. Volker, *Porcelain and The Dutch East India Company*, p. 43.

〔註37〕Ibid, pp.98-99.

〔註38〕Ibid, p.89.

表 4-5：1635～1638 年大員進口瓷器退貨紀錄

日　　期	內　　　　容	出　處
1635.5.4	Jeusidt 的戎克船自大員載運一批被拒收的中國瓷器回中國	A：202
1637.2.19	三艘戎克船自大員載運一批被公司不喜歡而退回的瓷器回中國	A：291
1637.4.3	2 艘商船自大員載運售貨現款、一些銅、鉛，一些被退回對公司無用的布料和瓷器，回航中國沿海。	A：307
1637.5.4	1 艘廈門商船載運鹿肉乾，以及一些無用而被公司拒收的瓷器，回航中國沿海。	A：312
1638.2.8	2 艘運瓷器商船回航廈門，帶回 30 桶對公司沒有用而被退回的瓷器。	A：380

＊徵引出處及代號：

A：熱蘭遮城日記 1628～1641，引自江樹生譯註，《熱蘭遮城日誌》，第一冊，臺南：臺南市政府，2000 年。

（五）專門瓷貨訂購代理商

　　荷蘭人在臺灣的瓷器訂貨，最初是透過鄭芝龍進行接洽的，後來陶瓷貿易逐漸熱絡（1633～1635 年），運送瓷器的華籍船商增加，從荷人紀錄中，至少可見 Sidnia、Hanbuan、Jochoo、Jocksim（Jocksuan）、Limbing、Tanting、Silooya 等八位華商從事瓷貨交易。在上述多位華商之中，以 Hanbuan 的背景及其所扮演之角色，頗值得吾人密切注意。Hanbuan 其人，經臺灣史學者翁佳音先生考證，其中文姓名可能為林亨萬，屬福建同安籍仕紳，頻繁往來於海峽兩地從事貿易活動。他不僅是荷蘭人親密的貿易夥伴，同時也在臺灣從事商業投資。〔註39〕1634 年 4 月，荷蘭人開始雇用這個他們所信賴的大員華商 Hanbuan，赴中國內地購置瓷器。〔註40〕數年之後，Hanbuan 又將購瓷事宜，轉交給專門辦理此一業務的華商 Jousit（Jusit、Jousith）負責。Hanbuan 在 1639 年 11 月寫給大員長官的信中提到：

> 閣下送來的布匹的所有樣本，已經交給幾個商人去廣東生產了。……
> 那些閣下送來的瓷器的樣品，已經交給 Jusit，他已經在生產了……。

〔註41〕

〔註39〕翁佳音，〈十七世紀的福佬海商〉，頁 77～78。
〔註40〕郭輝譯，村上直次郎原譯，《巴達維亞城日記》，第一冊，臺北：臺灣省文獻會，1989 年。頁 111。
〔註41〕江樹生譯註，《熱蘭遮城日誌》，第一冊，頁 460。

Hanbuan 信中所說，交給華商 Jusit 的「瓷器樣品」，應該是三個月前，公司董事們爲了使訂購瓷器更能符合歐洲市場需求，特地從荷蘭寄來大員的木製樣品。〔註42〕

　　1643 年 4 月，荷蘭人決定跟 Jousit、Siongo、Ticklim（Tigklim、Ticlim）三位華商訂購瓷器，以減少單一交易對象的風險，以及預付大量貨款的危險。〔註43〕大員長官和議會決議：

> 鑒於商人 Jousith 對於供應所訂購的瓷器表現的非常不情願，而總督閣下特別命令，要盡量符合樣品的要求訂購，因此決議，不要只向一個人訂購，而要多向幾個人訂購，而且決定，在充分的保證下，（遵照總督閣下的命令）要交 1 箱的錢給商人 Ticklim，鼓勵他供應一部份瓷器，尤其是這個商人答應有比 Jousit 最近供應的好很多的瓷器，將於從現在起 5 個月內確實運來交貨。〔註44〕

　　1644 年 3 月至 4 月，華商 Jousit 與 Ticklim 赴大員交貨，荷蘭人對 Ticklim 運來的瓷器讚譽有加，認爲他的瓷貨「是最精美的，也符合樣品，彩繪得比商人 Jousit 運來的還要好。」〔註45〕一個月後，荷蘭人再度向 Jousit 與 Ticklim 預付現金訂購大批瓷器，〔註46〕這兩位華商似乎已成爲了當時荷蘭採購中國內地精緻瓷器的專門代理人。晚明給事中傅元初在〈請開洋禁疏〉中提到：「若洋稅一開……浙直絲客，江西陶人，各趨之者，當莫可勝計……。」，〔註47〕而所謂「江西陶人」，指的應該就是像 Jousit 與 Ticklim 這類瓷貨商人。而單單在 1643 至 1644 年的兩年之間，Jousit 與 Ticklim 至少向臺灣的荷蘭商館接下了九十七萬兩千五百件各式瓷器訂單。〔註48〕

　　到了 1650 中期，則有另一位叫做 Cinko 或 Sinko 的中國瓷器代理商，與荷蘭的臺灣商館連絡購買瓷貨事宜。〔註49〕此時已接近瓷器進口黃金時期的

〔註42〕同上註，頁 445。
〔註43〕江樹生譯註，《熱蘭遮城日誌》，第二冊，頁 81。
〔註44〕同上註，頁 81～82。
〔註45〕同上註，頁 256。
〔註46〕同上註，頁 256；郭輝譯，村上直次郎原譯，《巴達維亞城日記》，第二冊，頁 428。
〔註47〕〔清〕顧炎武，《天下郡國利病書》，第十冊（原編第二十六冊）「福建」，頁 33～34。
〔註48〕T. Volker, *Porcelain and The Dutch East India Company,* pp.48-51, 96..
〔註49〕Ibid, p. 57

尾聲，有關這些中國瓷貨代理商的活動，之後就未再見於荷蘭人的商業紀錄中。

表 4-6：1631～1644 年荷蘭人與中國瓷器代理商之接洽紀錄

日　期	內　　　容	出　處
1631.7.10	一官（鄭芝籠）寫信通知荷蘭人談到： 他將於近日來定居廈門，並已聯絡人去收購很多白糖和精緻瓷器。	A：50
1632.1.11	一官否認一筆荷蘭人先預付給他，用以訂購精美瓷器的債務	A：65
1634.4	住大員之中國商人 Hanbuan 者於近日將自泉州（漳州？）運來絹絲、絹織品、瓷器及其他中國貨品前來（大員）	C：111
1636.11.19	大員議會決議： 有機會的話，要購買一艘適當的戎克船，特別來用以運輸波斯訂購的瓷器，這事將於近期內向總督閣下與東印度議會寫信請示。	A：271
1637.3.4	商人 Hanbuan 寫給大員長官書信： 已於各處收購波斯所需求之精美與粗糙瓷器，部份已交由華商 Jochoo 之船運來，其餘亦將於近日運到，請按照以前約定價格付款。	A：295
1639.6.20	巴達維亞當局要向中國商人在中國訂製大批的絲製品和瓷器，爲此目的將樣品送至大員，交給中國商人 Jotay 與 Jusit，這些商人答應將交付所要求的數量。	A：440
1639.8.1	大員商館向中國商人 Jusit 訂購數種瓷器，（要求）要按照（公司）董事們從祖國寄來的木製樣品在中國製造。	A：445
1639.11.4	商人 Hambuangh 寫給大員長官書信： 閣下送來的布匹的所有樣本，已經交給幾個商人去廣東生產了。……那些閣下送來的瓷器的樣品，已經交給 Jusit，他已經在生產了……。	A：460
1644.4.5	商人 Tigklim（Tecklim）運來的（瓷器）是最精美的，也符合樣品，彩繪得比商人 Jousit 運來的還要好。	B：256
1644.5.12	又向商人 Jousit 與 Ticlim 訂購大批瓷器： 全部按照祖國的樣品訂購。他們說，這些要七、八個月後才能交貨。他們答應，到時會運比這次的更精美、更輕、也繪畫的更仔細的瓷器來。 ……我們也很懇切地，重複地告訴他們說，如果運來那種瓷器，將按照（巴城）總督閣下的命令，以高價收購。	B：267

1644.12.2	（大員）已採購多量瓷器，其中較多（比）以前發送該地（大員）之樣品更優，繪畫亦甚精美，又對姚西德（Jousit）及鐵克林（Tecqlim）依最佳樣品，訂購巨量，儘量定製珍奇貨品，而（大員）長官魯美耳（Maximiliaen Lemaire）對商人一人先付 1600 勒阿爾（里爾），另一商人先付 925 勒阿爾（里爾）以為獎勵金。	D：428
	M 號籠有瓷器樣品。此為中國商人鐵克林（Tecklim），此次交與公司而依此訂購者，（大員）長官接受（巴城）總督對此批評，今後對其採買將與適當措施。	D：440
1644.8.1	商人 Jousit 從安海寄來大員的信件： 他一回到中國，就立刻北上 Jousouw，去訂做我們訂購的瓷器，在預定的期限內，必可送達。	B：314～315

＊徵引出處及代號：
　A：熱蘭遮城日記 1628～1641，引自江樹生譯註，《熱蘭遮城日誌》，第一冊，臺南：臺南市政府，2000 年。
　B：熱蘭遮城日記 1641～1648，引自江樹生譯註，《熱蘭遮城日誌》，第二冊，臺南：臺南市政府，2002 年。
　C：巴達維亞城日記，引自郭輝譯，村上直次郎原譯，《巴達維亞城日記》，第一冊，臺北：臺灣省文獻會，1989 年。
　D：巴達維亞城日記，引自郭輝譯，村上直次郎原譯，《巴達維亞城日記》，第二冊，臺北：臺灣省文獻會，1989 年。

（六）新型瓷器貨品的出現

　　隨著中荷瓷器貿易的繁榮，瓷器進口數量激增，新產品也隨之開始出現。1636 年春季，台灣首次同時輸入了所謂「新型的（新種類的）」與「老型的」兩種精美瓷器，以及「精美的新種類瓷器」（見表 4-3）。〔註50〕荷蘭人認為該年輸入的中國瓷器中，有部份造形或紋飾完全不同於以往，所以用了「新」、「舊」二字，來區別其間差異。這種外觀上的變化，可能顯示出一種新藝術風格的中國陶瓷——「轉換期瓷器」（Transitional wares，又稱「明清交替瓷」），開始大量輸出海外。事實上，這些新型瓷貨所依循的訂購樣品，可能在 1635 年就已在臺灣被製出，且「所有皆為木製，大部份繪有各種中國人物」，器形包括大碟、大碗、瓶、冷卻器（cooler）、大壺、餐碟、大杯子（beaker）、鹽尊（salt-cellar）、杯子、芥末壺（mustard-pot）、水罐、折沿餐盤、以及洗滌盆及其注壺等，而收到貨樣的「華商們聲稱能夠複製，並承諾在下一個季風船期送來。」〔註51〕

〔註50〕江樹生譯註，《熱蘭遮城日誌》，第一冊，頁 223、229。
〔註51〕T. Volker, *Porcelain and The Dutch East India Company*, p. 59-61.

　　這類景德鎮民窯創新生產的「轉換期瓷器」,有別於先前的中國外銷瓷(如典型克拉克瓷),不僅能滿足歐洲市場的需要,又能適應國內消費的需求。其在紋飾題材上,除了出現荷蘭市場所熱衷的「鬱金香」紋,同時大量援引了中國人物故事、山水畫、小說戲曲的版畫插圖,並將詩、書、畫、印結合爲一。〔註52〕荷人在臺灣所買到的「新型瓷器」,在造形與紋飾上符合了歐洲訂貨樣品的要求,而相關考古實例,則見於近年臺灣臺南安平熱蘭遮城城址東北角旁三信合作社後方建築基地所發現的一件克拉克瓷盤殘片,其原應屬帶有荷蘭鬱金香紋的開光紋青花盤(圖 4-1-5、圖 4-1-6),可能即爲此類荷蘭訂燒貿易瓷遺物。

　　「轉換期瓷器」與典型外銷克拉克瓷,在十七世紀三十年代後半至四十年代,同時大量向海外輸出,其相關水下考古出土實例,可見於 1638 年沉沒於太平洋馬里亞那群島(Mariana Islands)北部海域的西班牙沉船 Nuestra Señora de la Concepción 號、〔註53〕1641 年沉沒於中美洲多明尼加北部海域之西班牙 Galleon 船 Nuestra Senõra de la pura y Limpia Concepciòn 號,〔註54〕以及 1643 年失事於南中國海的「哈察」號(Hatcher Junk)沉船。〔註55〕荷蘭文獻所載「新型」瓷器出現時間爲 1636 年,明顯早於上述三艘沉船,或可爲該風格興起的時間上限,提供可能的年代依據。

(七)瓷器進口貿易的逐漸衰退

　　荷蘭人在臺灣的陶瓷轉口貿易,歷經了十餘年的黃金時期。筆者根據上文所列東印度公司陶瓷貿易史料粗估,十七世紀前半,至少有超過四百萬件

〔註52〕有關景德鎮窯「轉換期」瓷器研究成果及典型器物,例見 Sir Michael Bulter, Margaret Medley, Stephen Little, *Seventeenth Century Chinese Porcelain from the BulterFamily Collection*(Alexandria, Virginia: Art Services International, 1990);Julia B. Curtis, *Chinese Porcelains of the Seventeenth Century: Landscapes, Scholars' Motifs and Narrative*(New York: China Institute Gallery, 1995);上海博物館編,《上海博物館與英國巴特勒家族所藏 十七世紀景德鎮窯瓷器》,上海:上海書畫出版社,2005 年。

〔註53〕William M. Mathers, Henry S. Parker III, PhD & Kathleen A. Copus. *Archaeological Report: The Recovery of the Manila Galleon Nuestra Señora de la Concepción*(Saipan: Pacific Sea Resources, 1990,)pp.426-428.

〔註54〕Tracy Bowden, "Gleaning Treasure from the Silver Bank," *National Geographic,* Vol. 190, No. 1, 1996, pp.90-105.

〔註55〕Colin Sheaf & Richard Kilburn, *The Hatcher Porcelain Cargoes*(Oxford: Phaidon, Christie's Ltd., 1988);Julia B. Curtis, "Transition Wares Made Plain: A Wreck from the South China Sea," *Oriental Art,* Vol. XXXI, No. 2, 1985, pp.161-173.

中國瓷器從臺灣送抵巴達維亞、南亞、西亞、中南半島與暹邏、日本等地。而此數量尚不包括華商由臺灣轉銷至巴達維亞、柬埔寨、廣南、東京（越南北部）等東南亞地區的四十多萬件瓷貨。

　　至於晚明中國內部的政治動盪，是否對中國內地的陶瓷製造與輸出造成影響？從荷蘭人當時的紀錄可知，戰亂影響確實存在。1641 年 12 月 12 日大員長官給東印度總督及議會的信件中就特別提到：

> 中國的內戰正在到處兇猛地蔓延，以致嚴重阻礙了商品的運輸，因為運輸絲與瓷器必經的福建北部地區的道路，已經危險到必須用武力護衛才得通行。〔註56〕

　　1644 年 2 月 3 日，該年首艘從安海抵達巴達維亞的華商船戶，亦告知當地荷蘭人：「中國有大動亂，諸侯三人反叛大王，因此發生地方戰爭，是以本年高級瓷器不能進口。」〔註57〕到了 1644 年 3 月初，攜帶瓷貨前來大員的華商，則是告訴大員荷蘭人有關內地製瓷產區的近況：「由於中國大飢荒，特別是產瓷器的專業區 Jousou（即江西饒州府、今日之景德鎮），一帶有很多人死亡或離開了。」〔註58〕

　　從以上記錄看來，當時中國的政治動亂，似乎對中國內地景德鎮窯區的生產與運輸，造成了相當程度的影響，但從整體輸出船數來看，影響層面似乎不大。而大員荷蘭人與華商之間的瓷器訂購業務，也照常地密切進行。1644 年 8 月 1 日，負責購置瓷器的華商 Jousit，就從安海寄信告知荷蘭人：「他一回到中國，就立刻北上 Jousouw（Jousou），去訂做我們訂購的瓷器，在預定的期限內，必可送達。」〔註59〕到了 1654 年，也有一名叫做 Cinko（Sinko）的中國瓷器商人，在 3 月 17 日從安海寫信給大員長官，內容提到：

> 他了解尊敬的公司想要購買大批的瓷器，如果是如此，請寫一封信交給他的兄弟（帶這一封信來的人）。同時，我們需求的紋樣的樣品和詳細貨單，要一次送交給他，他打算他們的新年以後，馬上出發前往 Bansay（可能在景德鎮附近（引文註）），一個很靠近製造瓷器的地方，以便去訂製此地需求的瓷器，早日運來大員。〔註60〕

〔註56〕江樹生譯註，《熱蘭遮城日誌》，第二冊，頁 16。
〔註57〕郭輝譯，村上直次郎原譯，《巴達維亞城日記》，第二冊，臺北：臺灣省文獻會，1989 年。頁 379。
〔註58〕江樹生譯註，《熱蘭遮城日誌》，第二冊，頁 244。
〔註59〕同上註，頁 314～315。。
〔註60〕江樹生譯註，《熱蘭遮城日誌》，第三冊，臺南：臺南市政府，2003 年，頁 293；

內地景德鎮窯的生產，至少在 1650 年代中期，就已經從明、清政權交替的戰亂中復原，景德鎮及其週邊地區呈現了一片繁榮景象。如 1656 年 4 月，荷蘭東印度公司特使 Jacob Keyser 與 Pieter de Goyer 從廣州至北京的旅途中，經過江西饒州景德鎮西方 18 英里的 Woltsingh，他們親眼所見的狀況是：所有航往南方與北方的船隻，一些在補給，而一些則以瓷器增補他們

> 的貨艙，且大部份瓷貨爲杯碗（通常用杯與用碗並無差別（引文註）），……且我們發現陪著我們的滿州人對此甚爲重視，因爲他們將所能拖走或能吃下的陶器，盡量裝入了他們的船上……在南京或其它地方零售獲利；我們看到了一個很好的機會去訂購一些罕見的瓷器，但很可惜的是，我們缺乏適當的樣品攜帶隨行……。〔註61〕

在荷蘭人統治台灣的最後十餘年，轉口貿易才明顯開始逐漸衰退，其原因或可歸結於鄭成功與清朝在沿海地區的頻繁戰爭，導致內地輸出貨物的海陸交通受到影響。一封 1652 年 10 月 30 日從臺灣致巴達維亞的信件中便提到：

> 可能將爲荷蘭提供『不超過去年』所需的瓷器。至於臺灣的狀況，沒有瓷器從中國運來，因爲『那裡戰爭正在肆虐』。提供 Surat、Persia、Coromandel 之所需，將會極爲困難。〔註62〕

至於另外一個更重要的原因，則是荷蘭人與鄭成功在亞洲地區的貿易競爭日趨激烈。荷蘭《東印度事務報告》在 1655 年 12 月 24 日紀錄中便提到：

> 國姓爺似乎正在試圖繼續擴大貿易，運輸大量貨物以更有效地維持他對韃靼人的戰爭，從中可以看出，中國貿易受阻並非完全由韃靼人的戰爭所致……。〔註63〕

荷蘭人發現他們在台灣的貨物收購與轉銷，因鄭成功的壟斷而大受影響。

1650 年代中期，鄭、荷之間更因爲「禁航馬尼拉」的議題，以及華船在馬六甲等地遭受公司的限制與騷擾，導致了雙方爭端日益擴大。〔註64〕到了 1656 年，鄭成功遂對其支配下的領地與人民，發佈了禁止赴大員貿易的禁令。

T. Volker, *Porcelain and The Dutch East India Company*, p. 56.

〔註61〕 T. Volker, *Porcelain and The Dutch East India Company*, pp.58-59

〔註62〕 Ibid, p. 56.

〔註63〕 程紹剛，《荷蘭人在福爾摩沙》，頁 450。

〔註64〕 胡月涵（Johannes Huber）著，吳玫譯，〈十七世紀五十年代鄭成功與荷蘭東印度公司之間往來的函件〉，《鄭成功研究國際學術會議論文集》，南昌：江西人民出版社，1989 年，頁 292～317。

而對已在大員的商人及戎克船，另派遣使者去傳達此禁令，並要求在大員公告。其內容設定了 100 天的緩衝期，期限之後便完全停止在大員的貿易與禁止船隻渡航。此一禁令雖未公告，但已使當地中國人人心動搖，有許多人攜家帶眷返回本土，對大員貿易造成了相當大的影響。臺灣長官在其報告中記載「將有許多膽小者離開大員。」為了確認此禁令是否被遵守，鄭成功再度派使者赴大員，給中國人地區帶來了巨大的震撼。〔註65〕

最後，鄭成功於 1661 年率大軍向臺灣進發，荷蘭人次年投降，結束了 38 年的統治，而臺灣的陶瓷貿易亦從此邁入另一個新的階段。

三、陶瓷轉口輸出狀況

1624 年至 1661 年間大員所輸入的中國陶瓷，大多用於轉口貿易，其中最大宗為荷蘭大員商館所輸出（見表 4-7、9、10、11），少部份為華籍私人船商貿易（見表 4-12）。所有轉口輸出陶瓷的總量累記後（根據表 4-7、9、10、11 所列件數），高達 4,631,241 件，此一統計數據結果，應為首度反映出十七世紀臺灣所有轉口輸出瓷器的真實數量。以下即分為荷蘭東印度公司，以及與荷蘭關係密切之華商兩個部份分述：

（一）荷蘭商館對外轉運陶瓷

臺灣對外轉口輸出陶瓷的主要市場，有直接運往巴達維亞、印度半島與波斯、暹邏與中南半島，以及日本等地區，也有轉送至更遠的荷蘭本國。以下詳細分述臺灣轉口瓷器所及主要地區之貿易狀況：

1、巴達維亞

位於印尼爪哇島西北部的巴達維亞，是臺灣陶瓷轉口貿易的首要輸出地。早在 1626 年，荷蘭人就已開始把大員商館收購的瓷貨，送往位於巴達維亞的東印度公司亞洲總部。從 1626 年至 1654 年間，幾乎每年皆有貨船定期載運大量瓷貨抵達巴達維亞城。根據表 4-7 所列瓷貨數量累計，從 1626 年至 1654 年間，最少有 2,895,107 件瓷器輸往該地。這些運至巴達維亞的瓷器之中，大部份精細的江西景德鎮窯瓷器，是運回荷蘭本國及歐洲其它市場。剩下的瓷器貨品中，有不少福建漳州窯粗製瓷器，則多用於東南亞各島嶼的「島間貿易」（Inter-insular Trade），或者是亞洲境內各港埠間的「港腳貿易」。儘管臺灣轉口巴達維亞的瓷器數量如此之高，接近三百萬件以上，巴城本身仍不時

〔註65〕永積洋子著，劉序楓譯，〈從荷蘭史料看十七世紀的臺灣貿易〉，頁 52。

收購靠港華船從中國攜來的瓷貨（表 4-8），顯示荷蘭東印度公司經營瓷器貿易規模之大。

表4-7：1626～1654年荷蘭人由大員轉運至巴達維亞之陶瓷

年　份				
日　　期	陶 瓷 種 類	數　量	備　　註	出　處
1626 年				
12.13	瓷器	不明		E：63
1630 年				
3.10	瓷器	不明		A：21
1631 年				
4.17	粗瓷器	不明		C：69
1633 年				
1.18	粗瓷器	14100 件		H：195
10.22	精美瓷器	25345 件		H：36
1634 年				
3.1	瓷器	6263 個		C：111
		6623 個	船名相同，貨數稍異	E：145
3.5～6	瓷器	不明		C：112
	細瓷	680 個		E：146
11.4	瓷器	54856 個	12.4 抵達	E：155
1635 年				
8.31,10.6	對祖國有用的瓷器	不明		A：214 A：220
	精細瓷器	50180 件	兩艘船隻合計	H：36
10.15～18～10.24	瓷器	不明		A：221
		96756 件		H：38
10.19～11.2	瓷器	不明		A：221
	精細瓷器，水壺	71743 件		H：39
1636 年				
10.3～4	瓷器	不明	11..26 抵達	A：260 C：177 E：178

10～11	瓷器、細瓷	不明	一艘 12.6 抵達 一艘 12.23 抵達	A：271 E：178
		90356 件		H：40
11.20	瓷器	不明		A：271
12.21	粗、細瓷器	41240 個	1637.2.12 抵達	A：271 C：199
1637 年				
10.21	精美瓷器	24190 個		A：351 H：40
11.13	精美瓷器	112755 個	僅為部份	A：356 H：41
12.9	精美瓷器	160000 件		H：41
12.11 或 12.13	未記	未記		A：366
	細瓷		價值 f.1200	E：191
12.14	粗瓷器	不明	先至暹邏商館，再航往巴達維亞	A：367
12.25	瓷器	不明		A：368
1638 年				
2.13	精美瓷器	78232 個		A：381
	粗瓷器	82501 個		
3.11	精美的與粗糙的各種瓷器	42335 個		A：384 H：199
4.3	瓷器	32000 件		H：42
10.19	各種精美瓷器（細瓷）	12467 個	11.17 抵達 總價 f.2671.16.08	A：411 E：196 H：42
1639 年				
11.7	瓷器	500 桶		A：459
12.11	瓷器	282833 件	三艘船隻載運數量總合	A：462 H：44～5
1639 年由大員（經巴達維亞）送至荷蘭共 475000 件精美瓷器				H：46
1640 年				
1.28or29	精美的瓷器	107794 件	船名略有不同	A：467
	精美瓷器與粗瓷	107799 件		H：46

3.19～20	瓷器	104061 件	船名相同，貨數稍異	A：468
		152922 件		H：46～7
11.6	粗大的盤子	3652 個	本季第一班船	A：474
12.13	精美瓷器	65730 個		A：476
1641 年				
1.11	精美瓷器與粗瓷	7119 個		A：479
	粗瓷	3064 件	1641.1.29 抵達	D：291
	粗瓷精巧品	少數		
1.25	各種類的瓷器	不明	途經東京至巴達維亞	A：479
	粗瓷器	1741 個	1641.19 抵達	D：299
12.13	瓷器	不明		D：319
不明	精美瓷器	少量		H：200
	粗瓷器	3805 件		
	樣品	1 捆		
1643 年				
2.25	精美瓷器	129036 件	要運回荷蘭	H：47
10.6	瓷器（未送達）	91556 件	接駁貨船於澎湖失事沉沒，瓷貨喪失	B：205
				E：247
				H：49
1644 年				
3.20	瓷器	3590 件	本季最後一班船於 1644.4.20 抵達	B：247
				D：390
		3595 件		H：50
9.29	瓷器	170 包	1644.11.8 因風暴自澎湖漂抵巴城	B：335
	圓形的大醃缸	100 個		E：261
11.17	瓷器	不明	要運回荷蘭的瓷器	B：373
	各種細瓷	200000 個	1644.12.12 抵達	E：262
11.7 以後	上等瓷器	146564 個	1644.12.2 抵達 船名相同，貨數稍異	D：408
	質地相當細膩的各種新舊瓷器	146554 個		E：261
				H：51
11.17	各種細瓷	200,000 件	1644.12.12 抵達 船名相同，貨數稍異	E：262
	各種瓷器	202,332 件		D：438
				H：51

1645 年				
1.8	五種粗瓷器（含 boreh boreh 盒）	25163 件	由被捕獲的中國戎克船 Batavia 號運送,	H：202
4.21	高級瓷器	38101 個	內有輸出荷蘭及印度之樣品兩籠	D：463 H：54
10.30	運回祖國的瓷器	261 桶		B：473
	細瓷	74,949 件	1645.12.2 抵達	E：271 H：54
11.10～11.16	瓷器	110 桶	與下條同船載運	B：487
	瓷器	10 桶、40 桶		,489,492
	細瓷	18,201 件	1645.12.31 前抵達	E：277
1646 年				
1.31	粗瓷器	36200 件		H：202
11.10	精美瓷器	50625 件（415 桶）	二船載運數量總合	H：55
11.19	精美瓷器	21606 件		H：56
1650 年				
11.14	五種粗瓷器	5350 件與 7 籃	中國戎克船之華商 Hiecho 保證已在大員向公司支付稅金	H：204
1653 年				
2.2,5	精美瓷器, 碟子	180 捆		H：56
不明	精美瓷器	120 捆		H：204～205
	精美瓷碟	60 捆		
	粗瓷杯	1250 捆		
1654 年				
11.18 以後	瓷器	？	可參見 E：417 內容	E：418
		15349 件		H：57

＊徵引出處及代號：

A：熱蘭遮城日記 1628～1641，引自江樹生譯註，《熱蘭遮城日誌》，第一冊，臺南；臺南市政府，2000 年。

B：熱蘭遮城日記 1641～1648，引自江樹生譯註，《熱蘭遮城日誌》，第二冊，臺南：臺南市政府，2002 年。

C：巴達維亞城日記，引自郭輝譯，村上直次郎原譯，《巴達維亞城日記》，第一冊，臺
北：臺灣省文獻會，1989年。

D：巴達維亞城日記，引自郭輝譯，村上直次郎原譯，《巴達維亞城日記》，第二冊，臺
北：臺灣省文獻會，1989年。

E：東印度事務報告，引自程紹剛，《荷蘭人在福爾摩沙》，臺北：聯經出版社，2000年。

H：T. Volker, *Porcelain and The Dutch East India Company*（Leiden, Holland: E. J. Brill,
1971）.

圖表 4-2：1626～1654 年荷蘭由大員轉運至巴達維亞之陶瓷數量統計圖

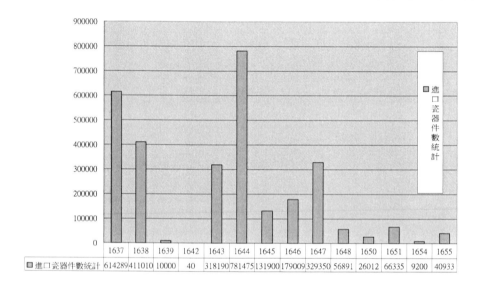

	1637	1638	1639	1642	1643	1644	1645	1646	1647	1648	1650	1651	1654	1655
進口瓷器件數統計	614289	411010	10000	40	318190	781475	131900	179009	329350	56891	26012	66335	9200	40933

＊本表統計數據採自表 4-7 內容

**表 4-8：1632～1658 年巴達維亞收購之靠港華船之中國陶瓷種類與
數量**

日期	華商戎克船發航地	收購瓷器種類	數量	備註	出處
1632 年					
11.24	漳州灣	瓷器	4400 件	價 f.1242.3	E：119
		紅磚	12500 塊	1000 塊約 2real	
1636 年					
2.7～4.22	中國	細瓷	少量		E：172
		中國啤酒	大量		

1639 年					
1.15～3.～	中國	細瓷	不明		E：209
1653 年					
2.27	廈門	精巧瓷器製盤	不明		G：114
1655 年					
1.23	廈門	粗瓷	不明	攜有國姓爺信件	E：452
1657 年					
2.18	廈門	上等瓷器	25 捆	攜有國姓爺致甲必丹 Bingam 潘明嚴之信件	G：149
		粗瓷器	多數		
		中國啤酒	1500 壺		
1658 年					
不明	廈門	粗瓷	不明	攜有國姓爺信件	E：511

＊徵引出處及代號：

E：東印度事務報告，引自程紹剛，《荷蘭人在福爾摩沙》，臺北：聯經出版社，2000 年。
G：巴達維亞城日記，引自程大學譯，村上直次郎原譯，《巴達維亞城日記》，臺北：眾文圖書公司，1991 年。

（2）荷　蘭

　　荷蘭東印度公司從臺灣轉運至巴達維亞的瓷器中，大部份精細的江西景德鎮窯瓷器，是要裝載於荷蘭歸國艦隊，從巴達維亞發航運回荷蘭本國的 Amsterdam、Middlburg、Delft 等各港。根據 T. Volker 統計，從 1604 年荷蘭人將其擄獲的葡萄牙克拉克船 San Catharina 號所攜瓷貨售出，直至 1657 年荷蘭所經營的精細瓷器貿易終止，極大數量的瓷貨被送往歐洲市場，其總數量必定超過了三百萬件。〔註66〕

（3）印度與波斯地區

　　東印度公司送往印度半島與西亞波斯市場的中國瓷器，早期大多是由印尼巴達維亞轉口運送的，但隨著臺灣陶瓷進口貿易量的增加，各地訂貨穩定成長，荷蘭東印度公司也開始考慮，將大員囤積的瓷貨，直接運往印度半島及西亞波斯地區。1636 年 11 月 19 日大員議會便決議：「有機會的話，要購買一艘適當的戎克船，特別來用以運輸波斯訂購的瓷器……。」〔註67〕到了 1638

〔註66〕T. Volker, *Porcelain and The Dutch East India Company,* pp.41-42.
〔註67〕江樹生譯註，《熱蘭遮城日誌》，第一冊，頁 271。

年 11 月底,「熱蘭遮城日誌」與「東印度事務報告」中,同時記載了一艘公司貨船,載運 140,388 件,總價 120.780.06 荷盾的精美細瓷器,發航至印度東北海岸的蘇拉特(Surat、Suratte、Souratte,見表 4-9),該瓷貨在抵達蘇拉特後,將會繼續向西運送至阿拉伯半島的波斯、摩卡地區。根據表 4-9 內容統計,從 1638 年至 1646 年間總共至少有 881,593 件瓷器,由臺灣直接轉口輸往印度東岸的 Surat、Wingurlar,以及西亞波斯地區,其中以精美瓷器或細瓷爲主,至少有 654,458 件,粗瓷較少,數量在 5,461 件以上。

此外,在 1639 年以後,也有部份瓷器從大員轉口銷往印度西海岸的柯羅曼多地區(Coromandel)、Masulipatam、Pulicat,以及斯里蘭卡的 Galle。從 1639 至 1646 年間,荷蘭東印度公司由臺灣銷往印度西岸地區的中國瓷器,數量至少在 154,881 件以上,其中大多數爲粗瓷,至少佔了 114,396 件以上,精美瓷器或細瓷較少,數量在 37,689 件左右(根據表 4-9 內容統計)。

荷蘭東印度公司對西亞與印度的瓷器轉口貿易,在經營與銷售上,具有多方面的優勢。首先是亞洲長程航運能力,荷蘭船隊長期活動於亞洲各地貿易區,航行水域包含東北亞、東南亞、南亞與阿拉伯海,荷蘭船隻在臺灣裝貨後,直接遠航南亞與阿拉伯海,省去了途中接駁轉賣貨物的運輸成本。公司從臺灣通往印度洋水域的運輸,在 1641 年荷蘭人佔領麻六甲後,已可無須再繞行巴達維亞東部的巽他海峽前往印度。因此,載運著中國黃金、日本白銀等亞洲貨物的荷蘭「寶船」(treasure ship),就由臺灣經由麻六甲海峽,直駛印度。〔註68〕

至於在陶瓷貨品類型上,臺灣大員商館能直接與中國瓷貨商接洽,以特定樣品訂燒符合波斯、印度市場需求的瓷器。而上述兩項優勢,是亞洲內部各區間的競爭者如東亞中國商人、印度胡茶剌(Gujarati)商人、回教摩爾(Moors)商人所無法匹敵的。

儘管在印度與西亞地區,荷蘭人的中國陶瓷轉口貿易獲利頗豐,臺灣轉口輸出數量僅次於運往巴達維亞者,但有時仍發生供過於求的現象。例如 1639 年 4 月,印度西北部的 Surat 商館,就致信給印尼的巴達維亞總部,提到該地所囤積的中國瓷貨:

> 將只會緩慢地出售,我們希望粗瓷杯與咖啡杯能夠被賣給摩卡商

〔註68〕 陳國棟,〈轉運與出口:荷據時期貿易與產業〉,收於《福爾摩沙──十七世紀的臺灣、荷蘭與東亞》,臺北:國立故宮博物院,2003,頁 66～67。

人，但沒有人來詢問它們，而就如吾人所見，很少數的商人現身購
買瓷器。我們已送了一份每種適量的瓷貨試探 Agra（印度中北部）
與 Amadabath（印度西北部）。……公司這兩三年來所運來這裡的，
已滿足並超過這裡的需求。……來年不建議閣下送來任何瓷貨到此
地……。〔註69〕

表 4-9：1638～1646 年荷蘭人自大員轉運至印度、波斯之陶瓷

年　　份					
日　期	目　的　地	陶瓷種類	數　量	備　註	出　處
1638 年					
11.25 或 11.26	Surat（Souratte）	未記	未記		A：415
		細瓷	140388 個	f.120.780.06	E：204
1639 年					
12.2	Surat、Persia	精美瓷器	311329 個	船名相同，貨數稍異；按樣品訂購之瓷器	A：461
		細瓷	113229 個		E：218
		精美瓷器	113299 件		H：86
11.30～12.2	Choromandel	瓷器	5529 個		A：461 H：86
		細瓷	同上	按樣品訂購之瓷器	E：211 E：219
1640 年					
12.27	Surat、Persia	瓷器	77582 個	Suratte	A：477
12.27	Coromandel	瓷器	2796 個		A：477
1641 年					
11.25	Surat、Persia	瓷器	不明		B：217 D：387
2.19	Coromandel	精美瓷器	2362 件		H：89
		粗瓷	2578 件		
3.31	Coromandel	瓷器	不明		H：91
11.17	Surat	各式瓷器	82793 件		H：91

〔註69〕 T. Volker, *Porcelain and The Dutch East India Company*, pp.83-84.

1642 年					
11.11	Wingurlar,	粗瓷	5461 件		H：93
	Gale	粗瓷	5478 件		
	經 Surat 至 Mocha	精美瓷器	19995 件		
11.11	Coromandel	粗瓷	18825 件		H：93
1643 年					
4 月	Pulicat	粗瓷	61143 件		H：93
不明	Persia	瓷器	25426 件		H：95
1644 年					
11.30	Surat	精美瓷器	159713 件	明年預計送往 Basra	H：95
12.14	Coromandel	精美瓷器	16539 件		H：96
		粗瓷	26372 件		
12.14	Surat、Persia	瓷器	大批		H：96
1645 年					
11.27	Persia	瓷器	35873 件		H：98
11.27	Coromandel 將送往 Masulipatam	精美瓷器	8761 件	1645.2.28 收到	H：99，101
1646 年					
11.29	Surat、Persia	精美瓷器	5239 件	給 Persia	H：103
			17794 件	給 Mocha	
11.29	Coromandel	精美瓷器	4498 件		H：103

＊徵引出處及代號：

A：熱蘭遮城日記 1628～1641，引自江樹生譯註，《熱蘭遮城日誌》，第一冊，臺南：臺南市政府，2000 年。

B：熱蘭遮城日記 1641～1648，引自江樹生譯註，《熱蘭遮城日誌》，第二冊，臺南：臺南市政府，2002 年。

D：巴達維亞城日記，引自郭輝譯，村上直次郎原譯，《巴達維亞城日記》，第二冊，臺北：臺灣省文獻會，1989 年。

E：東印度事務報告，引自程紹剛，《荷蘭人在福爾摩沙》，臺北：聯經出版社，2000 年。

H：T. Volker, *Porcelain and The Dutch East India Company*（Leiden, Holland: E. J. Brill, 1971）.

（4）暹邏與中南半島

1634 年，當大員陶瓷貿易開始大幅度成長之後，荷蘭東印度公司立刻決定將大員收購之瓷貨投入暹邏與中南半島市場，並直接參與東南亞區域內的「島間貿易」。如 1655 年 1 月 26 日，巴達維亞城總督根據大員長官西薩爾（Cornelis Caesar）所言：

> 中國人運至大員的貨物，均價值不大，只有 15,349 件各種瓷器，根據他們的質量其價值頗高（太貴），您可能認爲他們過於粗糙，我們沒有運去（荷蘭本國），而是留在我處（臺灣或巴達維亞城，至少是在亞洲地區）銷售。〔註70〕

從 1630 至 1647 年間，由大員發航的公司貨船，不定期將瓷貨輸往暹邏、柬埔寨、廣南、東京四地（見表 4-10）。

A. 暹　邏

西元十四世紀暹邏國領有湄南河全境，定都 Ayutthaya（大城府），並致力擴展疆域，成爲了中南半島強國。十六世紀以後，歐洲人勢力逐漸進入東方，暹邏則是歐亞各國商賈雲集的重要市場。十七世紀初荷蘭東印度公司進入亞洲貿易圈後，亦積極經營暹邏貿易，並長期在 Ayutthaya 設有商館（1635～1767）。〔註71〕根據荷蘭文獻紀錄，1630 至 1647 間，至少有六次從台灣大員商館運送陶瓷至暹邏市場（見表 4-10），但由於中國商人亦從事同性質的貿易，轉口中國瓷器的生意並不好做。例如曾擔任暹羅商館的 Jeremias Van Vliet，在其著作中就提到：

> 粗瓷與精美瓷器……每年由兩艘来自臺灣的公司船隻，以及兩至三艘来自漳州的戎克船運来這裡，因其供貨穩定，且僅爲一緩慢需求，該國充斥了大量商品，以致於無人能從該貿易大量獲利。〔註72〕

1637 年 4 月 19 日一艘公司戎克船從臺灣經由暹邏來到巴達維亞，則帶來了以下的消息：

> 2 月 12 日，一艘司戎克船從臺灣載運了 41240 件精細與粗瓷器至暹

〔註70〕程紹剛，《荷蘭人在福爾摩沙》，臺北：聯經出版社，2000 年，頁 417。

〔註71〕Dick Garnier, *Ayutthaya: Venice of the East*（Bangkok: River Books Co., Ltd, 2004,）pp.81-95.

〔註72〕T. Volker, *Porcelain and The Dutch East India Company*, p. 73；另見陳荊和，〈十七世紀之暹邏對外貿易與華僑〉，收於《中泰文化論集》，臺北：中華文化出版事業委員會，1958 年，頁 152～153。

邐。同時據報也有兩艘中國戎克船從漳州河載運粗瓷及其他貨物抵達，因此瓷器價格滑落如此之多，導致仍有255259件瓷器仍放於暹邏的公司倉庫中，或許將不會有好價錢。……中國人打算再次直接與暹邏貿易，因此公司無法預期經由臺灣長途運來的中國貨物會有好的利潤。〔註73〕

在一封1639年7月14日暹邏至臺灣的信件中荷蘭人亦提到：

上述中國戎克船送來此地市場一大堆粗糙與精細瓷器，其製作與紋樣如同我們在1637年由「Rarab」號送來給你的樣品……。我們沒有理由訂購粗糙或精細瓷器，但如果你能以一些依照1637年「Rarab」號送來樣品的瓷器幫助我們，那麼我認為它們或許會帶來很好的利潤。〔註74〕

而在上述同一封信件裏，暹邏商館人員也無奈的說：

去年與今年從漳州來到這裡的中國戎克船，運來了各種各樣的瓷器，並且賺了大錢……。存放在此地商館的粗瓷超過了三年，感謝上帝已經賣掉，但是扣掉破損件數的損失後，獲利如此微薄，實在賣不到好價錢……。

無法令人相信這些人（上述戎克船長）在被國王的人馬所困擾的狀況下，還能以很低的價錢賣掉他們的粗瓷貨。那種一般臺灣送來每一千件10～12里爾（約每件0.02～0.03florin）的深碗，被他們賣到每百件2又1/4～3florins，……故依照我們的理解，他們將無法賺錢支付這些粗瓷，除非他們在中國是以非常低的價錢購買的。……總督（巴達維亞）的看法是中國人知道如何在這些國家獲得利潤，而這對公司來說是不可能的，因為他們無法為了一點點利潤而承受如此多的麻煩。我們無法想像利潤要從哪裡來，除非他們知道如何在中國以高價賣掉他們的回程貨物。〔註75〕

〔註73〕 T. Volker, *Porcelain and The Dutch East India Company*, p. 77.

〔註74〕 Ibid, p. 85.

〔註75〕 Ibid, 85-86；有關引文所見「深碗」之價格，數字可更精確些。1里爾等於1guilder，相當於0.4 real of eight，每1000件10～12里爾，即25～30 florin，因此每件值0.025至0.03 florin。又1里爾即1 real of eight，約等於0.75兩白銀，故每1000件深碗價值7.5～9兩白銀，每件約值0.0075～0.0009兩白銀；若以1000個銅錢換1兩白銀計算，每件深碗約值7.5～9銅錢。以上幣值與價格之換算，感謝學者陳國棟先生教示。

由於市場的過渡飽和，東印度公司在暹邏市場的瓷器銷售，必須投注更多心力於產品式樣與紋飾的開發，以符合市場的需求，因此在 1646 年 6 月向臺灣發送了精心設計的訂貨瓷器樣品，希望能獲得更好的利潤。〔註 76〕

B. 柬埔寨

即古眞臘國，中文史料載其國自稱爲甘孛智，後被誤稱爲甘破蔗，晚明萬曆時期始見柬埔寨（Cambodia）之名。〔註 77〕早在宋元時期，華商與華貨已頻繁出現於該地，元代周達觀《眞臘風土記》〈欲得唐貨〉條稱：「其地想不出金銀，以唐人金銀爲第一，五色輕縑帛次之；其次如眞州之錫鑞；溫州之漆盤；泉處之青瓷器……。」〔註 78〕

十七世紀時華商在柬埔寨的商業活動如故，例如荷蘭東印度公司在柬埔寨的代表 Regemortes 日記中便提到，1642 年 4 月 5 日，一艘大型中國戎克船載運了大批瓷器抵達 Lauweck（Lovek，中文史料稱爲羅越，位於暹羅灣東部，十七世紀時隸屬於柬埔寨）。〔註 79〕而臺灣荷蘭商館轉口輸往柬埔寨的紀錄不多，僅有一次見於 1637 年，且該次運送船隻不幸失事觸礁，只有 6540 件精細瓷器被搶救回來（見表 4-10）。

C. 東京（大越國）

位於越南北部，即大越黎朝，張燮《東西洋考》「交阯」條稱：「其地分十三承政司。舶人稱東京者，即其故都。其王居曰日南殿。」〔註 80〕明嘉靖年間，黎朝一度中斷，後由遺臣後人鄭松恢復，迎黎主還都，但政權掌握於鄭氏之手。越北紅河左岸距海八十公里的舖憲（Pho Hien，現爲河內市的一部份），爲十七世紀越南北部重要港埠。1637 年荷蘭東印度公司商人 Karl Hartsink 初抵舖憲時，當地已寓居著大批中國商人。〔註 81〕臺灣大員的荷蘭商館曾於 1637 年運送粗瓷器至廣南時，順便送了 85 件上等瓷器，試售於東京地區。之後在 1641 年與 1647 年又有兩次運送紀錄，但數量似乎不多，1647 年的那次

〔註 76〕Ibid, p. 102.

〔註 77〕〔明〕張燮，謝方點校，《東西洋考》卷三「西洋國列考 柬埔寨」，頁 48～55。

〔註 78〕陳正祥，《眞臘風土記研究》，香港：香港中文大學，1975 年，頁 58。

〔註 79〕T. Volker, *Porcelain and The Dutch East India Company*, p. 93.

〔註 80〕〔明〕張燮 謝方點校，《東西洋考》卷一「西洋國列考 交阯」，頁 8。

〔註 81〕Charles B Maybon, *Les marchands Européens en cochinchine et au Tonkin,* p. 10, 轉引自錢江，〈十七至十九世紀初越南沿海的中國帆船貿易〉，收於劉序楓主編，《中國海洋發展史論文集》第九輯，臺北：中央研究院人文社會科學研究中心，2005 年，頁 302～304。

只有260件粗瓷銷售於東京（見表4-10）。

D. 廣　南

位於越南中部，即中國與日本所稱之廣南國，歐洲人稱其為交阯支那。《東西洋考》「交阯」條稱：「廣南港即舊乂安府也，漢為日南，隋、唐為驩州，今為廣南承政司。太傅阮某（即阮璜），鄭松之舅也。松既執國政，阮不能平，擁兵出據於此，威行諸部。某卒，其子始修貢於東京。」〔註82〕阮氏政權雖表面仍奉黎朝為正朔，實則據地稱王，與北方鄭氏政權相抗。廣南城南東之會安（又稱會舖，Faifo），為其首要貿易港。由於廣南阮氏政權積極經營海外貿易，會安不但成為了日本、歐洲等諸國商舶湊集之地，且為華南海商每歲南航的重要港口。〔註83〕中國瓷器輸往會安之紀錄，早見於十六世紀後半，如萬曆五年（1577）三月，漳州海澄商人陳賓松等，曾載運銅、鐵、瓷器等貨航抵順化交易，但後來發現福建船隻來航者已達十三艘，以致北貨過剩，乏人問津，只好另雇一交阯小船，轉赴廣南（會安）賣貨。〔註84〕到了十七世紀前半，華船與歐洲商船輸入會安的商品中，皆包含了各種「粗細瓷器」。〔註85〕1636年荷蘭東印度公司在廣南設立商館後，隨即在同年2月自臺灣運送了一批精細瓷器到廣南銷售，第二年（1637），又從臺灣運送了29575件粗瓷器到廣南（見表4-9）。

經由上文所述可知，在臺灣進口陶瓷數量大增後，荷蘭東印度公司已有充裕的中國瓷貨進行轉口貿易，但是，荷蘭人在印度支那與暹羅的瓷器市場上，有著來自中國海商的強烈市場競爭，「中國人經常能提供那些國家較低的價錢，因為他們所出售的瓷器無須經由臺灣繞道，像是公司進口瓷器到那些國家那樣。」〔註86〕除華商之外，荷蘭人所遭遇的貿易競爭對手，尚包括日本、葡萄牙等國商人。以廣南為例，日本僑民在會安有「日本町」，日籍商人在當地市場頗為活躍，而澳門的葡萄牙船隻也常來此地貿易，通商關係未曾

〔註82〕〔明〕張燮，謝方點校，《東西洋考》卷一「西洋國列考　交阯」，頁8。

〔註83〕陳荊和，〈十、七八世紀會安唐人街及其商業〉，《新亞學報》，三卷一期，1957年，頁273～332。

〔註84〕〔明〕侯繼高，《全浙兵制考》卷二「附錄：禁報倭警」，收於《四庫全書存目叢書：子部　兵家類》第31冊，臺南：莊嚴文化事業有限公司，1995年，頁117。

〔註85〕Charles B Maybon, *Histoire moderne du pays d' Annam,* pp.52-53, 轉引自陳荊和，〈十、七八世紀會安唐人街及其商業〉，頁293。

〔註86〕T. Volker, *Porcelain and The Dutch East India Company*, p. 110.

間斷。面對亞洲其他商人的競爭，荷蘭人在廣南會安的商館無法長期維持（1636～1641、1651～1654），貿易額亦不高。〔註87〕

表 4-10：1630～1647 年荷蘭人自大員轉運至東南亞之陶瓷

年　份					
日　期	目　的　地	陶瓷種類	數　量	備　　註	出　處
1630 年					
2.24	爪哇	瓷器	不明		A：19
1634 年					
12.31	暹邏	瓷器	不明		A：195
1635 年					
11.15	暹邏	粗瓷器	不明		A：221
1636 年					
2.21	廣南	精細瓷器	不明		A：223
12.21 或 12.30	柬埔寨	精細瓷器	6540 個	1637.2.16 擱淺後所搶救之瓷器數目	A：279、360 C：189
1637 年					
2.12	暹邏	精美與粗糙瓷器	41240 件		H：77
2.26～4.27	廣南、東京	粗瓷器	29575 個	運至廣南	C：210
		上等瓷器	85 個	試售於東京	H：77
12.14	暹邏	瓷器	不明	先至暹邏商館，再航往巴達維亞	A：367
1641 年					
1.25	由東京至巴達維亞	各種類的瓷器	不明		A：479
		粗瓷器	1741 個	1641.19 抵達	D：299
1644 年					
1.27	暹邏	瓷器	不明		H：95
11 月	暹邏	瓷器	不明		B：371
		粗糙瓷器	不明	價值 f.1975.14.12	E：254

〔註87〕感謝學者陳國棟先生教示；另見陳荊和，〈十、七八世紀會安唐人街及其商業〉，頁 284～296。

1647 年					
11.29	東京	粗瓷	260 件		H：104

＊徵引出處及代號：

A：熱蘭遮城日記 1628～1641，引自江樹生譯註，《熱蘭遮城日誌》，第一冊，臺南市政府，2000 年。

B：熱蘭遮城日記 1641～1648，引自江樹生譯註，《熱蘭遮城日誌》，第二冊，臺南市政府，2002 年。

C：巴達維亞城日記，引自郭輝譯，村上直次郎原譯，《巴達維亞城日記》，第一冊，臺北：臺灣省文獻會，1989 年。

D：巴達維亞城日記，引自郭輝譯，村上直次郎原譯，《巴達維亞城日記》，第二冊，臺北：臺灣省文獻會，1989 年。

E：東印度事務報告，引自程紹剛，《荷蘭人在福爾摩沙》，臺北：聯經出版社，2000 年。

H：T. Volker, *Porcelain and The Dutch East India Company*（Leiden, Holland: E. J. Brill, 1971）.

（5）日　本

　　明代後期月港開禁，閩南海商可以合法出洋貿易，但仍嚴禁赴日通倭，儘管如此，仍有不少福建海商私自赴日貿易。〔註 88〕十七世紀前半，由中國赴日的華船數量不少，日本鎖國前後的十年（1634～1644），航日華船的平均數高達五十七艘，而其所攜帶之貨品，多以生絲、陶瓷、砂糖為主。〔註 89〕日本進口中國陶瓷數量頗高，而其市場消費亦有一定品味，萬曆年間謝杰在《虔臺倭纂》「倭利」條即稱：「磁器……合其制者則重，不合則不重也，制喜菊花稜。」〔註 90〕這些特定形制與紋飾之輸日陶瓷，即日本當地所謂的「古染付」、「祥瑞」、「天啓赤繪」等晚明中國貿易瓷。〔註 91〕

　　由於日本對於中國瓷器的熱切需求，荷蘭東印度公司在佔領臺灣大員後，隨即將中國瓷貨轉口投入日本市場。1634 年荷蘭人 Hendrik Hagenaer 便從平戶報告：公司已進口中國瓷器至日本，而且「特別需要大的碟子」。

〔註 88〕小葉田淳，〈明代漳泉商人の海外通商發展──特に海澄の餉税制と日明貿易に就いて──〉，《東亞論叢》四，東京：文求堂書店，1941 年，頁 157～159。

〔註 89〕岩生成一，〈近世日支貿易に関する数量的考察〉，《史學雜誌》，Vol. 62，No. 10，1953 年，頁 989～991。

〔註 90〕〔明〕謝杰，《虔臺倭纂》，收於《中國野史集成》第 25 冊，成都：巴蜀書社，頁 43。

〔註 91〕西田弘子、出川哲朗，《中國の陶磁 第十卷 明末清初の民窯》，東京：平凡社，1997 年，頁 119～132。

〔註 92〕從 1625 至 1637 年間，荷人至少從臺灣轉口了 181,554 件中國瓷器至日本（依表 4-11 所列件數統計）。對荷蘭人而言，這幾年的臺灣轉口貿易，能夠在中國瓷器輸往日本的生意上，得到一個非常令人滿意的獲利。〔註 93〕但這樣的狀況，並未持續太久，荷人由台灣轉口輸日瓷器的生意，隨即明顯地在 1630 年代末期萎縮，其中的原因之一，可能與中、荷商人在日本的貿易競爭有關。

　　日本鎖國以後，可以合法赴日貿易的外國商人，僅存中國與荷蘭商人，而中國商人始終是荷蘭對日貿易上的強勁對手，其中尤以鄭芝龍海商集團的壟斷貿易對荷人影響最大。〔註 94〕1640 年以後，臺灣轉口輸日的中國生絲數量銳減，因為荷蘭人所販賣的生絲，須負擔額外的運輸成本，降低了商品的市場競爭力，使得公司被迫改以東京或孟加拉生絲輸日。〔註 95〕至於荷蘭轉口輸日的中國陶瓷，可能也面臨了相同的困境。荷蘭人輸入日本的中國陶瓷，必須負擔更多的中間商費用與轉口運費，再加上鄭氏船商將大量瓷貨輸入日本市場，使得中國陶瓷在日本的貿易利潤降低。1638 年 1 月 24 日，日本商館議長庫庫巴卡寫給大員長官范德堡的信件中就提到：「中國人運來那麼多瓷器，又那麼粗糙，在日本不能再像以前那麼有利潤了」。〔註 96〕由於日本市場上的中國瓷貨銷售，大抵是被華商所獨占，故荷蘭東印度公司從臺灣大員轉口輸往日本的運瓷紀錄，僅多見於 1634 年至 1637 年間，到了 1639 年以後，只有零星中國瓷器送往日本，以供公司人員使用，未再見到大規模瓷器轉口。〔註 97〕

〔註 92〕 T. Volker, *Porcelain and The Dutch East India Company*, p. 118.

〔註 93〕 Ibid, p. 119.

〔註 94〕 永積洋子著，劉序楓譯，〈從荷蘭史料看十七世紀的臺灣貿易〉收於湯熙勇主編，《中國海洋發展史論文集》第七輯，臺北：中央研究院人文社會科學研究中心，1999 年，頁 45～47。

〔註 95〕 Leonard Blusse, No Boats to China. The Dutch East India Company and the Changing Pattern of the China Sea Trade, 1635-1690, *Modern Asian Studies,* No. 30, I, 1996, pp.66-68; 林偉盛，〈荷據時期臺灣的國際貿易──以生絲貿易為主〉，《第五屆「中國近代文化的解構與重建」學術研討會論文集【鄭成功與劉銘傳】》，2003 年，頁 231～233、244。

〔註 96〕 江樹生譯註，《熱蘭遮城日誌》，第一冊，頁 376。

〔註 97〕 Cynthia Viallé, "Setting the Records Straight: Some Notes on the Import of Chinese Porcelain into Japan by the Dutch," *Around And About Formosa: Essays in honor of Professor Ts'ao Yung-ho*（Taipei: The Ts'ao Yung-ho Foundation for Culture and Education, 2003,）p. 57.

表 4-11：1634～1639 年荷蘭人自大員轉運至日本之陶瓷

年　　份					
日　　期	目的地	陶瓷種類	數　　量	備　　註	出　　處
1625 年					
8.28	日本	粗瓷	14990 件		I：53
1627 年					
1627.8.1～ 1628.3.25～26	日本	非常粗的瓷器	69140 件		I：53
1634 年					
10.25	日本	瓷器	6058 件		H：119
1635 年					
7.30～31	日本	瓷器	不明		A：210
8.18～31	日本	瓷器	135905 件		H：119
1636～1637 年					
1636.8	日本	瓷器	336 件	樣本	H：120 I：56
1636.10.8～ 1637.12.31	日本	瓷器	39075 件		H：120
			39282 件		I：56
1639 年					
8.17	日本	精細瓷盤與碟	180 個		A：448 H：121

＊徵引出處及代號：

A：熱蘭遮城日記 1628～1641，引自江樹生譯註，《熱蘭遮城日誌》，第一冊，臺南：臺南市政府，2000 年。

H：T. Volker, *Porcelain and The Dutch East India Company*（Leiden, Holland: E. J. Brill, 1971）.

I：Cynthia Viallé, "Setting the Records Straight: Some Notes on the Import of Chinese Porcelain into Japan by the Dutch," *Around and about Formosa: Essays in Honor of Professor Ts'ao Yung-ho*（Taipei: The Ts'ao Yung-ho Foundation for Culture and Education, 2003,）pp.43-60.

（二）大員華商對外轉運陶瓷狀況

1630 年代初期，有少數幾次私人華船從大員運送中國的粗糙瓷器赴日貿易（見表 4-12），基於商品壟斷的市場原則，荷蘭人不能容忍其它商業經營者

在大員進行此種貿易活動，因為這樣會直接影響到他們的利益。但是在面對日本或暹邏等國具有官方性質的貿易者，荷人為了他們在彼等國家的商業利益，通常會被迫盡量容忍。例如 1636 年，一艘暹邏國王的貿易船從日本航至臺灣的魍港貿易，甚至在該地收購了一批中國粗瓷，荷蘭人並未阻止。不久後，那艘暹邏船在麻豆附近沿岸遇風失事。這樣的結果，符合了荷蘭當局的利益，荷人期望「暹邏人今後放棄遣船至該地（大員）的期望。」〔註98〕

到了 1641 年年初，臺灣大員長官的做法有了改變。根據《巴達維亞城日記》的記載，荷蘭人發現「一直都有中國商人派船去柬埔寨，而公司卻從他們什麼好處都沒得到。」所以大員長官決定，只要華商們向公司繳納十分之一的進口稅和出口稅，而且不得交易與荷蘭東印度公司相同的貨物，便可自由開航。〔註99〕因此，從 1641 至 1659 年間，至少有 Peco、Sitsicq（Sisicq）、Bingam（潘明巖）、Kimpting 或 Khimtingh（金定，何斌之父）、何斌、Sapho、Tingsou 等多位華籍商人，在遵守公司規定繳交出口稅後，攜帶瓷器和其它貨物由大員開往東南亞各地貿易，其陶瓷輸出總量高達 438,665 件以上，其中絕大部份為粗瓷，數量在 428,500 以上，而精美細瓷僅約 6,165 件左右。〔註100〕

另就這些華船轉口輸出地點來看，航往巴達維亞的比率，佔約四成四右，顯示大部份華船仍是將瓷貨投入荷蘭東印度公司的東南亞「島間貿易」（Inter-insular Trade）或「港腳貿易」網絡中，其所扮演之角色，僅是代替公司船隻執行轉口航運。另有三成八左右的華船，將瓷貨輸往中南半島（柬埔寨 3 次、廣南 2 次、東京 1 次）。雖然荷蘭曾經以公司的船隻運送瓷貨到上述地點販賣，但生意不是很好。而華商從臺灣轉口瓷貨，不但要負擔轉運成本，又要交付百分之十的課稅，卻仍有人要做這樣的生意。其原因或許是這些與公司有合作關係的華商，寧願負擔較高的成本，而能在公司許可證的保護下經營航運，以免於在海上遇到荷蘭船艦的掠奪。另一方面，華商在東南亞市場靈活的經營手腕與貿易網絡，使得銷售上仍然可能有獲利空間。

此外，在 1643 年的荷蘭大員商館紀錄中，則是出現了一次由公司的華

〔註98〕江樹生譯註，《熱蘭遮城日誌》，第一冊，頁 264～265、276；郭輝譯，村上直次郎原譯，《巴達維亞城日記》，第一冊，頁 194。

〔註99〕江樹生譯註，《熱蘭遮城日誌》，第一冊，頁 479；同前譯註，《熱蘭遮城日誌》，第二冊，頁 4。

〔註100〕本數據根據表 4-1 統計，其中捆（束）計算標準，按本章第一節第（二）段所列標準估算。

人翻譯兼商人 Kimpting（金定，何斌之父）攜帶粗瓷、陶罐等貨品，航赴菲律賓呂宋島北部 Kackajen 交易黃金的紀錄。眾所週知，荷蘭與西班牙長期處於敵對狀態，但是爲了黃金貿易的高度需求，大員荷蘭當局仍然容許華商在其管制下從臺灣航往呂宋貿易。儘管臺灣與呂宋間的華商陶瓷貿易，在荷蘭紀錄中僅出現一次，但學者錢江先生根據西班牙紀錄所做的統計顯示，1620～1649 年的三十年間，有高達 32 艘中國商船從臺灣抵達馬尼拉港進行貿易。〔註 101〕而其間藉由華商從臺灣轉口菲島之貿易物資，應該包含不少陶瓷貨物。

　　除了上述印尼巴達維亞、中南半島、菲律賓呂宋島之外，華商由臺灣轉口陶瓷貿易的地區，尚包括了蘇門答臘的巨港（Palimboang）、占巴王國的 Tsiampa，但其在荷蘭官方紀錄中所顯示的貿易次數較少。

表 4-12：1631～1659 年華商與其它國家商人自大員轉運陶瓷

年　　份						
日　期	身　　份	目 的 地	陶瓷種類	數　量	備　　註	出　處
1631 年						
7.9	中國商人	日本	粗糙瓷器	不明		A：50
1632 年						
8.12	中國商人	日本	粗糙瓷器	不明		A：70
1633 年						
6.20	不明戎克船	日本	粗糙瓷器	大 1000 個小 5～600 個	去年來自暹邏等待季風	A：93
1636 年						
12.7	暹邏人戎克船	未記	粗瓷器	120 捆	於魍港收購中國船貨	A：276 C：194
1641 年						
1.19	華商 Peco、Sitsicq	柬埔寨、東京	大而粗的盤子	4000 個		A：479
			精美的盤子	3000 個		
			三個一組的瓷器（drijlingen）	2000 個		

〔註 101〕錢江，〈1570～1760 年中國和呂宋貿易的發展及貿易額的估算〉，《中國社會經濟史研究》，1986 年 3 期，頁 74。

1642 年						
12.26	華商 Bingam	巴達維亞	大而粗的食物碟	26000 件	華人甲必丹潘明巖	H：200
	華商 Peco	巴達維亞	大而粗的食物碟	19500 件		
	華商 Sisicq	巴達維亞	數種粗瓷器	27000 件	綽號 Johny Sweet-Tooth	
1643 年						
4.3	華商 Peco	束埔寨	各種粗瓷器（碗、盤、茶杯、酒杯）	117250 個		B：67
			陶罐（aerde tresellen）	800 個		
5.27	華人翻譯 Kimpting	Kackajen 呂宋島	各種粗製瓷器	27000 個	用各種貨物交易黃金	B：142
			陶罐	800 個		
1644 年						
3.4	華商 Samsoe	束埔寨	精美瓷器	305 個	3 桶	B：242
			粗瓷器（碗、盤、杯子）	125000 個	10627 捆	
1646 年						
4.24	不明	占巴王國 Tsiampa	粗瓷器	一批	持荷蘭通行証	B：525
1648 年						
3.2	中國商人兼公司翻譯員 Khimtingh（何斌之父，金定）	廣南王國	粗瓷器	2000 捆	另搭 50 人	F：4
3.18～19	中國商人 Jan Soetekau	廣南	粗瓷器	3000 捆	另搭 50 人	F：21～22
1653 年						
1.2	小 gillontjen 船	巴達維亞	Samsou	100 壺	其他貨物	G：110～111
2.2	船長 Sapho	巴達維亞	上等瓷器飯碗	120 束（捆）	其他貨物	G：114
			粗飯碗	1050 束（捆）		
2.5	中國人 Tingsou	巴達維亞	上等碟盤	60 枚	其他貨物	G：114
			粗飯碗	200 束（捆）		
			瓦	4000 張		

1655 年					
3.19	中國人翻譯員何斌	巨港（Palimboang）	粗大的瓷盤	1000 個	另搭 80 人後改航柬埔寨，其廣南人岳父在當地被扣押，並在清廷控制的 Saubou 沿岸被捕，損失慘重幾近破產
			杯子	10000 個	
			碟子（pierings）	5000 個	
			精美的瓷杯	1000 個	
			中國麥酒	100 罐	F：456
			Samsoe 酒	100 罐	
1659 年					
12 月	兩艘戎克船	巴達維亞	茶杯	2000 件	途經廣南	H：108

*徵引出處及代號：

A：熱蘭遮城日記 1628～1641，引自江樹生譯註，《熱蘭遮日誌》，第一冊，臺南：臺南市政府，2000 年。

B：熱蘭遮城日記 1641～1648，引自江樹生譯註，《熱蘭遮日誌》，第二冊，臺南：臺南市政府，2002 年。

C：巴達維亞城日記，引自郭輝譯，村上直次郎原譯，《巴達維亞城日記》，第一冊，臺北：臺灣省文獻會，1989 年。

F：熱蘭遮城日記 1648～1655，引自江樹生譯註，《熱蘭遮日誌》，第三冊，臺南：臺南市政府，2003 年。

G：巴達維亞城日記，引自程大學譯，村上直次郎原譯，《巴達維亞城日記》，臺北：眾文圖書公司，1991 年。

H：T. Volker, *Porcelain and The Dutch East India Company*（Leiden, Holland: E. J. Brill, 1971）.

四、臺南安平出土的荷蘭時期中國貿易瓷

臺南市安平區的熱蘭遮城城址，為十七世紀前半荷蘭人修築之城堡遺跡，乃荷蘭東印度公司在臺進行陶瓷轉口貿易的主要據點，而相關的商館、倉庫等建築，亦皆集中於熱蘭遮城內外。近年熱蘭遮城考古發掘出土的十七世紀陶瓷遺物，即為本節探討荷蘭經營對外轉口陶瓷貿易的相關實物。以下即針對熱蘭遮城及其週邊地區出土之特定標本進行討論，以檢視荷蘭在臺轉口輸出瓷器之類型與特徵。

屬於十七世紀前半荷蘭人在臺做為轉口貿易的中國瓷器類型，且見於考古發掘出土者，大致有五種，分別為景德鎮窯青花瓷、景德鎮窯藍釉白彩瓷、

漳州窯青花瓷、漳州窯釉上彩瓷、漳州窯青瓷，以下分述：〔註102〕

（一）景德鎮窯青花瓷

　　即文獻紀錄中所謂「精細（精美）瓷器」（fine porcelain）。熱蘭遮城城址出土者，以開光紋青花盤爲代表，即典型外銷「克拉克瓷」（Kraak Porcelain），應屬當時轉口外銷之最大宗瓷貨。〔註103〕其裝飾手法大致可分爲三種，第一種爲口沿雙勾塡染開光紋盤，盤心開光主紋飾外緣，可見幾何紋織錦紋飾帶（圖4-1-1）。第二種爲口沿單線勾繪開光紋盤，用筆較爲粗疏簡約（圖4-1-2）。以上兩種克拉克瓷皆已見於澎湖風櫃尾出土遺物，即本文第三章第二節第（一）段第1條之景德鎮窯（1）類盤與（2）類B式盤（見圖3-2、圖3-7），其商品類型應爲1620年代之延續。

　　第三種爲口沿圓形開光克拉克瓷盤（圖4-1-3），盤心應爲多角弧狀開光，未見於澎湖風櫃尾，屬荷蘭據臺後新輸入之克拉克瓷類型，類似遺物可見於1613年 Witte Leeuw 號沉船、〔註104〕馬來西亞海域萬曆號沉船（圖4-1-4），〔註105〕其相對年代應與第一、二種同時並存。

　　另外，尙有第四種克拉克瓷盤，首次發現出土於安平熱蘭遮城城址東北角旁三信合作社後方建築基地，〔註106〕儘管標本過於殘破，其口沿開光部份仍可辨識出原應有荷蘭「鬱金香紋」，盤心外圈則有連續石榴花紋帶（圖4-1-5）。類似作品可見於土耳其 Topkapi Saray 博物館（圖4-1-6），〔註107〕以及荷蘭阿姆斯特丹 Rijks 博物館收藏。〔註108〕此類青花盤亦未見於澎湖風櫃

〔註102〕臺南安平不僅是臺灣從事外來陶瓷轉口貿易的重要港口，同時亦爲進口陶瓷島內分銷之重要據點。但爲避免敍述內容混亂，本節僅討論考古出土陶瓷遺物所顯示轉口輸出的可能性。

〔註103〕謝明良、劉益昌、顏廷伃、王淑津，〈熱蘭遮城考古發掘的出土遺物及其意義〉，《熱蘭遮城考古計畫通訊月刊》，2003年第六期，頁26～27；傅朝卿、劉益昌等，《第一級古蹟台灣城殘跡（原熱蘭遮城）城址初步研究計畫成果報告書》，臺南：臺南市政府，2003年，圖版59。

〔註104〕C. L. van der Pijl-Ketel, *The Ceramic Load of the "Witte Leeuw"*（Amsterdam: RiJks Museum, 1982,）pp.88-103.

〔註105〕中國嘉德編，《中國嘉德四季拍賣會 明萬曆號、清迪沙如號海撈陶瓷》，北京：中國嘉德國際拍賣有限公司，2005年，頁5～10、85～89。

〔註106〕李匡悌、盧泰康，「疑似「荷蘭安平商館遺址」未開發範圍內三處探勘試掘」，2006年，資料待刊。

〔註107〕Krahl, Regina, *Chinese Ceramics in the Topkapi Saray Museum Istanbul II*,（Sotheby's Publication, London: 1986,）p. 803, fig. 1606.

〔註108〕Christiaan J. A. Jörg & Jan van Campen, *Chinese Ceramics in the Collection of the*

尾，應屬荷蘭人在臺訂製之物，依照荷人文獻記載內容，可能即為1636年以後輸入大員的「新型的（新種類的）」精細瓷器（詳見本節前文第（二）段第6部份）。

（二）景德鎮窯藍釉白彩瓷

熱蘭遮城城址出土之藍釉白彩瓷，可能為瓶形器。外壁施鈷藍釉，並有白色化妝泥裝飾之龍紋圖案，內壁無釉，時代約在十六世紀晚期至十七世紀前半（圖4-1-7）。類似遺物見於日本勝山町遺跡出土藍釉白彩罐。〔註109〕此類景德鎮窯器，未見於荷蘭佔據澎湖風櫃尾時期，應為荷蘭在臺陶瓷貿易穩定發展後，輸入大員之中國高級精細瓷器。

（三）漳州窯青花瓷

熱蘭遮城城址出土之漳州窯青花瓷，可見直口斜弧壁開光花草紋青花盤、直口斜弧壁菱形開光三線紋青花盤。〔註110〕這兩種青花盤皆已見於荷蘭佔據澎湖風櫃尾時期，應為福建漳州窯長期出口外銷之貿易瓷，由於品質較差，故荷人文獻稱之為「粗瓷」（coarse porcelain）。荷蘭大員商館以及華商由臺灣轉口輸出之各類粗瓷中，可能亦包含大量本類青花瓷（見圖4-1-8）。

此外，臺南永漢文物館收藏的一件安平地區出土漳州窯鹿紋盤（圖4-1-9），釉色灰暗，青料發色不良，盤心有花草鹿紋。類似漳州窯青花盤可見於菲律賓Royal Captain險礁打撈之十六世紀沉船。〔註111〕本類青花盤雖未見於澎湖風櫃尾出土的漳州窯器，但紋飾特徵與風櫃尾出土的景德鎮窯青花鹿紋盤相類（見第三章第二節，圖3-3、圖3-7），可見其應屬荷蘭在臺貿易的早期階段，荷蘭人向華商所收購的粗質漳州窯瓷貨。

Rijksmuseum, Amsterdam: *The Ming and Qing Dynasties*（Amsterdam: Rijksmuseum & London: Philip Wilson Publishers Limited, 1997,）fig. 41, p. 60.

〔註109〕謝明良、劉益昌、顏廷伃、王淑津，〈熱蘭遮城考古發掘的出土遺物及其意義〉，頁29；劉益昌、謝明良，《熱蘭遮城博物館（現永漢文物館）調查修復規劃案——熱蘭遮城考古遺址出土文物研究與展示構想計畫》，執行單位：臺南市政府，研究單位：財團法人成大研究發展基金會，2005年，頁22～23。

〔註110〕同上前註，頁27～28；同上後註，頁26～29。

〔註111〕Franck Goddio, *Discovery and Archaeological Excavation of A 16th Century Trading Vessel in the Philippines*, p. 113..

（四）漳州窯釉上彩瓷

熱蘭遮城城址出土之釉上彩瓷（又稱紅綠彩器，日人將福建燒製者稱為「吳州赤繪」），標本特徵為圓唇，敞口，斜弧腹，砂足底，胎體厚重，胎質灰白，器形以碗、盤為主。器表施紅、綠、黃、黑等低溫釉彩，紋飾以錦地開光花草紋為主（圖 4-1-10）。〔註 112〕本類釉上彩瓷為十六世紀晚期至十七世紀前半福建漳州窯燒造，以其製作工藝與品質觀之，亦應屬於荷蘭文獻中之「粗瓷」，其與漳州窯青花瓷燒造年代一致，同於晚明時期大量向海外地區輸出。

荷蘭文獻中多次可見「紅、綠彩瓷」的紀錄，且多半屬於亞洲地區內部銷售。例如 1638 年 1 月 24 日，日本商館議長庫庫巴卡寄給臺灣長官范德堡的信件中，就提到「紅色和綠色大的彩繪瓷盤」、「紅色和綠色的瓷碗」，以及「紅色和綠色的彩繪三個一套的瓷碗」的進價與售價。〔註 113〕

1639 年 5 月 10 日荷蘭暹邏商館日記的銷售紀錄，則提供了漳州紅綠彩粗瓷與其它相關粗瓷商品的價格差異：

> 今日吾人賣給 Sytongh、Itsjoan 與 Cuittingh（可能為暹邏商人）、中國商人所有我們庫存的粗瓷，每一百件紅彩碗價格為 10 maes（每 mace 約 1/10 兩）、藍色的價格 8maes 與飯碗價格 5maes，令他們三日取貨，以三個月內用現金或貨物付款為條件。〔註 114〕

（五）漳州窯青瓷

熱蘭遮城城址出土青瓷標本，應屬於盤形器，其胎體厚重，斷面呈灰色，盤面裝飾細線刻花紋後再施青瓷釉。圈足與器底內側沾黏窯砂，部份可見泛紅胎皮，應屬福建漳州窯燒造之青瓷器（圖 4-1-11）。〔註 115〕同類青瓷盤可見於 1643 年左右沉沒於南中國海的 Hatcher 號沉船（圖 4-1-12）。〔註 116〕印尼蘇拉威西（Sulawesi）島南部發現之私人收藏，〔註 117〕以及荷蘭 *Het Princessehof*

〔註 112〕同上前註，頁 28～29；同上後註，頁 33。

〔註 113〕江樹生譯註，《熱蘭遮城日誌》，第一冊，頁 376。

〔註 114〕T. Volker, *Porcelain and The Dutch East India Company,* p.84.

〔註 115〕謝明良、劉益昌、顏廷伃、王淑津，〈熱蘭遮城考古發掘的出土遺物及其意義〉，頁 28。

〔註 116〕Colin Sheaf & Richard Kilburn, *The Hatcher Porcelain Cargoes*（Oxford: Phaidon・Christie's Limited, 1988,）pl. 114.

〔註 117〕Sumarah Adhyatman, *Zhangzhou（SWATOW）Ceramics, Sixteenth to Seventeenth*

博物館傳世收藏。〔註118〕

　　早在中國宋元時期，以浙江龍泉窯為代表的單色釉青瓷器，已大量行銷東南亞、印度、西亞，甚至非洲東部，是海外地區最受歡迎的中國陶瓷產品。而這樣的青瓷品味與傳世收藏，長期存在於海外地區，延續時間長達數百年之久。到了十七世紀初，荷蘭東印度公司介入亞洲陶瓷貿易市場之後，他們發現這種被稱之為「gory」盤的青瓷或類似單色釉中國瓷器，在很多地方仍有一定需求。〔註119〕而在 1652 年波斯與印度的荷蘭商館紀錄中，我們甚至可以發現荷蘭人曾經高價收購已成為古董的「gory」盤（其必定是海外傳世之宋元至明代前期的龍泉窯青瓷），充做贈送各地統治者或貴族的禮物。〔註120〕

　　十七世紀中國國內的陶瓷產業，早已轉向以江西景德鎮為首的青花瓷生產，故浙江省的龍泉窯逐漸趨向沒落，但海外地區仍有青瓷市場需求，因此鄰近福建漳州出口港的南方窯業產區，仍然生產一定數量的青瓷銷售海外。例如 1646 年由臺灣輸往印度 Coromandel 的陶瓷貨單中，便有「1000 件 gory 碟」，該貨平均單價甚低，可能即為福建生產的青瓷器。〔註121〕而熱蘭遮城城址出土的漳州窯青瓷，應該即是這類由臺灣轉口輸出的福建青瓷。

第二節　荷蘭時期本地進口陶瓷消費（A.D.1624～1661）

一、臺灣島內的陶瓷銷售與使用

　　《熱蘭遮城日誌》中經常可見領有公司許可執照的中國式帆船，攜帶包含陶瓷在內的各種貨物，從大員發航前往臺灣沿岸南北各地。但就各類貨物出現頻率來說，荷蘭人從大員進口的各類陶瓷，較少見到其銷售於本島內部。其可能原因有二；第一個原因可能是當時島內居住的原住民及漢人的消費能力，無法累積成可觀的商業利益，導致荷蘭大員商館對於島內陶瓷銷售興趣缺缺。而第二個原因，或許是荷蘭人已將島內日用陶瓷的分銷業務，轉包華

　　　　　Centuries found in Indonesia, p. 168, pl. 231.
〔註118〕Barbara Harrisson, *SWATOW in Het Princessehof*（Leeuwarden, The Nertherlands: Gemeentelijk Museum Het Princessehof, 1979,）pp.16, 18.
〔註119〕T. Volker, *Porcelain and The Dutch East India Company,* p. 65, 108.
〔註120〕Ibid, p. 106.
〔註121〕Ibid, 103.

商代理經營，以致於詳細狀況並無紀錄。

儘管如此，整理荷蘭人在臺灣島內的陶瓷分銷與運補紀錄，仍可做為吾人判讀相關消費狀況的重要依據（見表 4-13）。為便於下文討論分析，筆者將表 4-13 內容中所列地點，依荷蘭文獻之描述方式，分為臺灣北部地區（以雞籠、淡水為代表）、臺灣中北部與中部地區（即臺灣西部平原之桃園以南至雲嘉地區）、臺灣南部地區（高雄、屏東地區）。

臺灣島內分銷陶瓷貨物之種類，大致可分為三類：

第一類為瓶、罐、盆等高溫硬陶容器；荷蘭紀錄中所載類型包括了「陶罐」、「空的罐子」、「壺」、「空的麥酒瓶」、「空瓶子」。這些實用陶器大多未被用於轉口貿易，屬當時臺灣島內居民所需之裝盛用器。事實上，中國燒製的硬陶瓶罐，長久以來便受到東南亞各地原始民族的喜愛，而華商也樂於將這些價值不高的陶器輸出海外進行貿易。以距離臺灣不遠的菲律賓呂宋島為例；早在 1572 年，入據馬尼拉不久的西班人便記載了華商自福建航來與土人交易，他們以「大型土甕、陶器、銅、鐵、錫及其他金屬物品售給土人」，另以「絲織品及精緻甕器售給土人酋長們」。〔註122〕臺灣原住民對這些陶器商品的接受程度，可能類似於菲律賓的原住民。

第二類為碗、盤等瓷器；荷蘭紀錄中所載類型包括了「粗瓷杯」、「小瓷杯」、「（粗或大）盤子」、「大碟子」、「（粗大）飯碗」等，屬於進口餐具或飲食用器，且大多以粗瓷為主。

第三類為罐裝酒類；荷蘭紀錄中所載類型包括了「中國麥酒」、「Arack 酒」、「Samsoe 酒」。這些酒類多做為軍隊補給，或島民飲用消費食品。由於這些液體飲料用盡後，就會留下空的陶瓷容器，故第三類物資在功能上，又會轉變為第一類貨品，被本地居民再次使用。

以下則就北部、中北與中部、南部三處分銷區域，分別進行各項觀察與分析：

首先是臺灣北部地區；在 1636～1655 年間大員對內轉輸紀錄中，北部的雞籠與淡水，始終是荷蘭人銷售與運補的最主要地區，其單筆累計次數最高，超過總數之半，而各類陶瓷相關貨物運送總量，亦屬數量最高，佔總數之 52.5%（見表 4-15）。這應該是因為雞籠與淡水二地有荷蘭軍事據點，且長期留駐大

〔註122〕E. H. Blair & J. A. Robertson ed., *The Philippine Islands, 1493-1898,* Vol. 3（Cleveland, 1903,）p. 243.

量人員之故，所以航往上述二地之中國式帆船，以載運屬於「補給品」的罐裝酒類爲最大宗，佔所有輸往該地陶瓷貨物的 57.5%，件數爲 8841 件（罐）。至於瓶、罐、壺等高溫硬陶容器，在當地的消費數量次高，佔 34.5%，件數爲 5030 件。而碗、杯、盤等瓷器的消費量最低，僅佔所有輸往北部陶瓷件數的 8%，數量只有陶罐容器的五分之一左右。

儘管輸往臺灣北部的瓷器不多，但在荷蘭文獻中卻頗有一些細節紀錄。例如 1646 年 4 月 27 日，淡水城堡報告熱蘭遮城：兩艘中國帆船「攜帶了比他們通行證上所聲明還要多的貨物抵達，即 22 捆粗瓷。」〔註 123〕由於中國粗瓷在淡水原住民部落中有一定市場，故來自大員的中國商人，不惜以走私的方式將粗瓷輸往該地。

此外，在一封由臺灣寄往印尼巴達維亞，署期 1654 年 11 月 19 日的信件中則是提到：

4 月 20 日 galliot 船 Formosa 號與兩艘發給執照的戎克船（由大員）

航往淡水與雞籠，其貨物中載有粗瓷，那裡的人要求現金支付士兵，

但因該地缺乏現金，商務員只好以送去之貨物替代。〔註 124〕

當公司派駐北部的管理階層缺乏資金時，曾以運往北部的粗瓷貨物，代替薪水發給軍隊，而士兵們在收到抵償貨物後，應該是轉手變賣給當地居民，以獲得食物或其他日用必需品。

大員對內輸送陶瓷貨物的次高地區，爲臺灣西岸的中北與中部地區，佔所有單筆累計次數的 28.6%（表 4-14），爲其總運送量亦居第二位，佔總件數之 42.8%（見表 4-15）。荷蘭紀錄中明確提到的運送地點，包括南崁社（Lamkang、Lamkan，位於今桃園縣蘆竹鄉，是當時重要之捕鹿場地）、〔註 125〕竹塹社（Ticksam、Tixan）、新港仔社（Sincanja、Sinckanghia，位於今新竹縣新豐鄉紅毛港）、〔註 126〕牛罵社（Gomach、Goema，位於今台中縣清水鎮）、〔註 127〕崩山（Pangswa、Pangsoa，牛罵社附近的崩山港）、〔註 128〕二林

〔註 123〕 T. Volker, *Porcelain and The Dutch East India Company*, p. 102；《熱蘭遮城日誌》所記同日，確實有 2 艘中國式帆船出航淡水，但貨品中並無瓷器，可見其應有私自載運貨物，見江樹生譯註，《熱蘭遮城日誌》，第二冊，頁 526。

〔註 124〕 T. Volker, *Porcelain and The Dutch East India Company*, p. 107.

〔註 125〕 江樹生譯註，《熱蘭遮城日誌》，第二冊，頁 149。

〔註 126〕 同上註，頁 226。

〔註 127〕 江樹生譯註，《熱蘭遮城日誌》，第一冊，頁 393。

（Gierim，位於今日彰化縣二林鎮一帶）等地。〔註129〕

　　由於上述地區並無荷蘭據點或大量人員長期駐守，故文獻紀錄所載其運送之陶瓷貨物，大多爲供應原住民之所需。就統計數據內容顯示，中北與中部地區原住民的進口陶瓷消費，以瓶、罐、壺等高溫硬陶容器爲主，佔輸入總數的 80%，件數爲 9562 件，數量高於輸入北部地區者甚多。而碗、杯、盤等餐飲用瓷的消費量則較低，僅佔所有輸往該地陶瓷件數的 18.9%，數量只有陶罐容器的四分之一強。至於罐裝酒類只有 130 罐，僅佔輸入數量的 1.1%，而這樣的數據所呈現的數值過低，並不符合當時島內漢人、原住民的消費酒類相關紀錄（見表 4-18），其原因可能是臺灣島內的進口酒類分銷，已轉包給華商經營（見表 4-18，1639 年條），故未呈現於荷蘭航運紀錄中。

　　南部地區居貿易量第三位，僅佔所有單筆累計次數 12.9%（表 4-14），其總運送量亦少，只佔總件數的 2.2%（見表 4-15），數量甚至少於輸往澎湖者。紀錄中明確提到的運送地點，包括打狗、瑯橋（恆春）、屏東地區。大員以南的原住民進口陶瓷消費，以瓶、罐、壺等高溫硬陶容器爲主，佔輸入總數的 40.5%，但件數僅有爲 250 件，遠低於輸入北、中部甚多。而碗、杯、盤等餐飲用瓷的消費，則完全未有紀錄。至於罐裝酒類則有 690 罐，數量同樣不多，但已佔輸入總數的 59.5%。由此看來，荷蘭人對於島內南部陶瓷消費市場，較不重視。

　　最後，再就全島各地瓷貨分銷的類型總數統計來看，荷蘭時期臺灣島內消費最多的器類，應屬瓶、罐類陶瓷容器。中國輸入的這些陶瓷容器，單價不高，且方便耐用，品質遠優於島內原住民自行燒製的傳統夾砂陶器，故在南北各地皆有一定銷路。消費額數次高者爲罐裝酒類，其不僅含有酒精的液體可做爲飲料，用盡後的空容器仍然具有裝盛功能，故在島內普遍受到歡迎。至於碗、盤等餐飲用瓷器，數量相對最少。雖然荷蘭時代島內各地引進中國瓷器的數量，已遠超過 1620 年代之前，但對於島內原住民來說，進口的新奇舶來品，不一定適用於本地傳統飲食習慣。而原住民對於漢人餐飲用具的接受程度，也與漢化影響之多寡與速率有關，各地番社的狀況不盡相同。

〔註128〕江樹生譯註，《熱蘭遮城日誌》，第二冊，頁 143。
〔註129〕同上註，頁 11。

表 4-13：1636～1655 年臺灣島內陶瓷分銷與運補紀錄

日 期	出發地	目 的 地	陶瓷種類	數 量	備 註	出 處
1636. 5.15	大員	瑯橋（屏東恆春）	中國麥酒	八、九罐以上	荷蘭人贈與當地酋長	A：236
1638. 2.25	大員	Dolatok 村（屏東崁頂鄉）	罐子、鍋子	一些	Borangh 與 Pontuangh 村人來跟那裡的中國人交易	A：382
1642. 10.21	淡水城堡	淡水河上游	Arack 酒	30 罐	荷蘭人與當地居民交易食物	B：39
1642. 11.8	雞籠	至淡水 Antonio 堡	中國麥酒	不明	中國人戎克船，也載運其它貨物與官方信件	B：90
1642. 11.8 ～12	雞籠	淡水 Antonio 堡	中國麥酒	100 罐	指揮官命令與承諾，送給該城堡之士兵	B：91
1642. 5.2	大員	二林及其附近地方	空的麥酒瓶	1000 個	要用以跟原住民交易，另載有鹽貨與 140 個人	B：83
1643. 5.4	大員	淡水、雞籠	中國麥酒	4000 罐	爲華商 Peco 戎克船，同時也載運乘客與官方信件	B：83
1643. 5.5	大員	淡水	中國麥酒	200 罐	另有 380 擔鹽	B：84
1643. 5.21	大員	淡水、雞籠	中國麥酒	200 罐	爲華人翻譯 Kimpting 戎克船，同時也載運乘客。	B：135
1645. 5.10	大員	南崁（Lancam）	空罐子	一批	1 艘戎克船，另搭載 16 人	B：408
1645. 5.11	大員	淡水	空罐子	不明	3 艘戎克船，另搭 107 人、其它貨物以及一批公司石灰	B：408
1645. 5.20	大員	新港仔（Sinckanghia）	空罐子	600 個	1 艘戎克船，另搭 18 人與其它貨物	B：413
1645. 9.1	大員	澎湖	中國麥酒	100 罐	1 艘戎克船	B：453
1645. 9.30	大員	澎湖	麥酒	300 罐	1 艘戎克船，另搭 23 人	B：468

1645. 10.17	大員	澎湖	中國麥酒	20 罐	1 艘戎克船，另載 9 罐 arrack 酒	B：471
1646. 4.14	大員	打狗	中國麥酒	100 罐	1 艘戎克船，另搭 5 人與其它貨物	B：522
1646. 4.22	大員	淡水	中國麥酒	290 罐	1 艘戎克船，另搭 25 人與其它貨物	B：523
1646. 4.27	大員	淡水	粗瓷	22 捆	2 艘戎克船，通行證上並未注明該貨物	H：102
1646. 5.13	大員	淡水	中國麥酒	50 罐	3 艘戎克船，另搭 52 人與其它貨物	B：523
1646. 5.13	大員	雞籠	中國麥酒	200 罐	1 艘戎克船，另搭 6 人與其它貨物	B：523
1646. 5.18	大員	新港仔	小瓷杯	80 捆	1 艘戎克船，另載其它貨物	B：537
1646. 5.18	大員	南崁	大的盤子	50 個	1 艘戎克船，另載其它貨物	B：537
1646. 7.1 ～ 2	大員	南部（北部？）的淡水	麥酒	2000 罐	1 艘戎克船，另搭 7 人與其它貨物	B：552
1646. 8.13	大員	淡水	麥酒	100 罐	1 艘戎克船，另載其它貨物	B：568
1647. 4.27	大員	北部的淡水	samsoe 酒	40 罐	1 艘戎克船，另搭 26 人與其它貨物	B：629
1647. 5.9	大員	北部的淡水	Samsoe 酒	90 罐	1 艘戎克船，另搭 20 人與其它貨物	B：633
1647. 5.20	大員	北部的淡水	粗瓷器	16 捆	2 艘戎克船，另搭 41 人與其它貨物	B：639
			陶罐	60 個		
			Samsoe 酒	42 罐		
1647. 5.28 ～31	大員	竹塹 （Ticksam）	陶罐	100 捆	1 艘戎克船，另載其它貨物	B：552
1647. 6.3	大員	淡水	Samsoe 酒	15 罐	1 艘戎克船，另載其它貨物	B：633
1647. 6.29 ～30	大員	崩山 （Pangsoa）	陶罐	200 捆	1 艘戎克船，另搭 15 人與一些贌商的貨物	B：652
1647. 7.4 ～ 5	大員	南崁溪	陶罐	100 個	1 艘戎克船，另搭 15 人與其它貨物	B：655

1647. 7.25 ～26	大員	北部的淡水	Samsoe 酒	10 罐	1 艘戎克船，另搭 13 人與其它貨物	B：660
1647. 8.7	大員	北部的淡水	Samsoe 酒	17 罐	1 艘戎克船，另搭 16 人與其它貨物	B：663
1647. 8.7	大員	淡水	陶罐	100 罐	1 艘戎克船，另搭 12 人與其它貨物	B：670
1647. 9.1	大員	竹塹	陶罐	180 捆	1 艘戎克船，另搭 11 人與其它貨物	B：552
1648. 3.14	大員	南方	陶罐	50 捆	2 艘戎克船，另載其 它貨物，要去捕魚	F：21
1648. 3.21 ～23	大員	南方	Arack 酒	1 罐	1 艘戎克船，另搭 26 人與其它貨物	F：25
1648 3.24 ～26	大員	南方	Arack 酒	7 罐	2 艘戎克船，另搭 22 人與其它貨物	F：25
1648 4.24	大員	淡水	Samsoe 酒	30 罐	1 艘戎克船，另搭 30 人與其它貨物	F：36
1648 6.14 ～15	大員	新港仔 （Sincanja）	陶罐	140 捆	1 艘戎克船，另搭 21 人與其它貨物	F：53
1648 6.14 ～15	大員	牛罵 （Gomach）	Samsoe 酒 粗盤子 杯子	110 罐 100 個 40 捆	1 艘戎克船，另搭 6 人與其它貨物	F：53
1648 6.16	大員	崩山 （Pangsoa）	空的瓶子 （pullen） 陶罐	200 個 70 捆	1 艘戎克船，另搭人 與其它貨物	F：54
1650 7.5	大員	澎湖	Samsoe 酒	20 罐	1 艘戎克船，另搭 53 人與其它貨物	F：146
1650 8.5	大員	淡水、雞籠	Samsoe 酒	7 罐	1 艘戎克船，另搭載 其它貨物	F：157
1651 5.11 ～12	大員	淡水、雞籠	Samsoe 酒	80 罐	4 艘戎克船，另搭 73 人與其它貨物（給駐 軍）	F：213 、215
1654 4.23	大員	竹塹 （Tixan）	陶罐 （tresellen） 壺（pullen）	360 個 63 個	1 艘戎克船，另搭 19 人與其它貨物	F：319

1654 4.23	大員	淡水、雞籠	Samsoe 酒	150 罐	屬於自由市民 Nicolaas Vermmer 的戎克船，奉大員長官與議會的許可，帶領他的妻子與家屬去那裡交易，另搭 18 人與其它貨物	F；319 ～320
1654 5.1	大員	福島北部	壺（pullen）	1170 個	2 艘戎克船，另搭 36 人與其它貨物	F：327
1654 5.20	大員	淡水	Samsoe 酒	300 罐	2 艘戎克船，另搭 33 人與其它貨物	F：332
1654 6.17	大員	北邊南崁（Lamkan）	Samsoe 酒	20 罐	1 艘戎克船，另搭 6 人與其它貨物	F：342
1654 6.29	大員	雞籠	陶罐	1600 個	1 艘戎克船，另搭 26 人與其它貨物	F：347
			大粗糙的小杯子	200 個		
1654 7.18	大員	北部淡水	陶罐	300 個	1 艘戎克船，另搭 20 人與其它貨物	F：364
1654 9.4	大員	淡水、雞籠	Samsoe 酒	90 罐	自由市民 Nicolaas Vermmer 的戎克船，另搭 21 人與其它貨物	F；319 ～320
			粗瓷器	400 個		
1654 9.10	大員	崩山（Pangswa）	陶罐	200 個	1 艘戎克船，另搭 11 人與其它貨物	F：403
1654 4.20、12.4	大員	淡水、雞籠	粗瓷	不明	公司派遣，共四艘帆船，另載其它貨物	E：425
1655 5.11	大員	新港仔（Sinkanja）	陶罐	21 捆	1 艘戎克船，另搭 12 人與其它貨物	F：482
			飯碗	1 籃		
1655 5.15	大員	竹塹	陶罐	20 捆	1 艘戎克船，另搭 8 人與其它貨物	F：483
			粗大的飯碗	10 捆		
1655 6.6	大員	淡水	Samsoe 酒	30 罐	中國人 Conqua 的戎克船，另搭貨物	F：492
1655 6.30	大員	新港仔（Sinkanja）、崩山（Pangswa）	陶罐	236 捆	2 艘贌商的戎克船，另搭 28 人與其它貨物	F：506
			空罐	554 個		
			大的碟子	100 個		

1655 7.1	大員	淡水	Samsoe 酒	50 罐	1 艘戎克船，另搭 7 人與其它貨物	F：507
1655 7.8	大員	竹塹	陶罐	45 捆	1 艘戎克船，另搭 10 人與其它貨物	F：512
1655 8.5	大員	雞籠	Samsoe 酒	100 罐	1 艘戎克船，另搭 10 人與其它貨物	F：526
1655 8.17	大員	雞籠	Samsoe 酒	200 罐	1 艘戎克船，另搭 10 人與其它貨物	F：533
1655 8.17	大員	福島南部	Samsoe 酒	120 罐	1 艘戎克船，另其它 貨物	F：533
1655 8.18	大員	新港仔、竹塹	陶罐	285 捆	兩地各一艘，，另搭 28 人與其它貨物	F：535
1655 9.1	大員	淡水	陶罐	300 捆	1 艘戎克船，另搭 24 人與其它貨物	F：544
			空的罐子	300 個		
1655 9.3	大員	淡水	Samsoe 酒	20 罐	1 艘戎克船，另搭 25 人與其它貨物	F：548
1655 9.16	大員	澎湖	Samsoe 酒	250 罐	2 艘戎克船，另搭 17 人與其它貨物	F：556
1655 9.22	大員	福島南部	Samsoe 酒	50 罐	1 艘戎克船，另搭 6 個人與其它貨物	F：562
1655 10..9	大員	福島南部	Samsoe 酒	80 罐	1 艘戎克船，另搭 7 個人與其它貨物	F：568

＊壺（pullen）可見其用於裝盛 arack 酒，見 F：482

＊徵引出處及代號：

A：熱蘭遮城日記 1628～1641，引自江樹生譯註，《熱蘭遮城日誌》，第一冊，臺南：臺南市政府，2000 年。

B：熱蘭遮城日記 1641～1648，引自江樹生譯註，《熱蘭遮城日誌》，第二冊，臺南：臺南市政府，2002 年。

E：東印度事務報告，引自程紹剛，《荷蘭人在福爾摩沙》，臺北：聯經出版社，2000 年。

F：熱蘭遮城日記 1648～1655，引自江樹生譯註，《熱蘭遮城日誌》，第三冊，臺南：臺南市政府，2003 年。

H：T. Volker, *Porcelain and The Dutch East India Company*（Leiden, Holland: E. J. Brill, 1971）.

表4-14：1636～1655年臺灣島內各區陶瓷分銷與補給次數統計

次數＼地點	臺灣北部 雞籠、淡水	臺灣中北部、中部 南崁、竹塹、新港仔、 牛罵、崩山、二林	臺灣南部 （臺南安平以南地區） 打狗、恆春瑯橋、屏東	澎　湖
次數	36	20	9	5
百分比	51.4%	28.6%	12.9%	7.1%

＊本表依表4-12內容統計

表4-15：1636～1655年臺灣島內陶瓷器類分銷與補給統計

	陶瓷瓶罐 （陶罐、空的罐 子、壺、空的麥 酒瓶、空瓶子）	瓷　器 （粗瓷杯、小瓷杯、（粗 或大）盤子、大碟子、 （粗大）飯碗）	罐裝酒類 （中國麥酒、 Arack酒、 Samsoe酒）	區域件數總 計及其所佔 百分比
臺灣北部	5030	1170	8441	14641
百分比	34.4%	8%	57.7%	52.5%
臺灣中北部與中部	9562	2263	130	11955
百分比	80%	18.9	1.1%	42.8%
臺灣南部	250	0	367	617
百分比	40.5%	0%	59.5	2.2%
澎湖	0	0	690	690
百分比	0%	0%	100%	2.5%
各類件數累計數	14842	3433	9628	27903
百分比	53.2%	12.3%	34.5%	

＊本表依表4-12內容統計

＊「陶罐」之「捆」裝個體件數，以表4-12單筆最大個體件數（1600個），除以單筆最大捆數（300捆），得出數據爲5.333件，四捨五入以5件計算；瓷器「碗盤」之「捆」、「籃」個體件數，則依本章第一節第（二）段第1部份之統計數據，「捆」爲15件，「籃」爲63件。

二、相關出土陶瓷遺物

　　以下將總合考古實物資料與文獻，分述荷蘭時期臺灣本地居民所使用之

七種進口陶瓷類型。其分別爲中國製造的「青花瓷器」、「加彩瓷器」、「白瓷」、「高溫硬陶」、「低溫釉陶」、「安平壺」，以及世界其他國家或地區燒製的「非中國陶瓷器」。〔註130〕

（一）青花瓷器

荷蘭時期臺灣島內居民所使用的進口青花瓷，依其產地來源之不同，可分爲江西景德鎮窯器，以及福建漳州窯器兩種。

1、景德鎮青花瓷

景德鎮窯器品質較佳，但單價可能偏高，在本地居民消費能力有限的情況下，流入島內市場的景德鎮窯精細瓷器實不多見。以下列舉相關考古出土實物：

A. 開光紋青花瓷（克拉克瓷）

目前僅見臺南社內遺址出土兩件盤形器折沿殘片，以及一件瓶形器頸部殘片（圖4-2-1）。〔註131〕此類青花瓷爲荷人陶瓷轉口貿易之主要瓷貨，甚少用於島內銷售，故考古資料顯示僅有零星數量流入島內市場。

B. 折枝花草紋青花碗

出土於臺南社內遺址，口徑12.6公分，圈足徑6公分，器高6.5公分。造形特徵爲直口，斜弧壁，圈足切修細緻，內低外高，足壁細直。器身外壁上半部繪有折枝牡丹紋，內壁近口緣處有帶狀菱格紋，碗心爲減筆花草紋（圖4-2-2）。

C. 藍釉小杯

出土於臺南社內遺址，口徑5公分，器高3.3公分。造形特徵爲直口，直壁，下弧收，臥足，底心有尖突。外壁施鈷藍釉，內壁爲透明釉（圖4-2-3）。景德鎮窯生產的藍釉器，曾於十七世紀前半與青花瓷產品同時向海外地區銷售，例見1643年Hatcher號所出土之各式藍釉器。〔註132〕

2、福建漳州窯青花瓷

福建漳州窯燒製之青花瓷，雖然品質較差，但價格相對低廉，故成爲當

〔註130〕以下本節內容中所有「臺南社內遺址」出土品之描述、照片、測繪圖，皆爲中央研究院歷史語言研究所李匡悌教授提供實物所進行之研究成果。

〔註131〕李匡悌，《三舍暨社內遺址受相關水利工程影響範圍搶救考古發掘工作計劃期末報告》，台北：中央研究院歷史語言研究所，2005年，圖版89、103。

〔註132〕Colin Sheaf & Richard Kilburn, *The Hatcher Porcelain Cargoes,* pl. 120.

時島內流通的主要青花瓷貨。以下列舉各地考古出土實物：

A. 線圈紋青花碗

　　爲十七世紀前半臺灣島內最爲常見的進口瓷器，臺南社內遺址、台南科學園區五間厝遺址與五間厝北遺址、〔註133〕宜蘭淇武蘭遺址，〔註134〕皆可發現此類青花線圈紋碗。以臺南社內遺址爲例，至少出土八件完整器，口徑在12～14公分之間，器高爲4.8～5.7公分，底徑爲4～5.1公分。其造型特徵爲直口微撇或微斂，弧壁，足底多少沾黏窯砂，圈足內底心尖突。施釉及底，部份碗心有無釉帶狀澀圈。外壁口緣與近足處各有一圈青花勾線，器內口緣與碗心亦各有一圈青花勾線紋（圖 4-2-4、4-2-5）。完全相同之海外出土品，見於越南中部發現之晚明 Binh Thuan 號沉船（圖 4-2-6），〔註135〕以及 1643年的 Hatcher 號沉船。〔註136〕此類青花碗的製作粗率，裝飾簡單，在漳州窯產品中亦屬低檔貨色，但其價格相對低廉，受到島內原住民普遍接受。

B. 鳳紋青花碗

　　出土於臺南社內遺址，口徑約公分，器高 5 公分，足徑 3.9 公分。造形特徵爲折沿，斜弧壁，足底沾黏窯砂，底心尖突。施釉及底，但釉面灰白未熟，青料發色不良。外壁爲簡筆長尾鳳紋，折沿處裝飾斜線紋飾帶，碗心有「玉」字（圖 4-2-7）。完全相同之海外出土品，可見於 1643 年 Hatcher 號沉船（圖 4-2-8）。〔註137〕

C. 開光花草水禽紋青花碗

　　出土於宜蘭淇武蘭遺址，口徑 18 公分，器高 7.3 公分，足徑 7 公分。造形特徵爲折沿，弧壁，足底沾黏窯砂。施釉及底，但釉面灰黃，青料發色淺淡。外壁爲開光花草紋，折沿處裝飾斜線紋飾帶，碗心繪蒼鷺紋（圖 4-2-9）。〔註138〕漳州平和縣五寨鄉二壠窯址，可見外壁紋飾相同之青花碗。〔註139〕至

〔註133〕臧振華、李匡悌、朱正宜，《台南科學園區道爺遺址未劃入保存區部份搶救考古計劃期末報告》台北：中央研究院歷史語言研究所，2004 年，頁 420～421。

〔註134〕陳有貝、李貞瑩，〈淇武蘭遺址出土近代瓷器簡介〉，《田野考古》，九卷一、二期，2004 年，頁 41，圖版 40。

〔註135〕Christie's, *The Binh Thuan Shipwreck*（Australia: Christie's Australia Pty Ltd., 2005,）pp.64, 66.

〔註136〕Jessica Harrison-Hall, *Catalogue of Late Yuan and Ming Ceramics in the British Museum*（London: The British Museum Press, 2001,）p. 363.

〔註137〕Ibid, p. 364; Colin Sheaf & Richard Kilburn, *The Hatcher Porcelain Cargoes*, pl. 117.

〔註138〕陳有貝、李貞瑩，〈淇武蘭遺址出土近代瓷器簡介〉，頁 38，圖版 15、16。

於同類海外出土品，則見於 1600 年 San Diego 號沉船遺物（圖 4-2-10）。〔註 140〕

D. 花式開光花草紋青花碗

出土於臺南社內遺址，口徑與器高不明，足徑為 5.6 公分。造形特徵為弧壁，底心微突，足底沾黏窯砂。外壁繪花式開光花草紋，碗心有圓形開光花葉紋。此類碗之外壁紋飾，目前尚未見於漳州窯址與海外出土品，構圖頗為特殊（圖 4-2-11）。碗心之圓形花葉紋，則見於福建韶安縣秀篆窯、官陂窯產品。〔註 141〕

E. 「魁」字紋青花碗

出土於臺南社內遺址，口徑不明，圈足徑 4.4 公分，器高 4.9 公分。造形特徵為直口，弧壁，底心尖突。外壁無紋飾，碗心藍圈內書「魁」字，且有些許窯砂沾黏（圖 4-2-12）。小型碗盤器心書寫「魁」字，為漳州各窯場常見之產品，平和縣南勝鄉花仔樓窯、大壟窯、五寨鄉二壟窯、韶安縣秀篆窯、南靖縣梅林窯皆有燒造。〔註 142〕

F. 圈帶紋青花碗

出土於臺南社內遺址，口徑 14 公分，足徑 5.1 公分，器高 5.7 公分。造形特徵為直口微斂，弧壁，內足底心微尖突。外壁口緣處有圈帶紋，碗心澀圈，內有圈點紋（圖 4-2-13）。

G. 牡丹鳳紋青花盤

本類青花盤業已見於澎湖風櫃尾，以及臺南安平熱蘭遮城遺跡，應屬荷蘭時代臺灣進口漳州窯器的代表性產品，不僅用於轉口輸出，亦見其銷售於島內原住民聚落。出土於臺南社內遺址者，口徑 22 公分，足徑 10 公分，器高 4.1 公分（圖 4-2-14）。造形與紋飾特徵同於澎湖風櫃尾出土品（見圖 3-31）。臺南科學園區大道公遺址出土之另一青花盤口沿殘片（圖 4-2-15），〔註 143〕紋飾特徵亦同於澎湖風櫃尾出土品（見圖 3-34），其盤心紋飾亦可能為牡丹鳳紋。

〔註 139〕福建省博物館，《漳州窯》，福州：福建人民出版社，1997 年，頁 86、圖版 76-5、94-1。

〔註 140〕筆者實見於菲律賓國立博物館 Cebu 島分館。

〔註 141〕福建省博物館，《漳州窯》，圖版 41-1、42-1。

〔註 142〕同上註，圖版 9-5、16-2、38-1、49-1、65、66-5、96-2。

〔註 143〕臧振華、李匡悌、朱正宜，《台南科學園區道爺遺址未劃入保存區部份搶救考古計劃期末報告》，頁 426。

H. 花草紋青花盤

臺南社內遺址出土兩件，口徑分別爲 14.1、14.4 公分，圈足徑 6.5、6.3 公分，器高 3、2.8 公分。造形特徵爲敞口，斜弧壁，圈足外斜內直，足底與足內沾黏大量窯砂。外壁無紋飾，盤內壁爲纏枝花草紋，盤心有圈點紋（圖 4-2-16）。

I. 團花紋青花小盤

臺南社內遺址出土，口徑 10.6 公分，圈足徑 5 公分，器高 3.2 公分。造形特徵爲直口，弧壁，圈足外斜內直。尖足，底心尖突。外壁無紋飾，盤心圈帶紋點畫草葉，盤心有團花紋（圖 4-2-17）。漳州平和縣五寨鄉二壠窯址，可見器心紋飾相同之青花盤。〔註 144〕海外出土之同類青花盤，則見於蘇拉威西島出土品。〔註 145〕

J. 折沿簡筆花鳥紋青花小杯〔註 146〕

臺南社內遺址出土，口徑 6 公分，器高 3.7 公分。造形特徵爲折沿，斜壁下收，臥足，底心尖突。施釉及底，釉色灰白未熟，青料發色淺淡。外壁勾繪簡筆花鳥紋，內壁無紋飾（圖 4-2-18）。器形與本類青花小杯相同之海外出土品，可見於 1643 年 Hatcher 號沉船（圖 4-2-19）。〔註 147〕

K. 花草紋青花器蓋

臺南社內遺址出土，口徑 10.1 公分，器高 3.3 公分。造形特徵爲蓋頂有紐，蓋面圓弧出沿，子母口，蓋底無釉。蓋面勾繪二層花草紋。漳州平和縣五寨鄉二壠，曾經燒造類似之青花蓋形器（圖 4-2-20）。〔註 148〕至於海外所見類似青花器蓋，可見於菲律賓巴拉望省西部海域 Royal Captain 險礁打撈之十六世紀沉船（圖-2-21）。〔註 149〕惟其紋飾內容略有差異。

〔註 144〕福建省博物館，《漳州窯》，頁 89、圖 53-7。

〔註 145〕鎌倉芳太郎，《沖繩 セレベス發掘古陶磁》，東京：國書刊行會，1976 年，頁 58、圖 31。

〔註 146〕2004 年筆者參與整理社內標本時，將此杯判定爲江西景德鎮窯，現予已更正，見李匡悌，《三舍暨社內遺址受相關水利工程影響範圍搶救考古發掘工作計劃期末報告》，圖版 94。

〔註 147〕Jessica Harrison-Hall, *Catalogue of Late Yuan and Ming Ceramics in the British Museum*, p. 467.

〔註 148〕福建省博物館，《漳州窯》，頁 78、圖版 53-22。

〔註 149〕Franck Goddio, *Discovery and Archaeological Excavation of A 16th Century Trading Vessel in the Philippines*（Switzerland: World Wide First, 1988,）color pls. 17, 18.

L. 花草紋青花玉壺春瓶

　　青花玉壺春瓶在臺灣南、北二地皆有出土，且數量不少。宜蘭淇武蘭遺址出土的青花玉壺春瓶，數量至少在五件以上，保存完整且多為墓葬之陪葬品（圖 4-2-22）。〔註150〕臺南社內遺址出土的玉壺春瓶則為兩件，但因屬文化層出土之生活用器，故較為殘破（圖 4-2-23、24）。大體上說南、北兩地出土的玉壺春瓶，造形與紋飾特徵頗為一致，皆為撇口、細頸、下腹圓弧，內壁可見分段接坯痕，器高大多未超過 20 公分。器身裝飾二至三層簡筆花草紋飾帶，各器因燒成狀況不同，透明釉呈白中帶灰或灰黃色不等，青料發色以灰藍為主。海外地區出土同類青花瓶，見於日本九州大分市大有府內町出土之玉壺春瓶，其年代約在十六世紀末至十七世紀初（圖 4-2-25）。〔註151〕菲律賓出土之例，則為呂宋島 Batanga 省 Kalatagan 地區出土 Kay Tomas 3 號墓陪葬品，〔註155〕以及巴拉望省 Royal Captain 險礁打撈之十六世紀沉船遺物（圖 4-2-26）。〔註153〕東南亞的印尼地區，亦有三件傳世私人收藏（圖 4-2-27）。〔註154〕

　　玉壺春瓶在中國本地市場，多做為酒器或陳設用器。早在元代後期，青花玉壺春瓶已開始向海外地區輸出，到了十五至十六世紀，東南亞的沉船或當地原住民墓葬中，不時可見江西景德鎮窯燒製的青花玉壺春瓶，〔註155〕顯示了海外地區對於此類青花瓷器的需求頗高，故福建漳州窯亦開始仿燒並向外輸出。十六世紀末至十七世紀前半的臺灣原住民，對於青花玉壺春瓶的接受程度頗高，他們不僅以其做為日常生活用器，而且在個別地域的族群

〔註150〕邱鴻霖，《宜蘭縣礁溪鄉淇武蘭遺址出土墓葬研究——埋葬行為與文化變遷的觀察》，國立台灣大學人類學研究所碩士論文，2004 年，未出版，頁93～97。

〔註151〕大分市教育委員會，《大友府內 6 中世大友府內町跡第十四次發掘報告書》，九州大分市：大分市教育委員會，2003 年，頁 65。

〔註155〕Olove R. Janse, "An Archaeological Expedition to Indo-China and the Philippines," *Harvard Jounral of Asiatic Studie,* Vol. 6, 1941, p. 267, pl. 32.

〔註153〕Franck Goddio, *Discovery and Archaeological Excavation of A 16th Century Trading Vessel in the Philippine*s, pp.85-87.

〔註154〕Sumarah Adhyatman, *Zhangzhou（SWATOW）Ceramics, Sixteenth to Seventeenth Centuries Found in Indonesia*（Jakarta: The Ceramic Society of Indonesia, 1999,）pp.112-113.

〔註155〕沉船遺物例見 Sten Sjostrand, "The 'Xuande' Wreck Ceramics," *Oriental Art*, vol.XLIII: No.2, 1997, p. 10；遺址墓葬例見田中和彥，〈ルソン島中部墓地遺跡出土の交易陶磁器と土器——15 世紀後半から 16 世紀前半の南部タカログ地方の様相——〉，《貿易陶磁研究》，No. 13，1993 年，頁 76、Pl. 3-6。

中，甚至視這些外來瓷貨爲珍貴的陪葬品，而將其納入喪葬儀式性的習俗中。〔註156〕臺灣所見這種以玉壺春瓶陪葬的現象，大抵類似於菲律賓呂宋島 Kalatagan 出土隨葬明代瓷器的墓葬。

M. 青花盤口細頸小瓶

臺南社內遺址出土，殘高4公分，口徑6公分。造形特徵爲盤口，細頸，頸部有貼塑。口沿外壁有三角線紋飾帶，口沿內壁釉層未熔開裂（圖4-2-28）。類似造形之盤口小瓶，可見於漳州平和縣五寨鄉洞口窯址。〔註157〕

（二）加彩瓷器（紅綠彩瓷）

早在荷蘭人來到臺灣之前，臺灣島內居民已見使用加彩瓷器（圖2-20）。到了荷蘭時代，漳州窯加彩瓷器的進口數量逐漸增加，目前在宜蘭淇武蘭遺址（圖4-2-29）、〔註158〕臺南社內遺址皆可看到（圖4-2-30）。這類遺物的器形大體以碗、盤爲主，器表施紅色、綠色等低溫釉，紋飾多以開光紋、花鳥紋爲主。漳州窯加彩瓷器製作工藝與品質大抵同於漳州窯，故應與漳州窯青花瓷同被荷蘭人列爲「粗瓷」，漳州窯生產的加彩瓷器雖與青花瓷同時被島內原住民所使用，但數量相對較少。

（三）白　瓷

根據中國國內紀年墓與沉船資料可知，早在1624年以前，福建德化窯燒製的白瓷，即可能已流入臺灣島內原住民聚落，其器形至少包含了白瓷長頸瓶與三足爐（圖2-11、圖2-14、圖2-22）。到了荷蘭人佔據臺灣後，各式福建產白瓷器持續進口臺灣，並做爲本地居民日常生活用瓷。以下所述兩種，均前文未提及者。

1、白瓷玉壺春瓶

出土於臺南科學園區，僅存瓶口殘件，釉色灰白（圖4-2-31）。〔註159〕此類白瓷玉壺春瓶之器形特徵，大體同於青花玉壺春瓶。

〔註156〕淇武蘭墓葬出土的青花玉壺春瓶，口緣大多刻意打缺，並多出於女性墓葬中，以嚴然成爲一種特定之喪葬行爲模式，見邱鴻霖，《宜蘭縣礁溪鄉淇武蘭遺址出土墓葬研究──埋葬行爲與文化變遷的觀察》，頁94。
〔註157〕福建省博物館，《漳州窯》，頁14、圖版35-1。
〔註158〕陳有貝、李貞瑩，〈淇武蘭遺址出土近代瓷器簡介〉，頁44、圖版59。
〔註159〕臧振華、李匡悌、朱正宜，《台南科學園區道爺遺址未劃入保存區部份搶救考古計劃期末報告》，頁419。

2、白瓷小杯

臺南社內遺址出土多件，口徑為 6 公分左右，器高 3～3.8 公分，圈足徑 2.3～2.7 公分。造型特徵為撇口，弧壁或斜壁，施釉及底，部份足底沾黏窯沙。類似白瓷杯可見於 1643 年 Hatacher 號沉船。〔註 160〕本類白瓷小杯生產時間極長，可延續至十七世紀後半，臺南社內遺址出土器見第五章圖版 5-2-33。

（四）高溫硬陶

所謂高溫硬陶，器形以盆、罐、瓶、缸、甕為主，其器表施有醬釉、褐釉或不施釉，燒成溫度在攝氏 1000～1100 度左右，製作工藝粗簡，胎色多灰黃或灰褐，部份粗糙夾砂。在國際海上貿易中，高溫硬陶多被用來裝盛貿易物資，或備於船中存放補給用品。至於在一般人日常生活中，則是被當做裝盛、儲藏或炊煮用器。事實上，早在西元十世紀以後，中國南方製作的硬陶容器，便已大量銷售海外。而在東南亞地區，中國製的儲物罐被稱為 Martaban jars（荷蘭文獻稱其為 Martavan pots，是因緬甸南部 Pegu 之貿易港而命名）。菲律賓、印尼、婆羅州等地的人民，普遍將其視做傳家寶或具有神力之物。〔註 161〕

早在西元十六世紀至十七世紀初，高溫硬陶已經被華商賣入臺灣地區。到了荷蘭佔據臺灣後，荷蘭紀錄中所載進口陶罐的數量，龐大而穩定，單是就 1646 至 1655 年之中的六年時間裏，至少就有五萬捆陶罐被輸入臺灣，（見表 4-16），若以表 4-15 所假設之每捆五件估算，其數量高達 250,044 件，平均每年進口 41,674 件左右（見圖表 4-3）。這些高溫硬陶罐輸入臺灣後，大多沒有再被轉口賣出，而是被分銷於島內各地，成為了本地居民的日常生活器具。此外，原屬於裝盛貿易貨物用的陶罐，在貨物被用盡後，也會成為其它用途的容器，再次流入本地市場中。

根據荷蘭紀錄中所載，可能屬於高溫硬陶的容器類型，包括了「陶罐」、「空的罐子」、「壺」、「空的麥酒瓶」、「空瓶子」等，如對應於考古出土實物，這些陶器的造形頗多，而且可能包含了兩類不同品質的硬陶。一類為細質硬陶，胎質細緻，呈灰色或灰黃色，器表施醬色釉，釉面色澤平滑光亮。另一

〔註 160〕 Jessica Harrison-Hall, *Catalogue of Late Yuan and Ming Ceramics in the British Museum*, p. 509.

〔註 161〕 Ibid, pp.445-446; Cynthia O. Valdes, "Martaban Jars Found in the Philippines," *Arts of Asia,* September-October, 1992, p. 73; T. Volker, *Porcelain and The Dutch East India Company*, p. 5.

類爲粗質硬陶，胎質大多粗糙夾砂，呈暗灰色或灰褐色，部份器表有施釉，但釉層未融或釉面無光的情形相當普遍。有關這些高溫硬陶的產地來源，目前因缺乏中國南方相關窯址考古調查，所以還不十分清楚，但筆者就本論文所列史料紀錄研判，其來源應以靠近福建漳州、泉州、福州等輸出港的地區可能性最大，因爲這些陶器的價格不高，故不太可能從距離太遠的窯區運來。以下分述各類出土硬陶實物：

1、細質硬陶

A. 醬釉細頸罐

出土於臺南社內遺址，器形特徵爲小口，口沿外撇，細頸折肩，斜壁下收。外壁施醬釉，施釉不及底，胎色呈灰白或灰黃色。有大、小兩種不同尺寸，大者口徑 7 公分，器高 17 公分，底徑 8.9 公分；小者口徑 5 公分，器高 10.4 公分，底徑 6 公分（圖 4-2-32、4-2-33）。特徵完全相同之海外出土品，可見於越南中部發現之明末 Binh Thuan 號沉船，該船所攜大宗瓷貨爲漳州窯青花瓷，同時也載運了一批本類醬釉細頸小罐（圖 4-2-34）。[註 162]

B. 醬釉玉壺春瓶

出土於臺南社內遺址，以及宜蘭淇武蘭遺址兩座墓葬。[註 163] 以社內遺址出土者爲例，口徑 6.8 公分，殘高 18.3 公分。造形特徵爲撇口，頸細長，圓腹，器身內壁有接坯痕，下部殘缺不明，全器內外施醬釉，胎色灰黃（圖 4-2-35）。此類醬釉玉壺春瓶，與前文所述青花、白瓷玉壺春瓶造形相類，故可大致推斷當時島內居民對各種釉色相異玉壺春瓶的使用方式，應無不同之處。

C. 醬釉四繫圓腹罐

出土於臺南社內遺址，口徑 10.1 公分，器高 23.2 公分，底徑 10.1 公分。造形特徵爲唇口露胎無釉，厚唇，束頸，器肩四繫，弧壁下收，平底無足。外壁施醬釉，內壁施釉不及底，胎色灰白，器底有火石紅色斑。（圖 4-2-36）

D. 醬釉雙繫注壺

出土於臺南社內遺址，台南科學園區五間厝遺址亦出土類似醬釉小罐。[註 164] 口徑 6.2 公分，器高 8 公分，圈足徑 5.8 公分。造形特徵爲直口，束頸，

〔註 162〕Christie's, *The Binh Thuan Shipwreck*, pp.9, 27.

〔註 163〕感謝日本九州大學博士生邱鴻霖先生告知。

〔註 164〕臧振華、李匡悌、朱正宜，《台南科學園區道爺遺址未劃入保存區部份搶救考

短流，器肩雙繫，圓弧壁圈足粗寬，足底斜切。外壁內外施醬釉，施釉不及底，胎色灰白（圖 4-2-37）。

2、粗質硬陶

A. 醬釉三繫大罐

為十七世紀前半臺灣島內最具代表性之進口陶罐類型，目前已見出土於臺南社內遺址（圖 4-2-38）、台南科學園區五間厝遺址與大道公遺址、〔註165〕宜蘭淇武蘭遺址（圖 4-2-39）。〔註166〕以社內遺址出土者為例，口徑 12.9 公分，器高 37.1 公分。器形特徵為厚唇，束頸，器肩有三個橫式繫，部份繫鈕尺寸極小，器肩有環形多條窯砂沾黏痕，肩部以下最寬處之接坯痕明顯，器身下半斜弧漸收，平底無足。外壁施醬釉，內壁無釉，胎體夾砂，胎色灰褐。海外發現相同之醬釉三繫大罐，可見於 1600 年西班牙 San Diego 號沉船（圖 4-2-40）、〔註167〕1613 年 Witte Leeuw 號沉船（圖 4-2-41），〔註168〕以及 1638 年失事於馬里亞那群島北部海域的西班牙 Concepción 號沉船等。〔註169〕

B. 褐釉四繫罐

目前已見出土於臺南社內遺址（圖 4-2-42）、宜蘭淇武蘭遺址（圖 4-2-43）。〔註170〕以社內遺址出土者為例，口徑 10 公分，器高約 10 至 20 公分。造形特徵為撇口，厚唇，束頸，肩部有平扁橫式繫鈕，弧壁下收。外壁施褐釉，器身有明顯拉坯痕。海外發現相同之褐釉四繫罐，可見於 1600 年西班牙 San Diego 號沉船、〔註171〕1613 年 Witte Leeuw 號沉船（圖 4-2-44），〔註172〕以及

古計劃期末報告》，頁 419。

〔註165〕同上註，頁 416、417～430。

〔註166〕陳有貝、邱水金、李貞瑩，《宜蘭縣礁溪鄉淇武蘭遺址第三階段資料整理計畫工作報告書》，委託單位：交通部台灣區國道新建工程局、台灣電力公司，執行單位：宜蘭縣政府文化局，2005 年，圖版 49 中。

〔註167〕Jean Paul Desroches and Albert Giordan ed., *The Treasure of San Diego*（Paris: AFAA and ELF, 1996,）pp.248-249.

〔註168〕C. L. van der Pijl-Ketel, *The Ceramic Load of the "Witte Leeuw"*, pp.236-238.

〔註169〕William M. Mathers & Nancy Shaw, *Treasure of the Concepción*（Hongkong: APA Publications Ltd., 1993,）p. 153; William M. Mathers, Henry S. Parker III, PhD & Kathleen A. Copus. *Archaeological Report: The Recovery of the Manila Galleon Nuestra Señora de la Concepción*, pp.440-441.

〔註170〕陳有貝、邱水金、李貞瑩，《宜蘭縣礁溪鄉淇武蘭遺址第三階段資料整理計畫工作報告書》，圖版 49 左右。

〔註171〕Jean Paul Desroches and Albert Giordan ed., *The Treasure of San Diego*, pp.246-247.

〔註172〕C. L. van der Pijl-Ketel, *The Ceramic Load of the "Witte Leeuw"*, p. 242.

明末 Binh Thuan 號沉船（圖 4-2-45）。〔註 173〕

C. 褐釉劃紋或貼塑紋帶繫罐〔註 174〕

目前已見出土於臺南社內遺址（圖 4-2-46）、宜蘭淇武蘭遺址（圖 4-2-47）。
〔註 175〕以社內遺址出土者為例，口徑約 16 至 12 公分，器高可能約 25 至 30
公分。造形特徵為撇口，厚唇，束頸，頸部下有弦紋，器肩帶繫鈕，弧壁下
收。外壁施褐釉，部份標本釉層有乳濁現象，內壁施釉僅至口緣。本類陶罐
器身上部可見兩種裝飾，一種為波浪狀篦劃紋，另一種為連珠形條狀貼塑紋
（圖 4-2-48）。海外發現相同之褐釉帶繫罐，可見於 1600 年西班牙 San Diego
號沉船（圖 4-2-49）、〔註 176〕1613 年 Witte Leeuw 號沉船（圖 4-2-50、4-2-51），
〔註 177〕以及明末 Binh Thuan 號沉船（圖 4-2-52）。〔註 178〕

D. 醬釉四繫弧壁盆

出土於臺南社內遺址，口徑 26.5 公分，殘高 13.1 公分。造形特徵為平口，
厚唇，口部有窯砂沾黏痕，肩部四繫鈕，繫鈕造形為半圓中心垂直穿孔，器
身斜弧壁下收。外壁施釉不及底，胎色灰褐（圖 4-2-53）。

E. 褐釉四繫斜壁盆

出土於臺南社內遺址，完整器口徑為 21.4、24 公分，器高 12.7、13.7 公
分，底徑 12.9、13.5 公分。造形特徵為平口，厚唇，口部有窯砂沾黏痕，肩
部有橫式四繫，器身斜壁下收，平底內凹。外壁施褐釉，施釉不及底，內壁
施醬釉，胎質粗糙夾砂，胎色呈橙褐至灰褐色（圖 4-2-54）。

F. 醬釉弧壁盆

出土於臺南社內遺址、宜蘭淇武蘭遺址。〔註 179〕以社內遺址出土者為例，
器形特徵為平口，厚唇，頸微束，弧壁下急收。外壁露胎無釉，部份有煙燻

〔註 173〕Christie's, *The Binh Thuan Shipwreck*, p. 49.

〔註 174〕2004 年筆者參與整理社內標本時，將此類陶罐判定為泰國產品，現予已更
正，見李匡悌，《三舍暨社內遺址受相關水利工程影響範圍搶救考古發掘工作
計劃期末報告》，圖版 141～144。

〔註 175〕陳有貝、邱水金、李貞瑩，《宜蘭縣礁溪鄉淇武蘭遺址第三階段資料整理計畫
工作報告書》，圖版 47。

〔註 176〕Jean Paul Desroches and Albert Giordan ed., *The Treasure of San Diego*,
pp.246-247.

〔註 177〕C. L. van der Pijl-Ketel, *The Ceramic Load of the "Witte Leeuw"*, pp.236-238.

〔註 178〕Christie's, *The Binh Thuan Shipwreck*, p. 49.

〔註 179〕陳有貝、邱水金、李貞瑩，《宜蘭縣礁溪鄉淇武蘭遺址第三階段資料整理計畫
工作報告書》，圖版 51。

痕，內施醬釉，釉色多無光澤，胎質粗糙夾砂，胎色從橙紅至灰褐不等（圖4-2-55）。本類陶盆有大小多種尺寸，大型盆：口徑 29 公分，器高 9 公分，底徑 12.5 公分。中型盆：口徑 21、22 公分，器高 8.6、9.4、9.5 公分，底徑 9、9.2、10 公分。小型盆：口徑 19、18 公分，器高 8.4、8.1 公分，底徑 8、9 公分。

G. 無柄注壺

出土於臺南社內遺址，造形特徵為杯狀口，束頸，流嘴細長，並有支柱連接壺頸。頸部以上施白釉，釉面無光未融，胎質呈灰黃色（圖4-2-56）。相同造形之無柄注壺可見於 1643 年 Hatcher 號沉船（圖4-2-57）。〔註180〕

H. 無釉單柄注壺

出土於臺南社內遺址，造形特徵為束頸，短流嘴，壺身單側有柄，器蓋為臥式帶鈕，素胎無釉（圖4-2-58）。相同造形之無釉短流注壺，亦見於 1643 年 Hatcher 號沉船（圖4-2-59）。〔註181〕

表 4-16：1638～1655 年大員輸入中國陶器紀錄

年　　份					
日　期	發航地	瓷　器　種　類	數　　量	備　註	出　處
1638 年					
5.21	福州	罐子	3000 個		A：394
1643 年					
5.22	烈嶼	陶罐（aerde tresellen）	一批		B：135
6.6	安海	陶器	一批		B：149
1644 年					
2.26	中國沿海	罐子	700 桶		B：238
1645 年					
8.28	中國沿海	罐子	100 個		B：451
1646 年					
4.3	中國沿海	陶罐（tresellen）	200 捆		B：514
4.12	中國沿海	空的水罐	24 個		B：519

〔註180〕Jessica Harrison-Hall, *Catalogue of Late Yuan and Ming Ceramics in the British Museum*, p. 451.

〔註181〕Ibid, p. 451.

4.27	中國沿海	大的空罐子	30 個		B：526
8.1	中國沿海	陶罐（tresellen）	200 捆		B：564
9.16	中國沿海	陶罐（tresellen）	250 捆		B：583
10.4	中國沿海	陶罐	500 捆		B：589
1647 年					
3.23～24	中國沿海	陶罐	600 捆		B：615
4.20	中國沿海	陶罐	80 捆		B：626
4.21	中國沿海	陶罐	1200 捆		B：627
4.22～24	中國沿海	陶罐	790 捆		B：627
5.7～8	中國沿海	陶罐	100 捆		B：633
5.16～17	中國沿海	陶罐	100 捆		B：638
5.21	中國沿海	陶罐	100 捆		B：640
6.15	中國沿海	陶罐	280 捆		B：648
6.22	中國沿海	陶罐	200 捆		B：649
6.23～24	中國沿海	陶罐	70 捆		B：650
8.2	中國沿海	陶罐	100 捆		B：662
8.11～13	中國沿海	陶罐	300 捆		B：665
8.14～15	中國沿海	陶罐	1000 個		B：666
9.3～5	中國沿海	陶罐	150 捆		B：672
9.8	中國沿海	陶罐	66 捆		B：674
11.11	中國沿海	陶罐	100 捆		B：689
12.1～2	中國沿海	陶罐	100 捆		B：695
12.14～16	中國沿海	陶罐	1322 捆		B：697
12.19～20	中國沿海	陶罐	520 捆		B：698
1648 年					
2.25	中國沿海	陶罐（tresellen）	217 捆		F：1
3.11	中國沿海	陶罐	90 捆		F：13
3.20	中國沿海	陶罐	200 捆		F：24
3.24～26	中國沿海	陶罐	50 捆		F：25
3.28～29	中國沿海	陶罐	587 捆		F：26
4.1	中國沿海	陶罐	100 捆		F：28
4.2	中國沿海	陶罐	140 捆		F：29
4.3～4	中國沿海	陶罐	155 捆		F：29

4.6	中國沿海	陶罐	50 捆		F：30
4.19	中國沿海	陶罐	60 捆		F：35
5.4～5	中國沿海	陶罐	63 捆		F：39
5.16	中國沿海	陶罐	45 捆		F：44
5.24～25	中國沿海	陶罐	18 捆		F：48
7.16	中國沿海	陶罐	40 捆		F：62
8.28	中國沿海	陶罐	30 捆		F：80
8.29	中國沿海	陶罐	60 捆		F：81
9.2～3	中國沿海	陶罐	900 捆		F：83
1650 年					
3.19～21	中國沿海	陶罐	200 捆		F：119
4.17～19	中國沿海	陶罐	120 捆		F：124
6.1～3	中國沿海	陶罐	280 捆		F：137
6.15～17	中國沿海	陶罐	150 捆		F：140
6.21	中國沿海	陶罐	60 捆		F：143
7.9～10	中國沿海	陶罐	100 捆		F：148
7.14～16	中國沿海	陶罐	200 捆		F：150
8.1～3	中國沿海	陶罐	146 捆		F：155
1651 年					
2.26～28	中國沿海	陶罐	150 捆		F：183
4.3	中國沿海	陶罐	70 捆		F：202
4.5～6	中國沿海	陶罐	500 捆		F：203
4.18～20	中國沿海	陶罐	11 捆		F：208
5.24～25	中國沿海	陶罐	50 捆		F：216
7.16	中國沿海	陶罐	230 捆		F：230
8.9	中國沿海	陶罐	300 捆		F：238
1655 年					
3.10	中國沿海	陶罐	40 捆		F：444
3.31	中國沿海	大的 aracx 酒的罐	500 個		F：465
4.13	中國沿海	陶罐	250 捆		F：468
6.15	中國沿海	陶罐	95 捆		F：494
6.17	中國沿海	陶罐	150 捆		F：496
6.18	中國沿海	陶罐	300 捆		F：497

7.1	中國沿海	陶罐	600 捆		F：508
7..23	中國沿海	陶罐	61 捆		F：518
7.24	中國沿海	陶罐	180 捆		F：518
7.25	中國沿海	陶罐	230 捆		F：519
8.17	中國沿海	陶罐	700 捆		F：533
8.22	廈門、烈嶼	陶罐	360 捆		F：538
9.4	中國沿海	陶罐	100 捆		F：550
9.15	中國沿海	陶罐	300 捆		F：555
9.22	中國沿海	陶罐	500 捆		F：562

＊徵引出處及代號：

A：熱蘭遮城日記 1628～1641，引自江樹生譯註，《熱蘭遮城日誌》，第一冊，臺南：臺南市政府，2000 年。

B：熱蘭遮城日記 1641～1648，引自江樹生譯註，《熱蘭遮城日誌》，第二冊，臺南：臺南市政府，2002 年。

F：熱蘭遮城日記 1648～1655，引自江樹生譯註，《熱蘭遮城日誌》，第三冊，臺南：臺南市政府，2003 年。

圖表 4-3：1638～1655 年大員輸入中國陶器統計圖

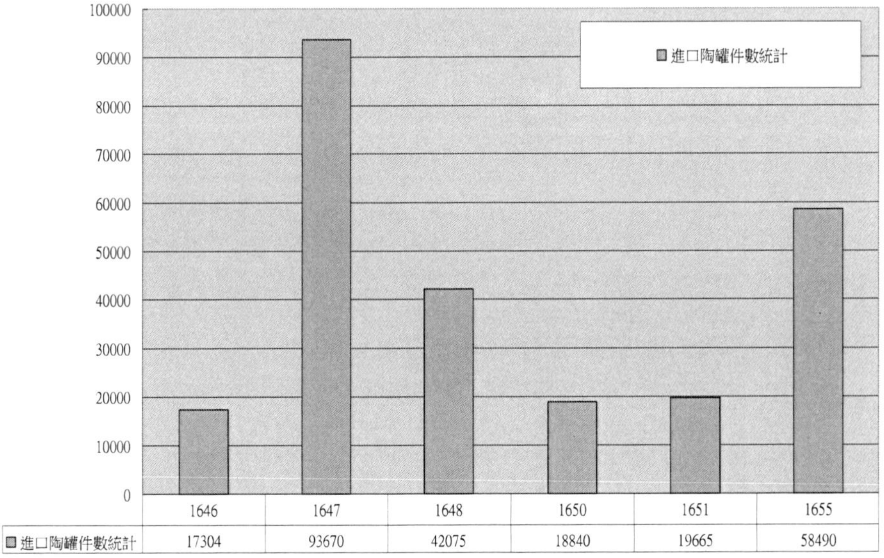

	1646	1647	1648	1650	1651	1655
進口陶罐件數統計	17304	93670	42075	18840	19665	58490

＊本圖表依照表 4-16 內容統計

（五）低溫釉陶

明代晚期的低溫釉陶，是指器物表面施黃色、綠色等低溫釉之陶器，一般又被稱為「素三彩」或「華南三彩」。江戶時期的日本，將這些中國南方輸出的釉陶稱之為「交趾燒」，但實際產地不明。近年來，福建漳州地區則發現了上述釉陶的燒造地點，實應為平和縣的田坑窯。該窯所生產的釉陶種類包含了各式蓋盒、盤、小型瓶罐等器。〔註 182〕至於臺灣目前所發現的低溫釉陶，有軍持、小罐兩種，以下分述：

1、綠釉軍持（kendi、Kundika）

早在宋元時期，中國生產的陶瓷軍持已大量輸出海外。到了明代以後，除了青花軍持外，福建南方長期生產的釉陶軍持（宋元已見晉江磁竃窯生產），在東南亞地區仍持續保有一定市場。〔註 183〕

本文第三章澎湖風櫃尾出土晚明陶瓷中，已見青花軍持（圖 3-21）。而臺灣本島近年發現的綠釉軍持，則是出土於北部宜蘭淇武蘭遺址 M75 號墓葬。該器口徑、器高不明，僅存流嘴與部份器身殘片。流嘴外形呈尖錐圓鼓狀，流嘴與器身下半表面為連續突稜裝飾，器身中部有兩條水平稜線，器身上半平滑無紋飾。器表原先應施有綠釉，但大部份已剝落，僅器表凹陷處殘存痕跡，內壁部份則不施釉，露出灰黃色胎皮（圖 4-2-60）。〔註 184〕至於其產地來源，可能即為福建漳州地區。海外所存相同之綠釉軍持，可見於日本九州鹿兒島縣寺園家傳世收藏（圖 4-2-61），〔註 185〕以及馬來亞大學 Seni Asia 博物館收藏。〔註 186〕

事實上，宜蘭出土的釉陶軍持，並非臺灣首例，早在日據時代，日本學

〔註 182〕福建省博物館，〈福建平和縣南勝田坑窯發掘報告〉，《福建文博》，1998 年 1 期；茶道資料館編，《特別展「交趾香盒——福建省出土遺物と日本の傳世品」》，京都：茶道資料館，1998。

〔註 183〕東南亞出土明代釉陶軍持，例見 Leandro and Cecilia Locsin, *Oriental Ceramics Discovered In the Philippines,*（Rutland, Vermont & Tokyo, Japan: Charles E. Tuttle Company Inc., 1967,）Pl. 191; 財團法人富山佐藤美術館編，《フィリピンにわたっだ燒きもの——青磁と白磁を中心に——》，山口縣立荻美術館、蒲上紀念館，1999 年，圖版 189、363。

〔註 184〕邱鴻霖，《宜蘭縣礁溪鄉淇武蘭遺址出土墓葬研究——埋葬行為與文化變遷的觀察》，頁 92、圖版 23～24。

〔註 185〕上東克彥〈鹿兒島縣薩摩半島に傳世された華南三彩——クンディと果実形水注——〉，《貿易陶磁研究》，Vol. 24，2004 年，頁 171～173。

〔註 186〕Khoo Joo Ee, *Kendi: Pouring Vessels in the University of Malaya Collection*（New York: Oxford University Press, 1991,）fig. 97.

者國分直一在調查臺南佳里平埔族蕭壠社群的北頭洋社時，就發現了一件色澤呈現深綠，且器身有龍紋浮雕貼塑的陶質軍持，被當地西拉雅族供奉於公廨內，用以祭祀阿立祖（圖 4-2-62），而國分直一先生認爲，此件軍持應爲中國陶器。〔註 187〕至於當時所留下的照片，由於影像過於模糊，吾人僅能觀察軍持之大致外形，無法得知其細部特徵。1970 年代後期，歷史學者石萬壽先生訪察北頭洋社，亦在其研究中提及上述軍持，稱該器「據說爲前清留下來者，作爲隨爐神體，供奉在輪值爐主家中，是全庄最神聖的壺甕，只有在祭典時才移祀公廨。」〔註 188〕根據石先生所拍攝較爲清晰圖片觀之，可知此軍持器底帶有圈足，且壺嘴以下的器身部份，有模具接合垂直線紋（圖 4-2-63）。

海外地區的博物館收藏中，可見數件相同之傳世十七世紀綠釉陶軍持；一件收藏於荷蘭呂瓦登 Princessehof 博物館，採集自印尼地區（圖 4-2-64），器高 19.5 公分，〔註 189〕造形與紋飾特徵皆同於臺南北頭洋公廨中所存者，且器身上同樣有模具接合後留下之垂直線紋。另有兩件相同的印花龍紋綠釉陶軍持，收藏於馬來西亞馬來亞大學 Seni Asia 博物館，器高分別爲 18.8、19 公分。〔註 190〕

根據以上討論，筆者認爲佳里平埔族北頭洋社所收藏之傳世軍持，可能即爲福建漳州生產的低溫綠釉陶。而吾人亦可進而大致推斷，十七世紀中國閩南生產的釉陶軍持，已有部份流入臺灣島內南、北兩地居民的生活體系，且同時被應用於原住民喪葬與信仰的儀式之中。

此外，在明末清初東亞海上貿易頻繁的時代，可能也有少數東南亞製作的素燒陶質軍持，向北方流傳至日本地區。例如日本長崎築町遺跡，就出土了一件無釉陶質軍持，造形類似淡武蘭與九州出土者，該器被判定爲 1570～1630 年葡萄牙貿易時期的遺物（圖 4-2-65），〔註 191〕而其產地來源，有日本學者指出可能爲東南亞的印尼地區，〔註 192〕但實際地點仍有待進一步考證，

〔註 187〕國分直一，〈覺え書（二）〉，《民俗臺灣》，第三十九號，1944 年，頁 12～13。
〔註 188〕石萬壽，《台灣的拜壺民族》，臺北：臺員出版社，1990 年，頁 179。
〔註 189〕Barbara Harrisson, *Later Ceramics in South-East Asia: Sixteenth to Twentieth Centuries*（New York: Oxford University Press, 1995,）pp.54-55, fig. 68.
〔註 190〕Khoo Joo Ee, *Kendi: Pouring Vessels in the University of Malaya Collection*, fig. 102.
〔註 191〕扇浦正義，〈出島〉，《考古學ジャーナル》，No. 430，1998，頁 30。
〔註 192〕坂井隆，〈築町遺跡發見のクンディ型土器〉，《築町遺跡》，轉引自川口洋平，〈產地不明の貿易陶磁——対馬・壹岐・長崎——〉，《貿易陶磁研究》，No.

且亦有可能非單一地區燒造。例如泰國學者就根據暹邏灣所發現之 Si Chang I 沉船遺物（圖 4-2-66），猜測該船出水之同類陶質軍持，可能爲泰國本地所燒造。〔註 193〕

2、綠釉小罐

出土於臺南社內遺址，口內徑 2.1 公分，器高 8 公分；底徑 5.6 公分。造形特徵爲頸部以上殘段，斷口有修整磨平痕跡，圓肩下收，臥足，圈足底心尖突。外壁施綠釉，內壁無釉，胎色灰黃（圖 4-2-67）。類似造形遺物可見於福建漳州平和縣田坑窯址，爲一件素燒尚未施釉的小罐，器高爲 6 公分左右。其產地來源可能與社內遺址出土者相同，皆爲福建南部漳州窯區。

（六）安平壺（青灰／白釉罐）

1、歷來安平壺研究成果

臺灣地區所見的十七世紀陶瓷遺物中，以臺灣俗稱安平壺的青白或青灰釉罐出土數量最大，分佈地區最廣，是相當具代表性的中國貿易瓷類型。近年來，臺灣臺南、宜蘭等地考古遺址，皆出土不少安平壺，其中宜蘭淇武蘭遺址可見安平壺做爲陪葬品。而臺南的社內遺址，則是大量安平壺與其它貿易瓷、原住民陶器共出，顯示其爲當時原住民日常生活的實用器物（圖 4-2-68）。

安平壺的外觀特徵爲口緣帶脊或厚唇，部份口緣頂部無釉，束頸，折肩，肩部以下弧度內收，凹底無足。釉色多爲青灰色或青白色，器身素面無紋，內壁中段可見接坯痕。歷來學者對安平壺的研究，已有頗多豐碩成果，其研究內容大抵整理如下：〔註 194〕

23，2003，頁 67。

〔註 193〕 Pisit Charoenwongsa & Sayan Prishanchit, *Underwater Archaeology in Thailand II: Ceramics from the Gulf of Thailand*（Dusit Bkk: Samaphan Published Co., Ltd., 1990,）pp.94-95.

〔註 194〕以下整理參見：陳信雄，〈從宋硐到葉王陶──由陶瓷看臺灣〉，《臺北文獻》，第 38 期，1979 年，頁 333～334；陳信雄，〈臺灣陶瓷小史〉，《華岡博物館館刊》，No. 6，1983 年，頁 33～43；謝明良，〈安平壺芻議〉，《國立台灣大學美術史研究集刊》，第二期，1995 年，頁 75～105；；謝明良，〈左營清代鳳山縣就成聚落出土陶瓷補記〉，《台灣史研究》，第三卷第一期，1997，頁 230～234；坂井隆，〈安平壺貿易──17 世紀の東南アジア貿易ノ──ト──〉，《東南アジア考古學》，No. 15，1995 年，頁 104～117；陳信雄，〈安平壺──漢族開台起始的標誌〉，《歷史月刊》146 期，2000 年 3 月，頁 4～15；陳信雄，〈安平壺──東南アジアで多出する 17 世紀の灰白色釉磁器壺〉，《東南アジア考古學》，No.22，2002 年，頁 107～127；陳信雄，〈安平壺──荷鄭時代

（1）安平壺多見於西班牙人、荷蘭人，以及明鄭政權活動的地區，已發現地點包括基隆、臺北、宜蘭、新竹、臺中、嘉義、臺南、高雄、澎湖、小琉球等地之二十九處地點。但其中最數量最多者，集中於臺南、澎湖等荷蘭人活動頻繁之地區。

（2）海外發現安平壺的地區，包括日本、印尼萬丹、越南崑崙島、1600年 San Diego 號沉船、1613年 Witte Leeuw 號沉船、1690年 Vun Tau 號沉船。透過上述資料分析比較，可知安平壺的存在年代，約在西元十七世紀。

（3）安平壺之類型大抵可分為厚胎與薄胎兩種，其中以薄胎年代較早，厚胎較晚。不同學者對形制之細緻區分，可見「三型五式」與「五種造型」二種分類法。

（4）現今已被確認之安平壺燒造地點，僅福建北部邵武四都青雲窯一處，而鄰近的南平地區亦有不少安平壺出土，但未發現窯跡。此外，江西南昌、福建泉州、德化等地則發現少量安平壺。

（5）安平壺之功能，歷來看法不一，有裝盛火藥說，有裝盛鹽或藥油之說，亦有裝盛液體貿易物資如油類、香料、蜂蜜、醫類、酒等看法。大體來說，學者們多半同意安平壺具有二次用途改變或回收再利用的現象，而臺南地區原住民西拉雅族公廨所供奉的安平壺，以及日本天草小高濱遺址出土安平壺內裝盛天主教徒聖物，即為明顯例證。

2、十七世紀酒類進口紀錄與安平壺

有關安平壺的用途問題，長久懸而未決，近年臺灣學者陳國棟先生則直接指出安平壺與中國酒類之密切關係，他認為「十七世紀的『安平壺』原本是用來盛酒的，所盛之酒即為『燒酒』。」〔註195〕早期荷蘭人將中國進口的酒精飲料稱之為 bier（中譯為啤酒或麥酒），因為他們之知道這是一種穀類釀製的酒類，到了荷人據臺後期，因其對中國燒酒逐漸熟悉，遂改直接音譯其名 Samsoe（三燒），而其漢語原意即為經過三次蒸餾的烈酒。〔註196〕

陳先生之看法，對於吾人解決安平壺用途之謎，實有關鍵性的助益。個人針對十七世紀臺灣進口酒類數量進行整理（見表4-17），發現荷蘭時期臺灣

的標誌〉，收於《大員記事》，臺南：國立成功大學，2003年，頁31～33。
〔註195〕陳國棟，〈安平壺與三燒酒〉，《臺灣文獻別冊》，第8期，2004年3月，頁2～9。
〔註196〕同上註。

進口酒類數量之大，令人驚訝，光是 1637 年至 1655 年間，至少有高達 333,143 罐酒類輸入臺灣，而這些中國製的酒類產品，大部份並未轉口運出，而是做為島內日常消費所需。如再配合表 4-18 所列臺灣荷據時期酒類相關紀錄可知，當時島內居民酒類消費相當普遍。至於有關酒類名稱，正如陳先生所言，在 1647 年以前幾乎皆稱「中國麥酒」，而 1647 年以後，荷人改稱 Samsoe，二名稱實指同一種中國酒類。

《熱蘭遮城日誌》中酒類進口的紀錄，不僅顯示了數量上的多寡，同時也透露出其裝盛容器的差異。從圖表 4-4 各年酒罐累計數據可知，1637 年以後臺灣進口罐裝酒類持續增加，到了 1646 年，紀錄中的酒類裝盛容器，頻繁出現「大罐」與「小罐」之別，到了 1647 年進口數量突然下滑，之後再未恢復。造成此一現象的原因可能有二；一是裝盛器容量的改變，原先多為小型瓶罐裝盛的酒類進口，之後因為大量進貨的需求或航運上的考量，故改採用較大陶質容器裝盛。另一種可能，則是臺灣本地漢人釀酒業的興起（例見表 4-18，1647 年 7 月紀錄），造成了酒類進口量的下滑。

另就酒類進口來源觀察，根據圖表 4-5 統計五個酒貨來源明確的年份數據可知，這些從福建進口的酒類，以福州為大宗出口區。福州自古以來即為釀酒興盛之地，當地釀酒做坊俗稱「酒庫」，其名源自唐宋。而福州酒庫之多，當地鼓山區至今尚有「酒庫弄」之地名。〔註 197〕事實上，就清初周亮工《閩小記》所記，閩江流域的全境，包括浦城、延平、順昌、建寧等地，皆出美酒。〔註 198〕以閩江上游順昌為例：

> 順昌酒出本縣者佳，酒未釀曰生燒，順人取藥和之，埋地中至隔年
> 出之，則藏以**小罐**，盛以竹筐，運他處鬻之，亦曰五燒香。〔註 199〕

順昌溯西溪而上的邵武，亦為酒貨生產重鎮。《邵武府志》卷十「物產」稱該地：

> 酒有時酒、中酒、冬酒，有雙夾酒，俗名曰窖酒。……以酒釀酒曰
> 雙夾，樵川人多製之，一名邵春酒，色深紅，歲首用以酌客。〔註 200〕

〔註 197〕陳建材主編，《八閩掌故大全》，福州：福建教育出版社，1994 年，頁 78～79。
〔註 198〕〔清〕周亮工，《閩小記》，「閩酒」條，臺北：成文出版社，1975 年，頁 19
～24。
〔註 199〕同上註，頁 21。
〔註 200〕〔清〕王琛等修，《邵武府志》，卷十「物產」，臺北：成文出版社，1967 年，
頁 171。

臺灣輸入酒類以來自福州者爲多，而目前已明確發現的安平壺燒造地點，以閩江上游以紹武爲代表。《邵武府志》卷十「物產」稱：「白磁器：出邵武四都青雲窯，泰寧安仁保漈口窯，建寧蘭溪鄉蘭窯，惟泰寧者稍佳。」〔註201〕看來閩江上游存在著一個陶瓷窯業生產區。

上述地區釀酒業與窯業資料，進一步合理聯繫了安平壺與酒類之關係。故筆者認爲，晚明時期的閩江流域，可能存在著酒類製造業的龐大分工體系，閩北地區以邵武爲代表的窯業產區，爲了因應該地釀酒業的需求，故大量燒製安平壺這類瓷質盛酒容器。而這種安平壺的製作簡易，價格不高，且品質甚佳，閩北各地釀酒業樂於使用。各地所製酒類裝瓶後，再透過河運集中運至福州，最後輸出海外地區。台灣臨近福建，海上航程頗近，運輸成本相對較低，故可見大量裝盛酒類的安平壺銷售台灣。

3、安平壺的「二次使用」功能

臺灣出土十七世紀安平壺的數量甚多，而安平壺在當時大量被「二次使用」或「回收再利用」，可能即與十七世紀臺灣島內的高額酒類消費有關。高達三十餘萬罐的三燒酒，在臺灣本地被消費使用後，必定會留下大量空瓶，而這些空的陶瓷容器，在當時仍然是具有市場需求的貨物（見本章第一節所述），故荷蘭紀錄中會出現以「空的罐子、壺、空的麥酒瓶、空瓶子」，對島內原住民進行交易，其中必定包含了大量安平壺。至於「二次使用」的用途爲何？則任何一種合適於裝盛的場合或物質皆有可能，使用狀況應視島內原住民、漢人、歐洲人等不同族群之需求而定。以當時在臺的荷蘭人爲例，1655年7月6日：

> 商務員 Van Alphen 在魍港碉堡找不到可以安放要遵照指示儲存火藥的紅缸（martavaan，（指中國或東南亞製陶罐）），便以平常的 arack酒罐，還可以輕易打開罐蓋，在需要時，砲手長可以在那裡儲存約1000 磅的火藥。而且，如果把火藥裝在適當的罐子裡，不要裝在桶子裡，放在那裡也不必擔心會潮濕。〔註202〕

至於島內原住民對於安平壺的再利用，則以祭祀與喪葬用途最爲特殊。臺灣南部西拉雅族，將安平壺置於公廨中，做爲祭祀「阿立祖」的神器，目

〔註201〕同上註。
〔註202〕江樹生譯註，《熱蘭遮城日誌》，第三冊，頁510。

前已知三處實例皆見於臺南縣，分別爲東山鄉吉貝耍公廨（圖 4-2-69）、〔註203〕里鎮北頭洋公廨（圖 4-2-70），〔註204〕以及左鎮鄉隙子口公廨（圖 4-2-71）。〔註205〕上述三處公廨所見安平壺，皆爲厚胎類型，顯示其年代可能較晚。

宜蘭淇武蘭遺址出土安平壺，隨葬於原住民墓葬中（圖 4-2-72），可知外來陶瓷物品已融入當地原住民的喪葬儀式中。〔註206〕

表 4-17：輸入大員之中國麥酒及酒紀錄

日　期	華商發航地	種　類	數　　量	備　註	出　處
年　份					
1637 年					
8.25	烈嶼	中國麥酒	1000 罐		A：343
10.21	烈嶼	中國麥酒	400 罐		A：351
11.27	廈門	中國麥酒	1800 罐		A：358
1638 年					
1.4	廈門	中國麥酒	800 罐		A：370
1.4	烈嶼	中國麥酒	400 罐		A：370
1.7	廈門	中國麥酒	1300 罐		A：370
1.20	福州	中國麥酒	2000 罐		A：372
1.24	廈門	中國麥酒	1000 罐		A：373
5.20	福州	中國麥酒	1500 罐大的，1500 罐小的		A：393
5.25	廈門	中國麥酒	500 罐		A：394
6.14	廈門	中國麥酒	150 罐		A：396
6.23	廈門	中國麥酒	500 罐		A：398
6.26	廈門	中國麥酒	500 罐		A：398
8.6～7	福州	中國麥酒	不明		A：404
8.27	中國沿海	中國麥酒	不明		A：406
9.4	安海	中國麥酒	不明		A：407

〔註203〕個人實地調查所見。
〔註204〕國分直一，《壺を祀る村──台灣民族誌》，東京：法政大學出版局，1981 年，頁 251、頁 263 下圖。
〔註205〕同上註，頁 259、頁 260 圖上。
〔註206〕陳有貝、李貞瑩，〈淇武蘭遺址出土近代瓷器簡介〉，圖版 86、87。

9.13	中國沿海	中國麥酒	不明		A：408
10.16	福州	中國麥酒	250 罐		A：411
1639 年					
4.6	福州	中國麥酒	4000 罐		A：430
4.22	廈門	中國麥酒	200 罐		A：432
4.22	福州	中國麥酒	2000 罐		A：432
4.30	廈門	中國麥酒	1800 大罐和小罐的		A：432
5.17	福州	中國麥酒	2000 罐		A：435
6.1	烈嶼	中國麥酒	1500 罐		A：437
7.10	福州	中國麥酒	1000 罐		A：443
1643 年					
3.3	福州	中國麥酒	4800 罐	Manam 閩安	B：49
3.20	福州	中國麥酒	12000 罐		B：57
4.3	福州	中國麥酒	4800 罐	華商 Jousit	B：69
4.14	福州	中國麥酒	9000 罐	華商 Jousit	B：69
4.24	福州	中國麥酒	1500～1600 罐（因欺騙且通行証太舊，貨物被沒收）	華商至淡水 Antonio 堡	B：129
5.28 之前	中國	中國麥酒	15 大罐（因通行証被劫，貨物被沒收）	華商至淡水 Antonio 堡	：
8.9	福州	中國麥酒	12000 罐		B：181
8.14	金門	中國麥酒	1500 罐		B：183
8.26	安海	中國麥酒	500 罐		B：189
9.28	福州	中國麥酒	7000 罐		B：198
10.5	福州	中國麥酒	9000 罐		B：200
11.4	福州	中國麥酒	10000 罐		B：210
12.2	金門	中國麥酒	150 罐		B：219
12.19	烈嶼	中國麥酒	800 罐		B：222
1644 年					
1.13	安海	中國麥酒	1500 罐		B：228
1.26	安海	中國麥酒	4000 罐	華商 Jocksim	B：232
2.26	中國沿海	中國麥酒	2380 罐		B：238
3.6	烈嶼	中國麥酒	100 罐		B：243

3.9	福州	中國麥酒	2000 罐	華商 Jusit 與 Tecklim	B：244
3.9	金門	中國麥酒	1000 罐		B：244
3.31	安海，烈嶼 金門	中國麥酒	500 罐		B：254
4.3	安海, 烈嶼	中國麥酒	500 罐		B：255
4.14	福州	中國麥酒	3000 罐		B：258
4.15	烈嶼	中國麥酒	1000 罐		B：259
4.16	金門	中國麥酒	300 罐		B：259
5.4	Minoa， 金門，烈嶼， Singthouw	中國麥酒	9800 罐		B：265
5.8	廈門	中國麥酒	400 罐		B：266
5.18	安海	中國麥酒	300 罐		B：277
5.29	福州	中國麥酒	900 罐		B：282
6.10	福州	中國麥酒	12000 罐		B：298
7.11	安海，廈門 烈嶼，Tokia	中國麥酒	13000 罐		B：305
8.25	福州	中國麥酒	4900 罐		B：326
8.27	烈嶼， Happouw 廈門，福州	中國麥酒	15600 罐		B：328
8.28	廈門	中國麥酒	5900 罐		B：328
10.17	廈門，烈嶼， 安海	中國麥酒	270 罐		B：350
10.22	福州	中國麥酒	25000 罐		B：352
11.1	安海	中國麥酒	500 罐		B：370
11.10	安海	中國麥酒	1200 罐		B：374
11.15	中國	中國麥酒	6000 罐		B：377
1645 年					
4.8	廈門，烈嶼， 金門，福州	中國麥酒	3000 罐		B：397
6.25	中國	中國麥酒	13000 罐		B：427
8.13	中國沿海	中國麥酒	5000 罐		B：445
8.24	廈門	中國麥酒	6500 罐		B：450

9.6	烈嶼	中國麥酒	422 罐		B：456
9.7	中國沿海	中國麥酒	2000 罐		B：457
9.17	福州	中國麥酒	10000 罐		B：463
10.12	中國沿海	中國麥酒	5700 罐		B：474
1646 年					
3.11	中國沿海	麥酒	3000 罐		B：504
4.11	中國沿海	中國麥酒	2800 罐		B：518
4.12	中國沿海	中國麥酒	3130 罐		B：519
4.27	中國沿海	中國麥酒	26400 罐		B：526
4.30	中國沿海	中國麥酒	1200 罐		B：528
5.7	中國沿海	中國麥酒	420 罐		B：532
5.8	中國沿海	中國麥酒	900 罐		B：532
		Samsoe 酒	22 罐		
5.20～22	中國沿海	麥酒	20 罐		B：538
5.27	中國沿海	中國麥酒	73 大罐		B：541
6.12	中國沿海	中國麥酒	23 大罐		B：546
6.15	中國沿海	中國麥酒	24 大罐		B：546
6.18～19	中國沿海	中國麥酒	34 大罐		B：546
7.5	中國沿海	中國麥酒	6200 小罐、28 大罐		B：553
7.8	中國沿海	中國麥酒	72 大罐		B：554
7.18	中國沿海	中國麥酒	20 大罐		B：560
8.5	中國沿海	中國麥酒	1000 小罐、78 大罐		B：565
8.21	中國沿海	中國麥酒	100 小罐、30 大罐		B：572
8.27	中國沿海	中國麥酒	320 罐		B：574
9.2	中國沿海	中國麥酒	20 大罐		B：576
9.3	中國沿海	中國麥酒	430 小罐、45 大罐		B：578
10.4	中國沿海	中國麥酒	720 小罐、88 大罐		B：589
10.5	中國沿海	中國麥酒	2640 罐		B：590
10.6	中國沿海	中國麥酒	595 罐		B：591
1647 年					
3.15	中國沿海	中國麥酒	20 大罐		B：602
3.17～18	中國沿海	中國麥酒	20 大罐		B：603
3.23～24	中國沿海	中國麥酒	74 大罐		B：615

4.4～5	中國沿海	中國麥酒	60 大罐		B：618
4.7	中國沿海	中國麥酒	230 大罐	即 samsoe 酒	B：618
4.13～14	中國沿海	samsoe 酒	120 罐	即中國麥酒	B：624
4.20	中國沿海	samsoe 酒	94 罐		B：626
4.22～24	中國沿海	samsoe 酒	33 罐		B：627
5.4～6	中國沿海	samsoe 酒	195 罐		B：632
5.7～8	中國沿海	samsoe 酒	10 罐		B：633
5.10	中國沿海	samsoe 酒	20 罐		B：634
5.14	中國沿海	samsoe 酒	54 罐		B：637
5.25～27	中國沿海	中國麥酒	60 罐		B：641
		samsoe 酒	10 罐		
6.15	中國沿海	samsoe 酒	48 罐		B：648
7.3	中國沿海	samsoe 酒	100 罐		B：654
8.2	中國沿海	samsoe 酒	20 罐		B：662
8.14～15	中國沿海	中國麥酒	700 罐		B：666
9.3～5	中國沿海	samsoe 酒	25 罐		B：672
9.8	中國沿海	samsoe 酒	30 罐		B：674
9.18～23	中國沿海	samsoe 酒	40 罐		B：676
9.24	中國沿海	中國麥酒	30 罐		B：677
11.3～5	中國沿海	samsoe 酒	45 罐		B：687
12.1～2	中國沿海	samsoe 酒	20 罐		B：695
12.14～16	中國沿海	samsoe 酒	278 罐		B：697
12.19～20	中國沿海	samsoe 酒	44 罐		B：698
12.26	中國沿海	samsoe 酒	9 罐		B：699
1648 年					
2.25	中國沿海	samsoe 酒	30 罐		F：1
2.27～29	中國沿海	samsoe 酒	12 罐		F：3
3.2～3	中國沿海	samsoe 酒	80 罐		F：5
3.10	中國沿海	samsoe 酒	18 罐		F：13
3.11	中國沿海	samsoe 酒	24 罐		F：13
3.18～19	中國沿海	samsoe 酒	32 罐		F：23
3.21～23	中國沿海	samsoe 酒	185 罐		F：24
3.28～29	中國沿海	samsoe 酒	70 小罐、11 大罐		F：26
3.30～31	中國沿海	samsoe 酒	8 罐		F：27

4.1	中國沿海	samsoe 酒	17 罐		F：27
4.2	中國沿海	samsoe 酒	10 罐		F：28
4.3～4	中國沿海	samsoe 酒	3 罐		F：29
4.20～23	中國沿海	samsoe 酒	8 罐		F：36
4.26～28	中國沿海	samsoe 酒	13 罐		F：38
5.4～5	中國沿海	samsoe 酒	22 罐		F：39
5.12	中國沿海	samsoc 酒三酒	10 罐		F：42
5.15	中國沿海	samsoe 酒	20 罐		F：43
5.17	中國沿海	samsoe 酒	18 罐		F：45
5.18	中國沿海	samsoe 酒	16 罐		F：45
5.26	中國沿海	samsoe 酒	10 罐		F：48
5.27	中國沿海	samsoe 酒	25 罐		F：49
5.28～31	中國沿海	samsoe 酒	6 罐		F：50
5.19	中國沿海	samsoe 酒	9 罐		F：56
7.14	中國沿海	samsoe 酒	37 罐		F：61
8.1	中國沿海	samsoe 酒	2 罐		F：68
8.12～13	中國沿海	samsoe 酒	29 罐		F：73
8.15～16	中國沿海	samsoe 酒	15 罐		F：73
8.17	中國沿海	samsoe 酒	14 罐		F：75
8.29	中國沿海	samsoe 酒	8 罐		F：81
9.2～3	中國沿海	samsoe 酒	7 罐		F：83
9.4～5	中國沿海	samsoe 酒	165 罐		F：84
9.6～7	中國沿海	samsoe 酒	44 罐		F：84
9.25	中國沿海	samsoe 酒	65 罐		F：90
9.30	中國沿海	samsoe 酒	100 罐		F：92
10.3	中國沿海	samsoe 酒	153 罐		F：93
10.15～16	中國沿海	samsoe 酒	70 罐		F：97
1650 年					
3.19～20	中國沿海	samsoe 酒	25 罐		F：119
4.1～6	中國沿海	samsoe 酒	10 罐		F：122
4.7～9	中國沿海	samsoe 酒	29 罐		F：123
4.17～19	中國沿海	Samsoe 酒	4 罐		F：124
4.20～23	中國沿海	samsoe 酒	152 罐		F：129

4.25	中國沿海	samsoe 酒	6 罐		F：130
5.7～10	中國沿海	samsoe 酒	8 罐		F：132
5.11～17	中國沿海	samsoe 酒	15 罐		F：134
5.18～23	中國沿海	samsoe 酒	15 罐		F：134
5.28～29	中國沿海	samsoe 酒	7 罐		F：135
6.1～3	中國沿海	samsoe 酒	10 罐		F：137
6.4～7	中國沿海	samsoe 酒	18 罐		F：137
6.18～19	中國沿海	samsoe 酒	19 罐		F：141
7.1～2	中國沿海	samsoe 酒	143 罐		F：144
7.3	中國沿海	samsoe 酒	10 罐		F：145
7.14～16	中國沿海	samsoe 酒	6 罐		F：150
8.13～14	中國沿海	samsoe 酒	22 罐		F：159
8.16～17	中國沿海	samsoe 酒	10 罐		F：160
8.25	中國沿海	samsoe 酒	5 罐		F：163
8.26	中國沿海	samsoe 酒	20 罐		F：164
10.26	中國沿海	samsoe 酒	14 罐		F：178
1651 年					
2.26～28	中國沿海	samsoe 酒	16 罐		F：183
3.1～4	中國沿海	samsoe 酒	176 罐		F：183
3.23～24	中國沿海	samsoe 酒	4 罐		F：200
4.7	中國沿海	samsoe 酒	37 罐		F：203
4.13～14	中國沿海	samsoe 酒	100 罐		F：204
4.18～20	中國沿海	samsoe 酒	80 罐		F：208
5.1～4	中國沿海	samsoe 酒	80 罐		F：210
6.22	中國沿海	samsoe 酒	60 罐		F：222
11.8	烈嶼	samsoe 酒	一些		F：279
1654 年					
3.19	中國沿海	samsoe 酒	5 罐		F：294
7.7	中國沿海	samsoe 酒	36 罐		F：358
8.17	中國沿海	samsoe 酒	39 罐		F：382
94	中國沿海	中國麥酒	23 罐		F：398
9.10	中國沿海	samsoe 酒	37 罐		F：403
9.14	中國沿海	samsoe 酒	19 罐		F：405
9.23	中國沿海	中國麥酒 （Chinees bier）	800 罐		F：408
		samsoe 酒	48 罐		

3.10	中國沿海	中國麥酒	1870 罐		F：444
3.16	中國沿海	中國麥酒	3479 罐		F：447
3.19	中國沿海	中國麥酒	594 罐		F：456
3.31	中國沿海	中國麥酒	780 罐		F：465
4.1	中國沿海	中國麥酒	1410 罐		F：465
4.8	中國沿海	中國麥酒	23 罐		F：467
4.13	中國沿海	中國麥酒	1270 罐		F：468
4.16	中國沿海	中國麥酒	1384 罐		F：469
5.1	中國沿海	samsoe 酒	1443 罐		F：478
5.18	中國沿海	中國麥酒	23 罐		F：485
		samsoe 酒	21 罐		
5.21	中國沿海	中國麥酒	3493 罐		F：485
6.18	中國沿海	中國麥酒	715 罐		F：497
7.1	中國沿海	中國麥酒	145 罐		F：508
		samsoe 酒	79 罐		
7.23	中國沿海	samsoe 酒	27 罐		F：517
7.25	中國沿海	samsoe 酒	27 罐		F：518
8.17	中國沿海	中國麥酒	249 罐		F：533
8.25	中國沿海	中國麥酒	155 罐		F：540
9.4	中國沿海	中國麥酒	545 罐		F：550
9.18	中國沿海	中國麥酒	76 罐		F：558
		samsoe 酒	142 罐		
9.21	中國沿海	samsoe 酒	13 罐		F：561
9.22	中國沿海	中國麥酒	45 罐		F：562
		samsoe 酒	75 罐		
10.30	中國沿海	samsoe 酒	28 罐		F：583

＊徵引出處及代號：

　A：熱蘭遮城日記 1628～1641，引自江樹生譯註，《熱蘭遮城日誌》，第一冊，臺南：臺南市政府，2000 年。

　B：熱蘭遮城日記 1641～1648，引自江樹生譯註，《熱蘭遮城日誌》，第二冊，臺南：臺南市政府，2002 年。

　F：熱蘭遮城日記 1648～1655，引自江樹生譯註，《熱蘭遮城日誌》，第三冊，臺南：臺南市政府，2003 年。

圖表 4-4：大員輸入中國酒罐數統計圖

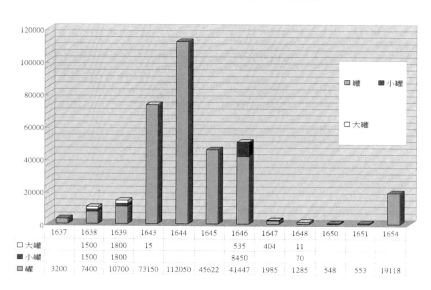

	1637	1638	1639	1643	1644	1645	1646	1647	1648	1650	1651	1654
□大罐		1500	1800	15			535	404	11			
■小罐		1500	1800				8450		70			
▨罐	3200	7400	10700	73150	112050	45622	41447	1985	1285	548	553	19118

＊本圖表依照表4-17內容統計

圖表 4-5：大員輸入中國酒來源地區統計圖

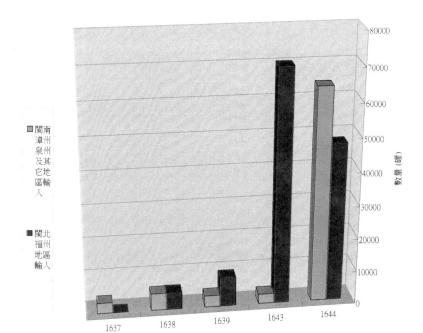

＊本圖表依照表4-17內容統計

表4-18：1638～1655年臺灣消費中國麥酒相關紀錄

日　期	內　　容	出處
1638.5.6	重新公佈1629年7月28日公告的關於繳納中國麥酒進口什一稅告示，並增加一些補充規定	A：391
1639.12.20	華商Sianghij承租中國麥酒之公司權利，每Coyang（約30擔）11又1/2里爾（是大罐的，3小罐計算爲1大罐）	A：463
1642.10.4	北部荷蘭人紀錄： 福州商人以前常跟西班牙人與淡水的人做生意，曾在著600里爾的貨物，有布料、絲襪、中國麥酒、鐵鍋、鐵等物來此地。	B：31
1647.3.19	在二林，荷蘭人希望長老在他們的村子裡禁止狂飲酒罪的事情	B：605
1647.4.6	因爲發現從中國運來很多中國人的飲料samsoe，迄今都沒有繳稅因此決定，那些在此地一罐可賣1/2里爾的，將徵收20仙的稅。（譯者註13：4月7日條、4月14日條等處記載，samsoe酒就是中國麥酒（chinees bier）亦稱中國啤酒。註14：按1/2里爾約等於125仙，售價125仙的samsoe（中國麥酒）課稅20仙，稅率16%，超過什一稅。）	B：619
1647.7.18～19	荷蘭人發現有些中國人沒有證照也在燒製arrack酒，進行燒製該酒的各種準備工作，因此決議，爲要防止燒製arrack酒的各種欺騙行爲，將於近日公告禁止。	B：658
1647.7.20～22	公告貼出禁止無証照燒製arrack酒或從事該燒製的各種準備工作。	B：659
1648.3.10	大武壟的一些長老們因疏忽與好飲酒醉，造成與社人之間的糾紛，而在地方議會上遭到訓斥。	F：7
1650.3.15	荷蘭人在北區地方議會上勸戒並斥責Mattauw麻豆、Dovaha打貓、Batsilkan貓兒干、Favorlangh虎尾攏、Gielim二林、Taurinab鹿港等地的一些長老不要酗酒，並斥責他們。	F：106～109
1651.3.7～	荷蘭人在北區地方議會上要求哆囉幗Dorcko長老阻止該社普遍酗酒行爲。同時Asock阿束、Favorlangh虎尾貓等社長老，因酗酒行爲而遭撤換，最後勸戒所有長老戒除酗酒習慣。	F：186～190
1654.3.30	荷蘭人在北區地方議會上，向所有長老嚴格勸戒酗酒習慣，酗酒常造成許多災難，若對此不規矩的事不加以改正，必將遭受嚴厲的處罰。	F：304

＊徵引出處及代號：

A：熱蘭遮城日記1628～1641，引自江樹生譯註，《熱蘭遮城日誌》，第一冊，臺南：臺南市政府，2000年。

B：熱蘭遮城日記1641～1648，引自江樹生譯註，《熱蘭遮城日誌》，第二冊，臺南：臺南市政府，2002年。

F：熱蘭遮城日記1648～1655，引自江樹生譯註，《熱蘭遮城日誌》，第三冊，臺南：臺南市政府，2003年。

（七）非中國製陶瓷

荷蘭時代臺灣所見之非中國燒製陶瓷，大致可分爲歐洲製品與東南亞製品兩類。這兩類陶瓷輸入臺灣的背景有差異，而其在島內分佈與運用亦不盡相同。以下分述兩類陶瓷各自之類型、功能及使用狀況。

1、歐洲陶瓷

A. 德國鹽釉陶罐（Bellarmine Jug、Baardman）

出土於臺南安平熱蘭遮城遺址，已發現數片壺把與器身模印貼花部份殘片。〔註207〕這些高溫鹽釉陶的器形與裝飾特徵，同於澎湖風櫃尾荷蘭城堡遺跡出土者，應爲西元十七世紀歐洲北部 Cologne 附近的 Frechen 地區所燒造。臺灣學者謝明良教授，根據一件熱蘭遮城出土標本中的紋飾指出，其表面的「×」形紋章貼花，應爲荷蘭阿姆斯特丹市徽的一部份（圖4-2-73）。該市徽中心由三個垂直排列的「×」形所構成，分別代表了阿穆斯特丹市的三個剋星：水、火、黑死病，代表了該市市民自我期許「英勇」、「果敢」、「慈悲」之人格特質。〔註208〕

B. 荷蘭錫白釉藍彩陶（Majolica）

出土於臺南安平熱蘭遮城遺址，目前僅發現兩件，皆爲器身殘片（圖4-2-74）。〔註209〕根據謝明良教授的研究成果，這幾件荷蘭燒製的低溫錫釉陶（Majolica），具有以下數點特徵：a. 熱藍遮城出土標本中，至少有一件應爲「膏藥罐」（Albarello）的器身殘片。相同特徵小罐可見於 1613 年荷蘭 Witte Leeuw 號沉船、印尼萬丹（Bantam）遺址。而日本八處遺址出土的錫釉陶，大部份亦爲膏藥罐殘片。這種陶器在歐洲地區多作爲醫療用途，多處醫院至今仍保有不少此類傳世陶器。b. 這類荷蘭錫釉陶的產地，可能爲荷蘭北部、荷蘭南部與安特衛普（Antwerpen）地區。c. 日本上層階級曾向荷蘭訂燒錫釉陶，而日本德川將軍的墓中，亦曾發現此類陶器陪葬。〔註210〕

〔註207〕謝明良、劉益昌、顏廷仔、王淑津，〈熱蘭遮城考古發掘的出土遺物及其意義〉，頁 31；謝明良，〈介紹幾件熱蘭遮城遺址出土的十七世紀歐洲與日本瓷器〉，《熱蘭遮城考古計畫通訊月刊》，2003 年第四期，頁 4～6。

〔註208〕謝明良，〈記熱蘭遮城遺址出土的十七世紀歐洲與日本瓷器〉，《貿易陶瓷與文化史》，臺北：允晨文化，2005 年，頁 240～243。

〔註209〕謝明良、劉益昌、顏廷仔、王淑津，〈熱蘭遮城考古發掘的出土遺物及其意義〉，頁 29～30；謝明良，〈介紹幾件熱蘭遮城遺址出土的十七世紀歐洲與日本瓷器〉，頁 4～5。

〔註210〕謝明良，〈記熱蘭遮城遺址出土的十七世紀歐洲與日本瓷器〉，236～240。

臺灣出土的荷蘭錫白釉藍彩陶，數量極少，目前僅見於臺南安平熱蘭遮城遺址，該地爲荷蘭人活動最密集的地區，亦爲多數荷人在臺聚居之地，故其輸入媒介與使用模式應與鹽釉陶相同，皆爲荷蘭人從歐洲隨船攜來。而臺灣本地進口陶瓷市場，並不類似日本市場的狀況，存在著具有政治與經濟雙重勢力的本地贊助人。是故，荷蘭錫釉陶流入臺灣島內其他居民手中的可能性較低，其使用對象與範圍，可能仍僅限於在臺荷人的社群之中。

2、東南亞陶瓷

A. 泰國束頸四繫罐

十六至十七世紀，東亞海上貿易頻繁，許多東南亞燒製的高溫硬陶容器，隨著當地貿易物資流通於各地，雖然這種現象在文獻史料中並未被清楚反映出來，而考古出土資料所呈現出的事實卻極爲明確。以日本——暹邏貿易爲例，儘管十七世紀文獻紀錄中有關朱印船與荷蘭船隻輸入日本的暹邏貨物中，並未提到陶瓷交易，[註211] 但 1980 年代以後的日本考古與陶瓷學界，則是陸續從當地出土陶瓷中，發現屬於泰國大城府北方 Bang Rachan 省 Singburi 縣 Mae Nam Noi 窯燒製的束頸四繫罐，顯示當時兩地交流之頻繁。[註212]

泰國束頸四繫罐的外形特徵爲厚唇、束頸、肩部裝飾多條平行線紋，並有四個粗大繫紐。過去在臺灣地區，這種硬陶罐始終未被發現，直到 2003 年，臺灣學者謝明良先生才從南臺灣民間傳世收藏中，首度辨識出這種泰國陶罐的存在，進而指出了十七世紀臺灣因國際轉口貿易而存在泰國陶器的可能性。[註213] 不久之後，熱蘭遮城考古發掘出土遺物隨即證明了這樣的推測（圖4-2-75）。[註214] 就目前已各地出土資料來看，泰國燒製的束頸四繫罐，遍見

〔註211〕石井米雄，〈交易時代のアユタヤ〉，《東洋陶磁》，No.23～24，1993、94～95年，頁 39～44。

〔註212〕日本學者所整理分析各地出土資料，見續伸一郎，〈堺環濠都市遺址出土のタイ四耳壺〉，《貿易陶磁研究》，No. 9，1989 年，頁 123～133；森村建一，〈16～17 世紀初頭の堺環濠都市遺址出土のタイ四耳壺——タイでの窯跡・沉沒船出土例——〉，《貿易陶磁研究》，No. 9，1989 年，頁 134～151；森村建一，〈日本における遺跡出土のタイ陶磁器〉，《東洋陶磁》，No. 23～24，1993、94～95 年，頁 65～82。

〔註213〕謝明良，〈陶瓷所見十七世紀的福爾摩沙〉，《故宮文物月刊》，第 21 卷 2 期，2003，頁 30～32。

〔註214〕謝明良，《貿易陶瓷與文化史》，頁 233；Hsieh Ming-liang, "Ancient Thai Ceramics through 20th Centuey Photographs," *National Palace Museum Bulletin,* Vol. 38, 2006, pp.41-49.

於泰國暹邏灣海域多艘東南亞沉船、荷蘭東印度公司沉船、西班牙沉船，以及包含日本、臺灣、東南亞在內的亞洲多處十六至十七世紀陸上遺蹟（圖4-2-76）。這種現象再次反映出暹邏 Ayutthaya 王朝對外貿易之盛，而南洋地區長久以來流通的所謂 Martaban jars，不僅只有中國南方製品，其應明確包含了泰國、緬甸等東南亞本地產品。

事實上，吾人另透過中文史料《東西洋考》可知，至少在十七世紀初期，中國閩南地區已將暹邏生產的陶器，視爲一種外國舶來品，進口於國內市場銷售。張燮在《東西洋考》「暹邏・物產」條稱「夷瓶」：「以泥爲之，俗稱干坏，夏月儲水，可以不敗。」〔註215〕而張燮同時也在「餉稅考」之進口貨物「陸餉」中，明白列出了萬曆十七年（1589）「番泥瓶：每百個稅銀四分」；萬曆四十三年（1615）「番泥瓶：每百個稅銀三分四釐」。〔註216〕

至於臺灣所見的十七世紀泰國束頸四繫罐，大體亦應是隨著所裝盛物資進口，陶器本身僅爲附屬商品，在原裝盛物被用盡或取出之後，其原本貿易功能已有所變化，轉而與中國製硬陶瓶罐、安平壺相同，持續被島內居民與在臺荷人重複使用，充做裝盛各種日用物品的容器。

B. 泰國細頸四繫罐

西元十七世紀前半，另一種可能輸入臺灣的泰國陶器，最早是被發現於日據時期所拍攝的照片中（圖4-2-77a、b）。〔註217〕該照片約爲 1935 年以前拍攝於高雄州內文社，內文社之譯音爲 tuaquvuquvul，〔註218〕或 caqovoqovolj，該社群屬於排灣族，居住於屏東縣斯文（牽芒）溪以南，楓港溪以北地區，社址位於今日之屏東縣獅子鄉境內。〔註219〕圖4-2-77a 照片旁文字說明爲「大股頭（大頭目）人家所藏之寶劍與壺」。〔註220〕 仔細辨析其內容，可見畫面左側爲

〔註215〕〔明〕張燮 謝方點校，《東西洋考》卷二「西洋列國考」，頁 38。

〔註216〕同上註，卷七「餉稅考」，頁 143、145；相同「餉稅」內容亦收於崇禎元年所刊之《海澄縣志》，見〔明〕梁兆陽，《海澄縣志》，卷之五「賦役志二」，中央研究院傅斯年圖書館藏崇禎六年刊本，頁 10、12。

〔註217〕筆者於 2002 年收集此筆資料，時至 2006 年學者謝明良教授已有專論發表，見 Hsieh Ming-liang, "Ancient Thai Ceramics through 20th Centuey Photographs," pp.49-53.

〔註218〕童春發，《臺灣原住民史 排灣族史篇》，南投：台灣省文獻委員會，2001 年，頁 253～260。

〔註219〕葉神保，《排灣族 caqovoqovolj（內文社）社群遷徙與族群關係的探討》，國立東華大學族群關係與文化研究所碩士論文（未刊搞），2002 年，頁 11。

〔註220〕鈴木秀夫編，《台灣蕃界展望》，臺灣總督府理蕃科：理蕃之友發行所，1935

數把金屬刀，刀刃呈尖葉狀，刀柄爲人形。此類金屬武器可見於臺灣鐵器時代
考古出土品與原住民傳世收藏。畫面右側爲一大罐，罐形特徵爲厚唇，細頸，
圓肩有繫鈕，頸部以下至肩部約略可見多條平行線紋，罐身粗寬下收，器身上
半部施深色釉，下半部僅見釉汁稀疏向下垂流。日本學者宮本延人在 1933 年所
著〈臺灣原始土器の信仰に就て〉一文中，曾指出內文社大頭目ロバニアウ
（rovaniyau）所擁有的寶壺，名爲「チリモク」，高約二尺，是該族從祖先故地
來義（ラィ）社遷居時攜來之器。這種被稱爲「チリモク」的陶壺，是該族五
年祭時製酒之器，所盛之酒僅大頭目一族與巫師可以飲用。由於族人的拒絕，
宮本氏無法接觸陶罐仔細觀察，但已指出該陶罐與佳平社（カピヤン社，亦爲
排灣族番社）所有之無釉低溫素燒陶器不同，可能屬中國製陶器。〔註221〕

　　就上述照片中排灣族內文社傳世陶罐的諸項外觀特徵來看，這件陶罐並非
中國燒造產品，而有可能是泰國生產的高溫硬陶細頸四繫罐。根據近年日本學
者的編年排比研究，這種細頸四繫罐又可分爲長頸與短頸兩類（屏東內文社所
見者應爲短頸類型），最早應爲十四世紀後半，泰國大城府北方 Sukhothai 縣
Satchanalai 窯所燒造，到了十五世紀中期，昭披耶河流域 Singburi 縣的 Mae Nam
Noi 窯亦開始生產細頸四繫罐，並在十六世紀以後成爲主要生產區。〔註222〕

　　屏東內文社所見細頸四繫罐（短頸類型）的可能年代，以菲律賓巴拉望
省（Palawan）南端的潘達南島（Pandanan Island）海域打撈之十五世紀中期
沉船所見泰國細頸四繫罐、〔註223〕琉球首里城「京之內」遺址 SK01 土壙
（1459 大火層）出土泰國細頸四繫罐，〔註224〕以及馬來西亞 1460 年代 Royal
Nanhai 號沉船出土泰國細頸四繫罐爲例（圖 4-2-78），〔註225〕知其年代可上

　　　年，頁 83；渋谷區立松濤美術館編集，《特別展 台灣高砂族の服飾──瀨川
　　　コレクション──》，東京：渋谷區立松濤美術館，1983 年，頁 74。
〔註221〕宮本延人，〈臺灣原始土器の信仰に就て〉，《南方土俗》，第二卷第三號，1933
　　　年，頁 7。
〔註222〕向井亙，〈タイ黑褐釉四耳壺の分類と年代〉，《貿易陶磁研究》，No. 23，2003
　　　年，頁 90～105。
〔註223〕Christophe Loviny, *The Pearl Road- Tales of Treasure ships*（Mandaluyong City,
　　　Philippines: Asiatype, Inc. and Christophe Loviny, 1998,）p. 86..
〔註224〕金城龜信，〈首里城京の内跡土壙 SK01──青瓷、青花、タイ陶器〉，《考古
　　　學》季刊，第 75 號，頁 60～61；森村健一，〈15 世紀代的タイ・ノイ川窯系
　　　四耳壺について──琉球国・首里城「京の内」（1459 年大火層一括）を中
　　　心として──〉，《南島考古》，No. 21，2002 年，頁 1～10。
〔註225〕Roxanna M. Brown & Sten Sjostrand, *Maritime Archaeology and Shipwreck*

溯至十五世紀中期左右。又，根據 1600 年沉沒的西班牙 San Diego 號所見的各類泰國製陶罐，可以確定 Mae Nam Noi 窯在十七世紀初期，同時生產細頸（短頸類型）四繫罐與束頸四繫罐（見上文），並大量向海外地區輸出（圖 4-2-79）。〔註 226〕至於上述細頸四繫罐的年代下限問題，依照 1638 年西班牙 Concepción 號沉船所見遺物（圖 4-2-80），〔註 227〕可推定十七世紀中期本類細頸四繫罐仍在東亞地區廣泛被使用。

藉由上文討論可知，臺灣南部排灣族曾經明確收存了泰國燒製的陶器，無獨有偶，近年宜蘭淇武蘭遺址新發現的陶瓷遺物中，亦可見此種泰國四繫罐的存在（圖 4-2-81），〔註 228〕顯示排灣族內文社所藏泰國陶器並非孤例。雖然這類泰國細頸四繫罐的年代上限，可追溯至十五或十六世紀，但筆者認為，東南亞陶器在臺灣頻繁出現的時間，仍應始於十七世紀二十年代，即荷蘭與西班牙人先後入據臺灣之後；這個時期的臺灣，已正式被納入了東亞國際貿易網絡，原住民與外界的接觸增加，東南亞陶瓷才有較多的機會被輸入臺灣，進而被納入島內居民的陶瓷消費體系之中。

C. 無釉漏斗形陶杯

台灣海峽曾經打撈出水兩件無釉漏斗形陶杯，其造型特徵為直口，器身下弧急收，器壁可見拉坯痕，小底無圈足（圖 4-2-82）。〔註 229〕臺灣學者謝明良先生近年指出了上述陶器與日本沖繩與長崎地區出土同類型陶器的關聯性。〔註 230〕而根據日本學者的看法，這種無釉漏斗形陶杯的胎質與拉坯螺旋痕特徵，顯示其可能為泰國燒製，年代約在 1570 年至十七世紀前半之間（圖 4-2-83）。〔註 231〕

　　　　Ceramics in Malaysia（Kulala Lumpur: Department of Museums & Antiquities, 2001,）color plate 69.

〔註 226〕Jean Paul Desroches and Albert Giordan ed., *The Treasure of San Diego*, pp.236-237.

〔註 227〕William M. Mathers & Nancy Shaw, *Treasure of the Concepción*, p. 153; William M. Mathers, Henry S. Parker III, PhD & Kathleen A. Copus. *Archaeological Report: The Recovery of the Manila Galleon Nuestra Señora de la Concepción*, pp.442-443.

〔註 228〕陳有貝、邱水金、李貞瑩，《宜蘭縣礁溪鄉淇武蘭遺址第三階段資料整理計畫工作報告書》，圖版 50。

〔註 229〕簡榮聰，《臺灣海撈文物》，南投：台灣省文獻會，1994 年，頁 159。

〔註 230〕Hsieh Ming-liang, "Ancient Thai Ceramics through 20th Centuey Photographs," pp.57-58.

〔註 231〕川口洋平，〈產地不明の貿易陶磁——対馬・壹岐・長崎——〉，《貿易陶磁研究》，No. 23，2003，頁 66〜67。